YANASHITA CINEMA MASSACRE

KIICHIRO YANASHITA

死んで貰います

KANZEN

皆殺し映画通信《みなごろしえいがつうしん》

死んで貰います

柳下毅一郎《やなしたきいちろう》

KANZEN

皆殺し映画を追いかけて

十年一昔という。「皆殺し映画通信」のはじまりは二〇一二年十一月、『踊る大捜査線 THE FINAL 新たなる希望』という終わるのかはじまるのかどっちつかずのタイトルを持つ映画のレビュウだった。それから十年のあいだ、延々と映画を斬りつづけ、しまいには「皆殺し映画」というジャンルの存在さえもが仮構されるに至った。駄目映画が来ると「これ、お願いします」と介錯を任され、拝一刀よろしくさくっと切り捨てる、そんな駄目映画殺しの映画介錯人として活動を続けてきた。

……と思われがちなのだが、それは結果であって目的ではない。

「皆殺し映画通信」をはじめるとき、とりあえず十年はやろうと考えた。十年も皆殺し映画を見続ければ、何かしらわかることもあるだろう、と考えたからだ。まず何よりも映画を「見る」こと。宣伝文句にも他人の評にも影響されることなく、虚心坦懐に映画と向かいあう、それこそがやりたかったことである。

いつからか、映画は映画のプロフェッショナルが作り、映画館で上映されるもので

はなくなった。映画館ではない場所で上映され、映画のことなど何も知らない人間が作るもの、それを映画ではないと切り捨てられるほどことは簡単ではない。もう〈キネマ旬報〉を読んでいれば映画界が把握できた牧歌的な時代ではないのだ。すべてが許され、すべてが映画なのである。できるのは、目の前のスクリーンに投影されたものをただ見ることだけだ。お前たち人間には信じられない光景を俺は見てきた……

何度「これが映画なのか？」と自問したかわからないし、「映画とはなんなのか？」という問いへの答えはさらに混迷するばかりだ。ある種の映画を撲滅するよりも、見たこともない珍種の映画を発見するほうがはるかに多い。現代の映画界を解明する、という意図はある程度実現し、地方映画の広大な山脈を見出し、不思議なカフェやレストラン映画という類型が発見された。そしてモナコ国際映画祭へ通じるオルタナティブ映画界の存在さえもが幻視される。十年間、皆殺し映画を追いかけた結果、新たな映画の世界が展けたのだ。

日本映画の底が抜けた、と言ったのは山根貞男氏だが、その山根氏が鬼籍に入った二〇二三年、まだまだ映画の底は見えてこない。だが、その最奥にあるなにか奇妙なものを掘りだすことは、まだまだやめられそうにない。

CONTENTS

皆殺し映画通信 死んで貰います 目次

産業映画は、中が空っぽでも上っ面だけ整っていれば成立する

トヨエツ、トヨエツ、トヨエツ無双。
全力で存在感のない男を熱演する豊川悦司から目が離せない九〇分

『弟とアンドロイドと僕』

監督・脚本＝阪本順治　製作総指揮＝木下直哉　撮影＝儀間眞悟　音楽＝安川午朗
出演＝豊川悦司、安藤政信、風祭ゆき、本田博太郎、片山友希、田村泰二郎、山本浩司、吉澤健

主演**豊川悦司**。主人公の桐生薫（豊川悦司）は、孤独なロボット工学者。子供の頃からずっと、自分が存在している実感を抱けないまま生きてきた……ちょっと言わせてもらってもいいですか？豊川悦司より存在感のある人などこの世にいるわけがない！　トヨエツが存在感のない人間とかミスキャストにもほどがあるっつーの！「でかい男がいきなり後ろに立ってて驚く」とかいうセリフがあるのだが、フードをかぶったトヨエツが黙って近づいてきたらそれもうホラーだって！　ともかくそんな感じにやたら圧をかけてくるトヨエツ、トヨエツ、トヨエツ無双。そんな感じで**全力で存在感のない男を熱演するトヨエツから目が離せない**九〇分。いろいろ間違ってるような気がするが、飽きないのは事実である。

監督もつとめる阪本順治[※1]のオリジナル脚本作。製作は配給も兼ねるキノフィルムズで、製作総指揮は社長木下直哉ということで、キノフィルムズの直営館kino cinemaでの公開になる。いわば木下直哉の自主映画のようなものなので、阪本順治に時折見受けられるトンチキ映画を誰も止められなかったのであろう。

雨。この映画のあいだずっと、激しい雨が降っている。レインコートにフードをかぶった大男、

桐生は大学教授である。左足だけでけんけんしながら教室にやってくると、一言も口をきかずに黒板に数式を書きなぐり、黒板がいっぱいになると「いつものことですが、字が汚くてごめんなさい」とだけ言いおいて教室を出てゆく。なんの授業なのかもわからない状態に困惑しきりの学生たち。乱雑な研究室には人間の腕そっくりのロボットアームが置かれている。後期のシラバスを提出してないとおかんむりの学部長（**本田博太郎**）は、

「きみは道路のヒビ割れを見つけるロボットを開発するはずだったろう。なんでこんな気持ちの悪いものを作ってるんだ」

とお小言をくれるばかり。しまいに、

「わたしの娘婿が専門家だから見てもらったらいいんじゃないか？」

とあからさまに精神的問題を抱えてるんじゃないかとほのめかしてくる。失礼すぎるのは学部長だけじゃなく、用務員まで、

「まだお一人なんですよね？　結婚すればもうちょっとまともになるんじゃ……」

みたいな余計なお世話にもほどがあることを言ってくる。どいつもこいつもおせっかいすぎるんじゃー。というかみんながトヨエツのこと気にしすぎなんだよ！　まあこんだけ存在感あればさ……。

雨の中電車で帰り、駅で自転車に乗ろうとしていると、思いつめた様子の女子高生（**片山友希**）が「ここに行きたいんです！」と話しかけてくる。桐生が自転車で案内した先は産婦人科医院。いかにも訳あり気な女子高生を放置して帰ってしまう桐生。

翌日、例によって学生完全無視の授業をくりひろげている桐生のところに金をせびりにくる男（**安藤政信**）。実は桐生の異母弟で、金がないので入院している父親（**吉澤健**）の延命措置を取りやめると伝えにきたのである。「その前に会ってく？　いや別に忙しければほっといてくれていいんだよ」とあからさまに拒否を匂わせるのだが、空気を読まない桐生は「行きます！」と会いに行く。

しかも本人の希望でもあるし金もないし延命治療をやめたいという義弟と後妻（**風祭ゆき**）に「延命してください！」と要求。

「そんな勝手な……」

「ぼくのどこが勝手なんですかー！」（絶叫）

　もうトヨエツにみんな夢中だよ！　みんなどんどんトヨエツの自宅（父親の経営していた医院にそのまま住んでいる）に押しかける。再度遭遇した訳あり女子高生はそのままトヨエツに抱きかかえられて内診台に載せられ（トヨエツ父、産科医だったらしい）覚悟を固めるが、桐生は「びっくりした？　ぼくは誰も殺せないよ」と彼女ににっこり笑いかける。学部長に連れられて無理やり家に押し入ってきた「娘婿」は「ぼくにはあなたのことがわかります！」と言い張って「あなたは自分に存在感が持てない。右足が自分のものだと思えないから片足でけんけんしてるんですね！」と大解説。しかし右足が動かなかったら、普通は引っ張り上げてけんけんじゃなく足を引きずるもんじゃあるまいか。

　ともかく桐生は自分の存在に自信がもてないため、分身のアンドロイドを作り上げようとしているらしい。その動力となるのは小鳥の死骸、そして庭で取ってきたミミズ……もう完全に呪術というか黒魔術の世界で、ロボット工学のかけらもない。本当に動いているのかトヨエツの妄想なのかもさっぱりわからないんだが、とっくにそんなものを超越した世界に到達している。

　桐生は分身アンドロイドを作り、父親に会いに行くつもりだった。アンドロイドを連れて父親を詰問したいと考えていたのである。それゆえアンドロイドが完成するまで、父親は延命させなければならなかったのだ。そんなことを考えながら見舞いに行く。一晩の付添を申し出て、父親の隣で寝ていると、夢に父親が登場する。桐生の自宅（旧医院）にいる父親、

「ここは……おまえの脳内か……？」

　いつの間にそんな超能力を会得していたのか！　しかしそもそも脳内に父親を呼びこんで会話で

きるんだったら、よくわからない分身アンドロイドなんか作る必要ないのでは？　さらに遠慮なく距離を詰めてくる異母弟安藤政信は、

「ぼくは前からお兄さんが欲しかったんですよ。お兄さんと呼んでもいいですか？　そうそう、あの家敷地も無駄に広いし売っぱらっちゃったらどうですか？　権利書用意しといてくださいよ」

と桐生に迫り、翌日桐生家にやってきて「権利書出しとけって言っただろ！　しょうがねえな自分で探すか……」とヤクザに家探しをはじめる。途中で分身アンドロイドに気づくと、

「なんだこれ気持ち悪い……」

そこでいきなり動き出したロボットに驚き、チェンソーを手にして（なんでそんなものが！）いきなりアンドロイドの首を切断しはじめる。首を切られて真っ黒な血がどばー！

「ぎゃあああああ〜っ！」

と絶叫し泣きじゃくるトヨエツ！　さすがのパワーで全身で悲嘆を表現する。で、泣いてたかと思ったら鎖を持ってきて安藤政信に後ろから襲いかかり首を吊り上げ……「人は殺せません」とか言っといてがっつり殺しに入ってるじゃねーか！　なおも死んだはずの安藤政信が復活してきたりそこにとどめを刺したりの展開が続き、観客は完全に置いてけぼりに。なんだかわからないがトヨエツの存在感だけはすごかった、と誰もが思いながら映画館を後にするのであった。

※1　**阪本順治**
一九五八年生まれ。大阪府堺市出身。石井聰亙監督『爆裂都市　BURST CITY』の美術助手として映画界に入る。その後、監督デビュー作『どついたるねん』が高く評価される。主な監督作品に、『新・仁義なき戦い』シリーズや原田芳雄の遺作『大鹿村騒動記』、吉永小百合主演の東映創立六〇周年記念映画『北のカナリアたち』などがある。

変な色のカツラをかぶった人が突っ立ったまんま大声で技の名前を叫んでCGがピカピカする系の映画

『映画文豪ストレイドッグスBEAST』

監督＝坂本浩一　脚本＝朝霧カフカ　撮影＝百瀬修司　音楽＝岩崎琢　主題歌＝GRANRODEO
出演＝橋本祥平、鳥越裕貴、谷口賢志、田淵累生、紺野彩夏、桑江咲菜、植田圭輔、輝馬、長江崚行、桑野晃輔、堀之内仁、広川碧、齋藤明里、村田充、岸本勇太、荒木宏文

「異能者ひしめく混沌都市、ヨコハマ。貧民街で生きる孤児の芥川龍之介は……」というわけで、「異能者」バトルという**変な色のカツラをかぶった人が突っ立ったまんま大声で技の名前を叫んでCGがピカピカする系の映画**である。加えて登場人物がなぜか歴史的文豪の名前だという。出てくるのは芥川、太宰治、織田作之助……どういう基準で選ばれてるのかさっぱりわからない文豪たち。作家の名前はあれども、それぞれの必殺技は各々の事績とも小説の内容ともとりたてて関係あるように思われず、芥川龍之介の「羅生門」はCGのギザギザが空間を切り裂くみたいな技で、別に三択クイズを出されて答えられなかったら負けとかいうのでもないようだし、太宰が芥川に憧れてるとかいうそういう話も出てこない。なんか明治の文豪※1が超能力で戦ったらおもしろいんじゃないのー?的な思いつき程度の文学趣味といいますか。まあそんな感じの漫画があり、それがアニメ化されて、舞台にもなり、ついに映画化というわけである。なお、キャストは舞台版からの続投ということなので、いわゆる2・5次元系映画ということになろうか。ちなみに「原作者・朝霧カフカ自らの脚本によって描かれるのは、『主人公の中島敦と、その宿敵である芥川龍之介。もし、ふたりの所属する組織が逆だったら……?』という“if”のストーリーを描いた衝撃作」だそうで、いわば

What if?的なストーリーらしいんだが、原作をまったく知らず綾辻行人や京極夏彦が出てくるのはお遊びでいいのかもしれないが澁澤龍彦とかどういうつもりで出してんだよくらいのことしか思ってないこっちにとっては別に意外性も何もないので、普通にこういうものと思って見ておりました。

「異能者ひしめく……」ヨコハマだが、ロープウェイも伸びてる二〇二二年現在そのまんまのみなとみらい。じゃあこの変なかつらをかぶって妙ちきりんなコスプレしてる人たちはなんなのか、「やつがれ」とか変な主語使ってるのがなんなのか、どれもこれも特に意味があるわけじゃないざっくり異世界なんですかね。そんな世界で孤児として生まれた芥川龍之介（**橋本祥平**）は、仲間たちを殺された復讐のため銀行強盗一味を皆殺しにするが、そこで出くわした黒衣の男に叩きのめされた上「やっぱりあっちを選ぼう」と捨てられ、さらに妹銀（**紺野彩夏**）をさらわれてしまう。

四年半後。

芥川は師と仰ぐ「織田作」こと織田作之助（**谷口賢志**）のアドバイスにしたがい横浜の「武装探偵社」に就職しにやってくる。入社試験で圧倒的なパワーを見せつけたが、「相手を倒すだけでなく人を助けなければダメだ」と諭された芥川。そう言えば四年半前も怪我した妹をほっぽらかして復讐に走ったものだった(そのせいで妹をさらわれることになった)。人を助けるすべを学ぶために、織田がカレーを食べる「ふりぃだむ」（はいはい自由軒[※2]自由軒）という店で預かっている犯罪（被害者の）孤児たちの世話を命じられる芥川。強面の芥川が子供に振り回されたりするのが笑いどころのようなんだが、なんせオリジナルの設定を知らないので……。

一方、「ポート・マフィアの白い死神」と恐れられているのが横浜に巣食うマフィアの処刑人中島敦（**鳥越裕貴**）。虎に変身する異能の持ち主……って虎になるだけ？　射ずして[※3]敵を射つとかじゃないの？　いえ、虎になって相手を食うだけです。携帯で呼び出せる武者姿の霊をあやつるなぜか美少女な泉鏡花（**桑江咲菜**）と組んでぶいぶいいわせている中島、マフィアのボスである太宰治

(田淵累生)に心酔して一の部下として働いているのである。そう、もちろん彼こそが「あっち」として選ばれたほうだったのだ。太宰は「計画通りだ」ばっかり言ってるやつで、「そうか芥川は武装探偵社に入社したのか。よし計画通りだ。第四段階に進むぞ。おまえは武装探偵社を襲撃するんだ」

特に疑問も抱かぬまま命令通り武装探偵社に向かう中島。たまたま芥川と出くわし、にこやかに会話したのち「あ、これ探偵社の方に」と黒い封筒を渡す。開けると中には芥川の妹銀の写真がはいっており、「×月×日に処刑されるから救いたくばこい」との挑発文。実は銀、誘拐されたもののよくしてくれた太宰に心服しており、秘書としてマフィアになくてはならない存在になっていたのだった。いろいろ突っ込みたいけど、まあ漫画だから。そういうわけで罠とわかっていながらもマフィアの本拠地に乗り込む芥川である。もちろんそこで待ち受けているのは中島で、二人の対決があって、太宰が「計画通り」と……どんな計画でもいいんだけど、(原作では)どうやらこのあと海外作家たちが乗りこんでくるストーリーが展開するらしいのだが、そんなことになったらこの文豪たち以上にすさまじいコスプレが展開されることになるのはまちがいないので、そういうものが作られなくて本当によかった。なんにせよこの「異能力」とやらが三秒で思いついた以上のものでしかなく、物語に何もからんでこない時点でどこをどう面白がればいいのかさっぱりわからず(与謝野晶子(**広川碧**)の異能力が「君死に給うことなかれ」[※4]だと言われたときには恥死するかと思ったよ)。その程度の文学趣味で喜んでいるかぎり、結局2・5次元俳優のファンムービー以上のものにはなり得なかったんじゃないかねえ。あと、銀が処刑されなければならない理由も、それに唯々諾々と従ってる理由もさっぱりわからなかったんですが、それは突っ込んだら負けってことかな。

※1　そんな感じの漫画
映画の原作『文豪ストレイドッグズ』は、原作が朝霧カフカ、作画春河35による漫画作品。『ヤングエース』(KADOKAWA)にて、二〇一三年から連載中。キャラクター化された文豪が名前や人物や作品にちなんだ異能力を持ち、戦うというアクション漫画。テレビアニメシリーズおよび劇場アニメ映画、ラジオドラマ、スピンオフアニメなどがある。

※2　自由軒
大阪発の洋食店として一九一四(明治四十三)年に開店。織田作之助が自由軒のカレーを好み、通っていたという。いわゆるカレーライスではなく、ドライカレーに生卵が載っているもの。現在では同店の名物カレーとなっている。

※3　射ずして敵を討つ
中島敦の短編小説『名人伝』より。天下一の弓の名人となって都に帰ってきた紀昌だが、究極の名人は、弓矢を手にして放たずとも百発百中対象を射落とすことができるとして、決して弓を手にとろうとしない。やがて、紀昌は弓の名前すら忘れてしまうのだった。

※4　「君死に給うことなかれ」
一九〇四(明治三十七)年、与謝野晶子が日露戦争の激戦地に出征している弟を思って詠んだ詩。親は人を殺せと教えたか、どうか生きてかえってきてほしいと、弟の命を案じながら反戦への思いがこめられている。

カエルカフェ二〇二二年の新作はマッケンこと松平健主演の時代劇！
なんでマッケンがこんなところに出ているのか、それは誰にもわからない

『文禄三年三月八日』

監督＝秋原北胤　脚本・技術統括＝落合雪江　撮影監督＝ZIGEN　音楽＝クリヤ・マコト
出演＝松平健、瀬野和紀、咲良、咲樹、帆南、和泉元彌、DJ TAIJI、真砂京之介

ここ数年、横浜でカエルカフェ映画を見るのが年頭の儀式となっている。今年も変わらずやってきた横浜ジャック&ベティ[※1]。世間で何が起ころうと、パンデミックがこようがなんだろうが変わらず公開され続けるカエルカフェ映画。そういう世界もあるのである。カエルカフェ二〇二二年の新作はマッケンこと**松平健**主演の時代劇！　なんでマッケンがこんなところに出ているのか、それは誰にもわからないが、一日撮りで相応のギャラを提示されれば、あるいは？　本作でマッケンが演じるのは柳生石舟斎。堂々たるチャンバラ時代劇である。

柳生石舟斎とは柳生宗矩の父で十兵衛の祖父、柳生新陰流の流祖として知られる剣豪ということぐらいしか知らなかったが、もともとは松永久秀の家臣として武勇でならした武将であったという。だが豊臣秀吉のときに領地を奪われて困窮してしまう。しかし捨てる神あればなんとやらで、そこへ徳川家康が興味を示してくれる。徳川家康の前で「無刀取り」の極意を見せると、家康いたく感激して柳生流への入門を申し出て、石舟斎に同行した柳生宗矩を召し抱えた。かくして将軍家剣術指南役となった柳生一門は大いにさかえ、のちに拝一刀を陥れて死闘をくりひろげることになる。

そういう歴史を踏まえた上でのカエルカフェ時代劇。時は文禄三年、柳生石舟斎（松平健）は家

康からの書状を受け取り、柳生流の極意を披露するため京都に向かうことを決意する。だが、それを聞いて怒った豊臣秀吉（**DJ TAIJI**）が石舟斎の抹殺を命じると、服部半蔵（**和泉元彌**）がすぐに手を挙げる。半蔵、柳生を「裏切り者」と憎んでいる伊賀忍軍を束ね、石舟斎の向かう先に次々に刺客を送りこむ。はたして石舟斎と若き宗矩（**瀬野和紀**）は無事に京都にたどり着けるのか？

……というとちゃんとしてるように聞こえるかもしれませんが、話はほぼこれだけ！　つまりマツケンと瀬野の二人が延々と森の中を歩いていると、よくわからない格好をした忍者が襲ってきて、それを二人が斬り伏せ、チャンバラが終わると二人は先を歩く。そのくりかえし。脚本も何もあったものではない。まる一日の出来事をまさか本当に一日撮りではあるまいが、夜の場面になると本当に真っ暗で何も写っていないくらい。しかも、どういうわけか女性のキャストが多い。くのいち軍団の襲撃とかではなく、西洋人の殺し屋や黒田長政なども、意味もなく女性が男装していたりする。多様性を目指してのキャストなのか……？

いや、それがカエルカフェ映画である。

たとえば二人が歩いていくと、前方にお茶屋がある。宗矩は喜んで「休んでいきましょう！」というが、そこにはもちろん刺客の罠が仕掛けられている。ポルトガル人らしい謎の一味は前もってお茶屋を占拠しており、石舟斎と宗矩が来るや、

「バルトロメオ、はじめてくれ」

言われていきなりピアノを弾きはじめるバルトロメオ。軽快なリズムに乗って切りかかってくるが、もちろん石舟斎の敵ではない。叩きのめされると、ポルトガル人は短銃を抜いて石舟斎に向ける。発砲！　もはやこれまで、と思ったが、たまたま屋根の上にいた鳶職の男が瓦を投げ、見事銃弾を防いで石舟斎は救われるのであった。なんなのこの鳶職！　シナンジュ※2の秘技でも使えるの!?　もはやこれまで、となったポルトガル人軍団、口封じのためバルトロメオを殺して逃げていく。なんだったんだバルトロメオ！　てか**マジでピアノ弾いてただけで口封じされてしまうとか可哀想す**

ぎませんかバルトロメオ。

今度はいきなり原っぱで十人ほどの浪人者が走ってきて押し包まれる。バッタバッタと切り伏せる石舟斎。ここはマツケン、さすがの殺陣で、いちばんの見所だろう。一方宗矩は白熱の切合いを演じているが、相手の顔を見て驚く。なんと二十年前、柳生の里で肩を並べて修行した幼馴染のソウジだったのだ。

「ソウジか！　なつかしいぞ！」

相手を峰打ちで倒して「また会おう！」とニッコニコ顔で去っていく宗矩だが、そこは一応同門の幼馴染がなぜ、誰の差し金で襲ってくることになったのか、少しは真剣に考えようや！　伊賀者に恨まれている件も特に説明がないのだが、それ以上に同門の裏切りなんだからね。しかし特に驚く様子もなく二人は先を行くのであった。

そんな具合で一戦終わるたび、服部半蔵のところに毎回毎回「……また失敗に終わりました」と報告する忍者である。ついに伊賀者の頭領である如月が、「……わたしにおまかせください」と申し出る。「大丈夫か」と半蔵に問われ、「案がございます」

ここまでの流れから大いに心配だなあ。くのいち軍団、二人が泊まる宿をのっとって仕掛けをしこむ。といっても二人を別々に分けて、くのいち軍団が宗矩に襲いかかるくらいである。なぜか女四人vs宗矩の戦いと、飯炊き女が握り飯を作る場面がカットバックされる。謎の緊迫感！　実はこの飯炊き女も一味だったので、毒入りの飯を二人に食わすような計画があったとおぼしいのだが、だったらなんだってとっととチャンバラをはじめてしまうのか。なんの計画もない！　一方の如月はウサギのお面をかぶって石舟斎と一対一の立ち会いに臨む。なぜ般若とかじゃなくウサギなのか！　妙に可愛らしいじゃないか！　可愛く「なぜ裏切った」と石舟斎に迫る如月だったが、そこでいきなりあらわれた忍者に刺されてしまう。

「おまえを倒すのはこの俺だ」

そう終生のライバル的な奴。だが刀を何度か交わしたあと石舟斎に切られて、

「やはり強いな、石舟斎……」

と事切れる。誰だったんだおまえはああああ！　すでに夜もとっぷり暮れて画面が真っ暗になったころ、最後の最後に登場した服部半蔵は、実は家康の密命を受け、石舟斎の実力を試すために刺客を送り込んでいたのだとあかし、実はすべて峰打ちで殺さずに退けていたことを指摘し、「その剣が太平の世と光明となるか。しかと見届けたぞ」と去ってゆく。てことはなんなの、この映画で死んだのはバルトロメオ一人だけってこと？　本当に気の毒なバルトロメオ。そしていちばん強かったのは鳶職の男ってことで。

※1　横浜ジャック&ベティ
横浜・若葉町にあるニスクリーンのミニシアター。一九五二年にオープンした横浜名画座を引き継ぐ映画館。

※2　シナンジュの秘技
『レモ／第一の冒険』に出てくる韓国の武術。銃で撃たれても身体をひねって弾をさけることができる。

すべての問いに沈黙で返し、クライマックスをはずし、アクションを見せず、観客の期待をはぐらかす。あとに残るのはひたすら徒労感

『大怪獣のあとしまつ』

監督・脚本＝三木聡　撮影＝高田陽幸　音楽＝上野耕路
出演＝山田涼介、土屋太鳳、濱田岳、眞島秀和、ふせえり、六角精児、矢柴俊博、有薗芳記、SUMIRE、笠兼三、MEGUMI、岩松了、田中要次、銀粉蝶、嶋田久作、笹野高史、菊地凛子、二階堂ふみ、染谷将太、松重豊、オダギリジョー、西田敏行
文科省芸術振興基金補助

芸術振興基金の話にはもう飽き飽きしているのだが、これだけは言っておきたい。こんな映画に俺の払った税金を使うんじゃない！　東映＋松竹という二大メジャーが組んだ映画に補助金が必要なのかという話である。完成して回収できる映画にしか補助金を出さない方針のせいでこんなことになっているのだが、何度でも言うが、こんなものに金を出すくらいならゴジ[※1]の永遠に実現しない脚本製作に出資しろっていうの！

さて、最初に断っておくが、この原稿に答えはない。答えを期待している人には申し訳ないが、映画自体に答えがないのだからしょうがない。この映画はすべての問いに沈黙で返し、クライマックスをはずし、アクションを見せず、観客の期待をはぐらかすことがいちばんおもしろいと思っている人間が作っているからだ。結局のところ、作り手の意図は百パーセント完全に実現されているのだ。だから、世評で比較されるような歴史的な失敗作とは全然違うものである。問題はその「意図したもの」がひとかけらもおもしろくないということなわけで……。

日本を破滅の淵にまで追いこんだトカゲ型大怪獣は死んだ。[※2]松竹と東映の合作なのに宇宙怪獣でも恐竜でもないの？　そんなプライドはないんですよ。国防軍によるどんな兵器の攻撃もまるで効

かなかった怪獣だったが、宇宙の彼方から飛んできた謎の光球を浴びて死んだのである。神から授けられた奇跡に西大立目総理（**西田敏行**）は「デウス・エクス・マキナ……物語を解決するために強引に登場する……何やら似ていませんか？」と漏らす。いいですかこれ伏線ですからね！　怪獣は死んだのでそこで終わりで、以後その死骸を後片付けするドタバタが描かれる。怪獣が暴れないのはいいでしょう。じゃあ後片付け、それがなんで大変なのか？　デカイから？　怪獣が未知の生物で、ミサイルをも跳ね返す表皮の持ち主だから？　未知の病原体を持っているから？　そうなのだが、だからといってそういうことが追求されるわけではない。だから答えはないのだ。三木聡がそんな答えを与えてくれると思ったほうが悪い。というわけで、そういう面白くなりそうな方にはいっさい突っ込まず、本気の死骸処理シミュレーションがあるわけではなく、このあとのドタバタで繰り広げられるのはひたすら縄張り争いと功名争いである。実にもって終わるまで時間が長かった。

内閣直属の怪獣対策組織「特務」の帯刀アラタ（**山田涼介**）は友人のクラス会に出席するが、本部から呼び出されて中座する。追いかけてきたのが同じく出席していた雨音ユキノ（**土屋太鳳**）。「元カノに会うのは嫌だから帰るの？」とちょっかいかけてくるユキノである。後ほど明かされるのだが、二人は三年前まで恋人同士だったのだが、アラタは謎の失踪を遂げ、行方不明になっていた。そのあいだにユキノは首相の秘書官である雨音正彦（**濱田岳**）と結婚し、にもかかわらずアラタに未練たらたらという設定。何があってアラタは姿を消し、どういう思いでユキノが雨音と結婚したのか、その問いは……もちろん答えはない。正確に言うとアラタに何があったのかは最後の最後で明かされるのだが、それは知らなかったほうが良かった的な真実である。てか二年間行方不明で戻ってきた人間が組織で元の階級に戻れるのはなんで……もちろんその手のツッコミはすべて門前払い！

首相府では国防大臣（**岩松了**）、財務大臣（**笹野高史**）、外務大臣（**嶋田久作**）らが死骸処理の仕事を押しつけあった結果、環境大臣蓮佛（**ふせえり**）が貧乏くじをひかされ、「特務」に実務をまかせることになる。実はユキノは環境大臣の懐刀である大臣秘書官。というわけで訳アリの二人が顔を突き合わせながら怪獣死骸処理作業をすすめることになるのだった。

で、ここからが延々とものすごくレベルの低いパロディが続くことになる。ふせえり演じる蓮佛環境大臣は名前通り蓮舫のパロディで、だからといって映画が特定の政治的立場に立っているわけではなく、すべての政治家を馬鹿にするというスタンスである。同じようにやたらと文句をつけてくる隣国というのが出てきて、やれ怪獣の死骸をよこせだの、やれ賠償を要求するだの、自分勝手に注文をよこす。この隣国、韓国と中国とロシアを混ぜたような架空の国なんで、だから特定の国を馬鹿にする表現じゃない……ということにしたかったのだろうが、普通に気分悪いよね。政治家についても、隣国についても、言い訳しか感じられないからだ。**本気でからかう勇気がないから怒られないようにお茶を濁す。これが三木聡の考えるギャグというやつだ**。

さて、死骸処理で名を上げたい蓮佛の命を受け、元「特務」であるユキノは「特務」時代の後輩から死骸の情報を密かに仕入れ、安全と判断する。ところがこの部下、ユキノの夫である正彦と不倫関係にあって、正彦にはユキノに教えなかった秘密情報——怪獣の体液には未知の菌類が存在している——を教える。このへん、夫婦の関係がどうなってるのかとか、政府も特務も何をしたいのかとか、正彦は何を狙ってるのかとか、そういうのはさっぱり……だから答えはないんだって言ってるだろ！

怪獣の死骸が観光資源になるという試算を見せられた首相、意見を変えて死骸の保存を命じ、さらに怪獣に「希望」と命名する。そして「特務」から死骸処理の権限を奪った国防軍はスペシャリストの真砂（**菊地凛子**）を現場にねじこむ。真砂は冷凍ガスで死骸を凍らせて保存する計画を立案。だが、冷凍はいずれ解けるのでは……冷凍みかんのように……。

「あたしは冷凍みかんを食べないの！」

と怒鳴る真砂。だからこれなんか面白いのかと……急速に冷凍させたものの、死骸が腐敗してガスがたまった「腐敗隆起」が破裂し、周囲一〇キロ圏内が「ウンコかゲロのような」臭いに汚染されてしまう。これ、もちろん原発事故のアナロジーなのだが、それを風刺したからどうだって意味はなく、ただパロディに使ってるだけで、もちろん答えは……。

「ウンコですか！　ゲロなんですか？　はっきりしてください！」とつめよる報道陣。

「銀杏の臭いと発表しよう！」

腐敗ガスをなんとかしないかぎり、汚染はどこまでも広がってしまう！　そこに登場したのが一介の町工場の社長ヤミクモ（**松重豊**）。

「焼肉屋の排気煙突からヒントを得たのだが、隆起のココとココに穴を開ければ、ガスは上昇気流となり成層圏に到達する！」

それを聞いたアラタ。

「こんな精密な爆破ができるのは……あの人しかいない！」

「あの人」とはユキノの兄であるブルースこと青島（**オダギリジョー**）。かつて「特務」ナンバー1の爆破のスペシャリストと言われた男だが……わかったからもういいよそういうの。なんか過去がある風だけど、実際何があったのかは語られないまま、雰囲気だけでなんとなく盛り上がった気になって、いろいろドラマがあるふりだけはするんだけど、どれも本当のドラマではなく……最終的には三年前に何があったのかは映画のオチであきらかにされるのだが、最初にも言ったように知らなかったほうがいいようなすべてを台無しにするオチで、あとに残るのはひたすら徒労感という結果なので武士の情けでなかったことにしておきます。**どうせ答えなんかない映画なんだからね！**

それにしてもアラタは何を考えていたのか……と答えがないのがわかっているのについ考えてしまう自分がうらめしい。

※1　ゴジの永遠に実現しない脚本製作

ゴジ（長谷川和彦）は一九七九年に映画史上の傑作『太陽を盗んだ男』を撮って以来、長年の待望にもかかわらず新作を発表していない。連合赤軍事件をテーマにした新作を構想し、長年にわたりその脚本を書いては放棄することをくりかえしていると伝えられ、その行為はまさにシジフォスの労苦とも例えられる。

※2　松竹と東映の合作なのに宇宙怪獣

怪獣ブームの中で邦画メジャー各社は怪獣映画を製作したが、松竹が作ったのが『宇宙大怪獣ギララ』、東映が作ったのが『恐竜・怪鳥の伝説』である。いずれもヒットにはいたらず、両社の怪獣映画の系譜はここで終わった。ギララは後に寅さんと戦ったことでも知られている。

**ある意味、日本映画の最底辺がここにあると言ってもいいのかもしれぬ。
これを映画と言ってよければだが……**

『ホラーちゃんねる　樹海』

監督・脚本・企画・撮影・プロデュース＝大橋孝史　脚本＝郡弥生　主題歌＝0.1gの誤算
出演＝田中美久（HKT48）、HARUKA（CYBERJAPAN DANCERS）、わちみなみ、瑛、江益凛

「誹謗中傷してくれたみなさま、こんばんは。今わたしは樹海に来ています。わたしはこれから自殺します。匿名でわからないので、無作為に呪っていきます」とスマホの自撮りで語っている白いワンピースの女。手には睡眠薬を握りしめ、「樹海荘」というものすごく縁起の悪そうな旅館に滞在中だ。ここからはじまるのがご存知元[※1]ジョリー・ロジャーの大橋孝史企画プロデュースのホラー映画である。HKT48の女の子をはじめとするアイドルを使って樹海ホラー。いやいまさら不謹慎とかいうつもりもないが、アイドルを樹海まで連れてくだけでホラー映画一本できあがりとか大橋プロデュースにしたって安易すぎるだろ！　しかも金がなかったのか監督はおろか撮影まで自分でやっている！　おかげでやたらとピンボケの映像が登場し、さすがに金を取っていいレベルのものではないのではと思われた。物語は世にも安易なオムニバス形式（脚本ももちろん大橋！）の短編で、しかも特にオチはない投げっぱなし。そんな短編が六本数珠つなぎになっているだけ。**ある意味、日本映画の最底辺がここにあると言ってもいいのかもしれぬ**（これを映画と言ってよければだが）。

さて、そこからはじまる第一話が「樹海に行ってみた」。カエデ（**田中美久**）とナギは二人組の

YouTuberだが、登録者数が伸び悩んでいる。そこで「樹海に行ってみよう！」と不謹慎なネタをくりだすカエデ。さっそく二人で出かけて生中継をはじめるが……まず言いたいのはそれ樹海に行く格好なのかっていう。ミニスカ＆ホットパンツで足出して、普通の靴はいてビニール傘さしてってありえなすぎだろ！　わかるよ。金がないから撮影予定日に雨が降ってたからってスケジュールは動かせない。ビニ傘持たせて撮影するしかなかったんだろう。でもこれYouTuberの中継って体なんだからね。で、そのまま樹海に入っていき、「こわーい！」とか騒ぎながら中継していると、目の前に白い服を着た女性が転がっているではないか。そう、もちろん冒頭で「呪っていきます」と挨拶していたワンピースの女。

カエデとナギはスマホを自撮り棒に装着し、もっぱら自分たちの顔を見せつつ実況している（視聴者はもっぱら「ナギちゃんかわいーー！」と言っている）。それだけだと状況がわからないから映画は客観ショットと適当に編集しているんだが、そういうことすると本当につまらないんだよね。本当になにも面白いことなくて、ひたすら安いだけ。で、この二人、死体を見つけてしまってどうするかっていうと、特に何も考えてない！　見つけたときにどうするか考えてすらいないのだ。生死の確認もしないいし、通報しようと考えもしない。実況できてるんだから、電波はちゃんと飛んでるんだからね。ただわーわー言ってるといきなり死体が動きだしてナギの足をひっつかむ。ぎゃあ、とそのままナギをほっぽらかしてカメラを持ったまま逃げるカエデである。いや、いくらなんでも酷くない？　とりたててオチもないまま終わってしまうんだが何これ？　まあ作り手が「女の子を樹海に連れてってキャアキャア言わす」先を何も考えてないからキャアキャア言うだけで終わってしまうんだが、本当に何なのよこれ。

続く第二話は「樹海の噂」と題して、女の子が五人ばかり「樹海荘」に泊まり、

「ねーねー知ってるー？　樹海って自殺の名所なんだって！」

「うっそー！」

とかじゃあおまえらなんでわざわざここに来たんだよ！と問い詰めたくなるカマトトぶりを発揮してると、そのうち一人がつと立ち上がって部屋から出ていって、その先には白いワンピースの女が……終わり！

てな調子で**怖くもなければ面白くもない、リアリティもなければ嘘もつけておらず、可愛くもなければセクシーでもない**、まったくなんでもない挿話が延々と続く地獄。「グラビアアイドルが樹海から一人で脱出するバラエティ」で、「無事成功したらグラビアの仕事を紹介してもらえる」というありえない企画に挑戦するグラビアアイドル（わちみなみ）の話にどう反応しろいうのか。脱出できなかったらどうなってしまうんだ？　じゃあヤラセなのかって、別に赤外線カメラで撮ってる別班がいたりするわけじゃない。そもそもワンピースにパンプスみたいな格好で目隠しされて真夜中の樹海を歩かされている時点でいろいろアウトじゃないのか。怪異が起ころうが起こるまいがすでに世の中を舐めすぎなんだよ！　それにしても怪異が毎回富岳風穴の駐車場のトイレで起こるのにはほとほと呆れたよ。

※1　元ジョリー・ロジャーの大橋孝史
一九七四年生まれ。プロデューサー。映画の企画・製作・配給・宣伝を行う株式会社ジョリー・ロジャー（二〇一六年破産）元取締役、トルネード・フィルム（二〇一〇年破産）元取締役。代表プロデュース作品は『父と暮らせば』（黒木和雄監督／二〇〇三年）など。未払いの問題についてはウィキペディアの「ジョリー・ロジャー」の項や『皆殺し映画通信　天下御免』の巻末対談など参照のこと。

まるっきり千眼美子のドキュメントではないかこれは！
大川総裁、千眼美子嬢を巫女として指導者に祭り上げようとしてんじゃないか

『愛国女子—紅武士道』

監督＝赤羽博　原作・製作総指揮＝大川隆法　脚本＝大川咲也加　音楽＝水澤有一
出演＝千眼美子、田中宏明、希島凛、なりたりな、市原綾真、大島さと子、中条きよし、国広富之、西岡徳馬

　曲がったことが嫌いな剣道少女、女子大生の大和しずか（**千眼美子**）はひょんなことから怪しい神を奉じる新興宗教団体にスカウトされ、カリスマ的な指導者の指導で霊界の戦士になるべく瞑想修行に勤しむ……ってまるっきり千眼美子のドキュメントではないかこれは！　あたら変な宗教にひっかかり、妙な修行をはじめたおかげで幻覚・幻聴を覚えるようになり……なんかこれ見ていて、大川総裁、千眼美子嬢を巫女として指導者に祭り上げようとしてんじゃないかって気がしてきたな。これが杞憂に終わるといいんですけど。

　映画がはじまると青空に浮かぶ美しい富士山。そして真っ赤な「愛国女子」の文字。松竹映画かと思いましたがそうではなくこれは日活制作。舞台は現代の日本。ユーラシア大陸の超大国「ソドラ共和国」（ソドム＋ゴモラ？）はＩＣＢＭの実験と称して日本列島をまたいで太平洋にまでミサイルを飛ばしているが、ロクに抗議もできない弱腰の日本政府に怒りを燃やすのはしずかの父、大和一心館道場の道場主である大和信現（**西岡徳馬**）だ。「だが今のマスコミでは正論を言うこともできない」「お父さんにはこっちのほうが合ってるかもね！」と息子信（**伊勢太陽**）がネットでの討論番組を見せると、そこに登場していた、ただ一人ソドラ共和国の拡張主義を批判するＮＰＯ法

人「日本の未来を守る会」代表のイケメン高山悟志（**田中宏明**）の発言に一家揃って大喜び。感化されたしずかは新聞に日本の未来を憂える投書をし、帝都新聞にそれが採用されて大喜び、さっそく新聞社の就職試験を受けるが、面接で滔々と持論を語り、

「そんなに意見述べたいなら、マスコミじゃなくて言論人になれば～」

とあえなく撃沈。それでも懲りないしずか、友達とスイーツ三昧してると、いきなりスカウトに声をかけられる。

「アクション女優に興味ありませんか？　剣道女子学生チャンピオンのあなたなら！」

男はライジンスタープロダクションなる芸能プロダクションの人間だという。訝しむしずかだったが、友人から勧められたこともあり、何事も経験だと会社に行ってみる。プロダクションがあるのは「日本の未来を守る会」と同じビルだった。面接は地下だと言われ、一人で地下室に向かうしずか。部屋に入ると、いきなり椅子に座っていた面接官たち四人が木刀で襲いかかってくる。慌てず騒がず四人を叩き伏せるしずか。

「お見事！」

拍手しながらあらわれたのは高山である。

「申し訳ありません。ちょっと試させていただきました」

しずかこそ、彼らが求めていた人材だ！　すぐに懐柔されてしまうしずか（もともと思想的にも高山の仲間なのである）。高山、実は「日本救済会議」なる宗教団体連合会の事務局長として、ひそかに日本を救う活動をくりひろげているのである。いよいよきな臭くなってまいりました。

「この世ならざる光に守られている感覚はありませんか？　神示により、あなたこそが日本を救う存在だと伝えられました」

「神示――神様からのお告げってこと？」

オカルト会話に打てば響く調子で応じるしずかである。

「二十一世紀に日本は滅亡するかもしれません」

そう、その元凶は唯物論国家である「ソドラ」。その背後には霊界から日本を滅ぼそうと糸を引いている黄泉《よみ》大魔神《だいまじん》の存在がある！

てな調子ですっかり洗脳されてしまったしずか、「日本の未来を守る会」の若者たちと一緒にソドラの脅威を訴える街宣をしたり（「共×党」の暴漢に襲われるが叩きのめしてさらに名声を高める）、高山と一緒にYouTube番組『ザ・トゥルース』をはじめて「日本は三万年前に天御祖神《あめのみおやがみ》※1が降臨して作られた世界最古の国だそうです」とかムー民みたいなことを言いはじめる。しずか、**就職に失敗したあげく変な宗教にハマってネットで真実とか駄目人間コース一直線**なんですが。だがマスコミや政財界にも黄泉大魔神のスパイは入りこんでいる！と教えられたしずか、高山から特命を与えられ、霊界で黄泉大魔神と戦う戦士に選ばれて有頂天。ついては霊界に行くために幽体離脱の術を会得しなければならない！と道場で瞑想の日々。そのうちにテレビでソドラに融和的なことを言っている政治評論家の背後に悪魔の姿を幻視するようになる。

「最近どうですか？　変なものが見えたりしませんか？」

と言われて幻覚の話をすると、

「どうやら修行の成果が出てきたようですね！」

いやダメだろそれ！　**どんどん社会復帰できない方向に坂を転げ落ちてゆく**しずか。

ついに「千手千眼の力」が覚醒し、「戦艦大和が後ろ向きに沖縄に上陸するヴィジョン」を幻視するに至る。そしてある夜、悪夢の中で東京に核爆弾が落ち、2.23の文字とともに「次で日本は終わる」の言葉が聞こえるではないか。たまたまその日にはソドラ共和国のミサイル実験が予定されている。まさか、そこに核爆弾が積まれていたら？

しずかの報告を受け、高山は二正面作戦を考案する。しずかたち主要部隊は霊界に潜入して黄泉大魔神と対決する。一方総理補佐官神谷幸雄（国広富之）の息子遼太郎は「日本の未来を守る会」

のメンバーなので、息子から父を説得してもらう。裏工作はこいつらのもっとも得意とするところだ！　しかしあの父は……としぶる遼太郎に、しずかの父信現は思いがけぬ事実を告げる。

「神谷幸雄は私の弟子だ」

そう、神谷は実は昔一心館道場に通っていた信現の弟子だったのだった。信現が「あれほどの正義感をもった男は見たことがない」と評する神谷なら、かならずや……！　というわけで二方面作戦が決行されるのだが、映画で見ていると「……そのころ霊界では……」「……そのころ現世では……」がくりかえされ、いまいち盛り上がらない。霊界か現世か、どっちかひとつで勝つんじゃダメなのかな？

ついに黄泉大魔神と対峙するしずか。脳内で、武者の格好をした自分の守護神から「彼を救ってあげて……」と頼まれたことは気になるが、そんなことを考える間もなく胸から八本の触手をふりまわす黄泉大魔神に圧倒される。このままでは……というとき、以前黄泉大魔神に挑んで敗北し、ボロボロの身体になってしまった（霊界でダメージを受けると現世でも傷つくのだ！）高山が命を捨てる覚悟で霊界に幽体離脱！　そして来たと思ったらしずかをかばって刺されてしまう。尊い犠牲は出したがついに黄泉大魔神を倒すしずか。驚くべき真実が明らかになる。実は黄泉大魔神、もともとは日本を守る神獣である黄金のヤマタノオロチ（ルックスはどう見てもキングギドラ）だったのだが、元寇その他たびかさなる外患から日本を守ってやったにもかかわらず戦後唯物論に走って神を信じなくなってしまった日本人に愛想を尽かし、グレて日本を滅ぼしてやると誓って黄泉大魔神になってしまったのだった。

「俺は裏切られたのだー！　あんなに日本を愛していたのに！」

と**ふられてストーカー化した元恋人みたいなことを言っている黄泉大魔神**だが、しずかの霊力攻撃をくらってようやく神獣の心を取り戻すのだった……っていうのだが、キングギドラが護国聖獣ってどう見たって『ゴジラ　モスラ　キングギドラ　大怪獣総攻撃』[※2]のパクリなんですけど金子監督！

いやこの際金子修介監督で大怪獣映画とか作ってみればいいんじゃないですか大川総裁！ 金子さん意外と仕事受けてくれるんじゃないかな。金子監督が幸福の科学の財力を握ったとき、どんなものができるのかわりと興味ありますよぼくは。

なお、映画の最後には大川隆法総裁が「キエーッ」と裂帛の気合を発して素振りする映像が登場して何事かと思ったが、なんでも総裁閣下が「天御祖神から伝わる武士道精神」を演者に示したのだが、「殺陣を演じる者たちがそれを理解し、体現できるまでには至らなかった」とのことで、真の武士道精神を見せるデモンストレーションとして演舞をつけたのだそうです！

※1　天御祖神
古神道書『秀真伝』（ホツマデン）に出てくる宇宙の始原神。『秀真伝』においては、アメノミナカミヌシ（『古事記』に出てくる最初の神）を産んだとされている。

※2　『ゴジラ・モスラ・キングギドラ　大怪獣総攻撃』
金子修介監督／二〇〇一年。平成ガメラシリーズで名を馳せた金子修介が初めて手がけたゴジラ映画。古代王朝時代の日本では、バラゴン（婆羅護吽）、モスラ（最珠羅）、ギドラ（魏怒羅）が存在し退治されたあとは、「護国聖獣」として祀られているという設定である。

過疎問題の解決策が「清流日本一」の押し付け一本槍。もう悪いけどこんなんじゃ滅びるしかないよ！

『高津川』

原作・脚本・監督＝錦織良成　撮影＝佐光朗　音楽＝瀬川英史
出演＝甲本雅裕、戸田菜穂、大野いと、田口浩正、高橋長英、奈良岡朋子、緒形幹太、佐野和真、友利恵、石川雷蔵、岡田浩暉、浜田晃

高津川は**上流から下流まで全流域にダムも堰もない唯一の一級河川で「清流日本一」が自慢**。その川のほとりにある小さな町では、人口の減少から小学校が廃校になることが決まっていた……あまりに何度もくりかえされるのですっかり脳裏に刻みつけられてしまった「清流日本一」の町だが、そこもまたお定まりの若者が町を捨てて出てゆく問題に悩まされていた……いやこの映画、最初から最後まで既視感のあるおなじみの地方過疎問題しか出てこないうえに、その解決策が「清流日本一」の押し付け一本槍だけという、もう悪いけどこんなんじゃ滅びるしかないよ！とひさびさに叫びたくなる地方映画。場所は島根県の津和野町から益田市までのどこか。原作・監督はもちろん島根映画を仕切る島根地方映画のチャンピオン錦織良成[※1]監督である。

川沿いの山道を走っていく車。この映画、やたらと川の脇を車や自転車が移動してゆくカットが多い。風光明媚は嫌というほどつたわってくるが、物語と切り離された美しい風景だけ見せられても、ただ心がさまよっていくばかりで……山頂でトラックから降りたのは斎藤学（**甲本雅裕**）、畜牛を営む農家である。妻をなくして家族は母（**奈良岡朋子**）と息子竜也（**石川雷蔵**）、娘七海（**大野いと**）の四人暮らし。この映画で気になったのが、どうも母親の存在感が薄いことである。家族

はあるけど、母子関係というのがあまり出てこないのだ。物語の中心になるのは学の同級生たちなのだが、寿司屋の健一（**岡田浩暉**）は跡継ぎの息子の教育に懸命だし、和菓子屋の陽子（**戸田菜穂**）は結婚しないで店を継ごうとしている。優秀だった誠（**田口浩正**）は弁護士になって都会に出たが、実家は老父が一人暮らし。どこにも母がいないのだ。どうも、延々と語られる若者の流出問題、そこらへんに理由があるんじゃないかと思うけど、どうよ？　この閉鎖的な地域コミュニティの矛盾をすべて母＝女性に押しつけてやいませんか？　だがまあそこらへんは特に追求されることなく、農場の方は高津川流域の豊かな自然を新鮮に満喫している福岡出身の従業員カナ（**友利恵**）が率先して3K労働を厭わず働いてくれるので働き手の問題とかは一切表面化しない。どこもこんなんだったら技能実習生問題とか起きずにいいのだが、そんなのは映画の中にしか存在しない夢の現代農業なのにね。

農業にも関心を示さず、歌舞伎の源流であるともされる伝統の石見神楽の舞手であるにもかかわらず練習をサボってばかりいる息子が気がかりな学。もうひとつの心配事は都会へ出ていった同級生の誠である。学、誠に電話して同窓会のために戻ってくるように言い、わざわざ空港まで迎えに行くのだが、「話したいことがあるんだ……後で話す」ばっかりで、やたら思わせぶりなわりにはちっとも話をはじめない。学が口下手で不器用だと見せたいのかもしれないが、それにしてもまだるっこしすぎて話引き伸ばしたいだけだろ！としか思わないよ。で、同窓会で明らかにされるのは彼らの出身校である「高津川小学校」が過疎のために今年いっぱいで廃校になること。最後の運動会となる秋の運動会は、OB、OGにも参加してもらい、最後の祭りにしようと決めるのだ。

一方竜也は前後の脈絡もなく「神楽やりたい」と言いだしていきなり問題解決！「大人が物分り良すぎて自分のあとを継いでくれと言い出さないから迷うんだ」ともっと強権で進路を強制すべきと言いだす竜也。いや夢の地方活性化映画においてはそうなのかもしれないが、現実には「清流日本一」を守れ、美しい風景を守れ、と**硬直した伝統を押しつけてくる老人たちのせいで若者が地方**

から出ていくんじゃないんですか？　そのことが骨身にしみてわかっているはずのこういう映画で、精神論しか解決策が出てこないのって本当にヤバいと思うんですが。

　同級生たちの中でただ一人「若者が出ていきたいというなら出ていけばいいんだよ」とドライな誠は、高津川上流でリゾート開発が進められていると聞いても、

「清流日本一でも人が住んでなかったらしょうがない。リゾート開発がきっかけで町が発展するかもしれん」

　と屈託がない。まあ自分自身高津川を捨て、都会で弁護士をやっているので、そういう態度になるのである。それでも「高津川は犠牲にしていいもんやない」と言う学、なかば強引に誠を実家に連れてゆく。そこで母が亡くなって以来すっかり惚けてしまった父（**高橋長英**）が自分のことを認識できず、三十五年前に高津川の洪水で死んだ兄と自分の学費にするために、先祖代々の土地を売ろう、と言いだすさまを見て衝撃を受ける。つまり学が「話したいこと」とはこれだったのだが、いやそんなのさっさと伝えなきゃ駄目だろ！　てか誠もずっと町に滞在してるくせに学に連れてこられるまで父親の顔見に寄らなかったのかよ！　いくらなんでも薄情すぎんだろ！　どいつもこいつも劇的効果ばかり狙ってるんじゃないよ！　そしてそして愁嘆場で田口浩正も甲本雅裕も男泣きで泣きに泣いて本人的には気持ち良い芝居ができたのだろうけど、見ているこちらはひたすら心が冷めていくばかりなのでありました。まああとはみなさんで神楽でも運動会でもやって盛り上がられたらいいんじゃないですか？

※1　**錦織良成監督**

一九六二年島根県生まれ。一九九六年巨大化したフナムシがでてくるモンスターパニック映画『BUGS』（主演：高橋かおり）で監督デビュー。後述の作品以外に、婦人自衛官の成長を描く『守ってあげたい』、島根県塩津の小学校が舞台の『白い舟』、青森県鰺ヶ沢のブサかわ犬として有名になった犬の映画『わさお』などがある。今までに『皆殺し映画通信』でとりあげた錦織作品は次のとおり。

『渾身 KON-SHIN』……『皆殺し映画通信』四〇ページ参照

『たたら侍』……『皆殺し映画通信　骨までしゃぶれ』九三ページ参照

『かぞくいろ ― RAILWAYS わたしたちの出発 ―』……『皆殺し映画通信　お命戴きます』二五二ページ参照

女子学院出身者は何か言われたら「だって常盤貴子が悪いんだよ！」
と責任転嫁していけばいいのではないでしょうか

『われ弱ければ　矢嶋楫子伝』

監督＝山田火砂子　原作＝三浦綾子　脚本＝坂田俊子、山田火砂子、来咲一洋　撮影＝高間賢治　音楽＝朱花
出演＝常盤貴子、石黒賢、渡辺いっけい、渡辺大、黒沢かずこ、村上知子、大島美幸、竹下景子、キャロリン・愛子・ホーランド、藤吉久美子、森岡龍、小倉一郎、栗原小巻

誰だこの人……と思っていたがなんと女子学院[※1]の創設者だったのか！　友人知人にも女子学院出身者は多いのだが、みな「校風が自由」「自由すぎてヤバい」「独自の戦い」と学校のことを語る。なぜそんなことになっているのか興味があったのだが、その一端がどうやらここにあったらしい。なんせ明治期にすでに「校則なし！」「試験のときには教師の監督なし！」という圧倒的自由主義教育を標榜していたというのである。なので、女子学院出身者は何か言われたら「だって**常盤貴子**が悪いんだよ！」と責任転嫁していけばいいのではないでしょうか。

製作は現代ぷろだくしょん。一九五一年設立、山村聡の『蟹工船』や今井正の『真昼の暗黒』で知られる由緒正しき代々木系制作会社である。初代社長だったのが山田典吾で、当初は製作を担当していたが、一九六三年の『日本海の歌』から監督進出。七四年の『太陽の歌』から妻で女優だった山田火砂子が製作を担当し、以後コンビで『はだしのゲン』や『裸の大将放浪記―山下清物語―』などを発表する。一九九八年に山田典吾が亡くなったあとは山田火砂子が監督進出し、なおも社会派作品を作りつづけている。本作で監督九作目となる。御年九十歳にしてこのバイタリティ。演出は折り目正しく、真っ向から正攻法で、まるで時間が止まっている感がある。

一八三三年（天保四年）、肥後国の庄屋山田家の六女としてかつは生まれる。男子が欲しかった父親からは名前もつけてもらえなかったかつだが、向学心に燃えて、兄直方（**石黒賢**）の手伝いをしながら学問を修めることを夢見ていた。だが、一八五八年（安政五年）、すでに行き遅れとみなされる年になって、兄と同門の、横井小楠門下の林七郎（**渡辺いっけい**）の後妻に娶される。酒乱の評判がある林のもとに嫁ぐのは気が進まなかったかつ（常盤貴子）だが、十年後、予想通り酔った林に小刀で切りつけられ、生まれた赤ん坊を連れて実家に帰ってしまう。みずから髪を切って離縁状をつきつけるかつである。当時、女性から離縁状をつきつけるのは相当に珍しいことだった。この辺、洗濯物すら男女別に分けるとか、厳しい男女差別、身分差別の様相が説明ゼリフでかっちりと伝えられる。

不思議なのは物語上の力点というのが特になく、最初から最後までフラットな描写であることだ。前半のストーリーなど軽く飛ばしてしまってもよさそうなものなのだが。まあかつの一徹な性格と、当時の男女差別の厳しさを伝えるためには必要な部分なんだろうとは思うものの、林の酒乱描写なんかを延々とやっているあたりに監督の生真面目さを感じる。

五年後（明治五年）、実家でくすぶっていたかつは、東京で議員をつとめていた兄が倒れたと知らされる。姉から、子供は姉に預けて、兄の世話をするように命じられたかつ、東京行きの船上で、かつて兄から「自分の人生の舵を取って生きていけ」と言われたことを思いだし、楫子（かじこ）と名を改める。東京に行くと森三中演じるダメ家政婦を叩きだし、たちまちのうちに家を立て直す。さらには兄の勧めもあって、これからの日本のためには教育が必要だと教員伝習所に通うことにする。それを見ていた兄の書生、鈴木要介（**渡辺大**）とのあいだに生まれるほのかな交情。要介の下駄の鼻緒が切れたとき、すかさず袂から替えを取りだして直してやるのが楫子の気持ちの表現になっているのだが、もちろんこれ以前に兄の鼻緒を直して褒められるシーンがある。だが、兄から鈴木は故郷に妻子があると聞かされて愕然とする楫子である。

一度は思いきろうとしたもの、「あなたの役に立ちたいのです」と障子の向こうで言う言葉を聞いたとき、思わず……障子に映る影に向かって告白するという古い演出が時代と相まっていい感じだ。楫子は無事教員となるが、一年後にとうとう妊娠してしまう。だが屈託なく「妾として籍に入れますよ！　子供はうちで面倒見ますから！」と言う要介についに怒り爆発。**子供は生む！　教師も続ける！　だけど決して「妾」になどならない！**　というわけでこの時代としては珍しいシングルマザーとなった楫子、子供は里子に出して、小学校で教員を続ける。その過程で、酒飲みの父親に売り飛ばされてしまう娘を見せられ、憤懣やるかたない。

そんな楫子に転機が訪れる。キリスト教の宣教師が開設した女子学校の校長にスカウトされたのだ。「クリスチャンでもないのに」と戸惑う楫子だったが、ミセス・ツルー（**キャロリン・愛子・ホーランド**）は「日本人子女の教育の仕上げは日本人がやるべきだ」という考えだったのだ。ミセス・ツルーに会いに行った楫子は、秘書から英語で話しかけられてもまったくわからないので、傍若無人に（禁煙と言われた場所で）煙管をふかして待つ。これ、こういう描写だから本当にそういうことがあったんだろうと思うしかないが、何を伝えたいのか皆目わからない。そもそもミセス・ツルーは楫子のどこが良くてスカウトしたのか、そこらへんもまったく説明されないのである。この**「全体の描写がフラットになって、小さいことは気にしない」というの、実はスーパーシニア監督の特徴なのではないか**という気がしている。

そんなわけで女子学院の校長となった楫子。聖書を読んで「この処女懐胎って意味わかんないわねー。こういうの、宣教師の人ってどう教えてるのかしら」とひとりごちていると、ちょうどそのとき窓から賛美歌の妙なる調べが。思わず煙管を置いて講堂までふらふらと歩いていくと、牧師が「これは天使ガブリエルから受胎告知を受けたマリアが悩み苦しんだ末ついに生の喜びを取り戻したことをうたっているのです」と説明してくれる。うんうん……と校長室に戻ってくると放置していた煙管から火が出てボヤが起きている。あわてて騒いで火を消し、かけつけたミセス・ツルーに土下座する。

「何も言われないことに甘えて場所もわきまえず煙草を吸いまくったわたしのせいです！　もう煙草は止めます！」

そう聞いたミセス・ツルー、怒るのではなくひしと榻子を抱きしめる。

「わかってくれればいいのです」

そう、アメリカ流の教育では失敗を怒るのではなく肩を抱くのだと言われても、納得できなかったことを実際に体験して真の理解にいたり、ついでにキリスト教信仰にもめざめて母からもらったお守りも捨て、以後キリスト者として禁酒運動や廃娼運動に献身、女学校が統合して生まれた女子学院で校則も試験監督も撤廃するという過激な自由教育に走る榻子なのである。となれば物語はこからのような気もするのだが、禁酒運動に関しても廃娼運動についてもただ演説するだけで実際に運動で戦う部分の描写がほとんどなく、そういうエキサイティングなことはすべて割愛されてしまっているのだった。で、最後に「一夫一妻」の実現を教育勅語に見て感涙を流し、戦争協力に流れてしまうあたりの矛盾、というか思想的限界をついてほしかった気もするが、どうやらそれは老大家の仕事ではなかったようだ。

※1　女子学院
東京都千代田区一番町にある私立女子中学校・高等学校。一八七〇年（明治三年）に設立されたプロテスタント系のミッションスクールで自由な校風で知られる。

天下のお金持ち市芦屋市発の食育映画。
芦屋の人々がいかに子供を大事にする意識高い人々であるかを訴える

『あしやのきゅうしょく』

監督＝白羽弥仁　脚本＝白羽弥仁、岡本博文　撮影＝吉沢和晃　音楽＝妹尾武　主題歌＝大塚愛
出演＝松田るか、石田卓也、仁科貴、宮地真緒、藤本泉、堀内正美、桂文珍、赤井英和、秋野暢子

芦屋市政施行八〇周年記念事業！　それがなんで給食映画になったのかはさっぱりわからないが、劇中で「最近の子供は舌も肥えてるし、素材もいいものを使わないと」と調理師が言いだしたとき「……そりゃ芦屋の子供はな！」と全関西人の心がひとつになったのはまちがいない。日本でも有数のお屋敷町で知られる天下のお金持ち市芦屋市発の地方映画は、**芦屋の人々がいかに子供を大事にする意識高い人々であるかを訴える食育映画**なのであった。

どうしても気になるのは高校生×食×地域映画の映画方程式でおなじみ映画24区の「ぼくらのレシピ図鑑」シリーズとの関係である。同じ兵庫県の加古川市でも作られているくらいだし、まったく無関係とも思えなかったのだが。どうも人間・資本では直接的関係はないようで、単純に「レシピ図鑑」からヒントを得て食映画を作ろうということになったのだろうか。監督・脚本の白羽弥仁は芦屋市出身で過去に『能登の花ヨメ』や『みとりし』[※1]を監督している。

四月。給食好きで聞こえた少女野々村菜々（**松田るか**）は成長し栄養士となって芦屋に戻ってきた。新人栄養士として小学校の給食を担当するのだ。さっそく前任のベテラン栄養士（**秋野暢子**）から分厚いレシピブックとともに「生きることは食べること」のキャッチフレーズも引き継いで責

任の重さにちょっとビビり、舞い上がっていると無愛想な調理師今村達也（**石田卓也**）から冷水を浴びせられる。「芦屋の給食は素材を大切に、手作りで、あたたかいものを提供する」と教えられ、責任感に身を引き締める菜々である。てかセンター給食の時代にけんちん汁を先割れスプーンで食わされていた身からすると、「サワラの焼き物」とか「鶏肉のあられ揚げ」とか見せられるだけで涙がちょちょ切れるってーの。

一方、稼ぎの悪い夫と別居して芦屋の実家に居候することになったシングルマザーの安達和（**宮地真緒**）の息子は四月から菜々が献立を考える給食を食べることになる。実は彼女の実家、村上豆腐店は給食に使う豆腐を小学校に納入している。そんなわけで、以下、菜々が給食にまつわるさまざまな問題に取り組みながら成長してゆく一年が描かれる。

国際色豊かな芦屋の小学校にはさまざまな生徒がいる。毎日お弁当を持ってきて、一人クラスから離れて食べているイスラム教徒の少女を見た菜々、可哀想だから一緒に食べられるように、とイスラム教徒向けの献立を考えはじめる。ベテラン栄養士の甥っ子だと判明した調理師今村（単にぶっきらぼうなだけのツンデレ）とはすぐに仲良くなって、一緒にハラル[※2]食材屋に出かける。そして作るのが村上豆腐店に無理をいって大量納入してもらった豆腐を使った「豆腐キーマカレー」！　ムスリマの女の子も一緒に給食を食べられてみんな幸せ……っていうんだけど、なんか見てると「豚肉使わなきゃいい」と思っているようにしか見えず、それ本当にハラルフードなのか……!?　あとで大問題になったりしない？！？

芦屋市の給食でいちばん人気なのがオムレツだ。その日を指折り数えて待つ子供たちの中に、一人浮かない顔の子がいる。卵アレルギーなので、いつも脱卵食を食べている少年だ。どうしてもオムレツを食べたい少年は、ついに医者でアレルギー治療をはじめる。一方、どうしてもみんなにオムレツを味わってほしいと考えた菜々は、村上豆腐店と話すうちにアイデアを思いつく。それは……湯葉のオムレツだ！　というわけでオムレツの日、調理師たちが流れ作業で一人分ずつオムレツを作っていく。これ、見せられてあらためて思ったけどものすごい手間で、いや世界は進歩しているんだろうけど、それにしたって**ここまで手間暇かけた給食食えるのはやはり芦屋の子供……**ところでオムレツ当日までにアレルギー治療は終了して「これで卵も食べられますよ」と医者から太鼓判押されてるんですが、それでも湯葉のオムレツ出されるのってどうなのよ!?

さて、芦屋給食界の一大イベントがやってきた。それは「MY給食」。選択制のメニューから、生徒が好きなものを注文して食べられるこれまたどんだけ手間かけてんだよ!と言いたくなる一大イベント。ここで父が住んでいるイギリスに行きたがっている美少女が、父親から教わった「願いが叶う卵」を食べたいと言いだす。何かというと固茹で卵をひき肉で包んで揚げたもの……「ああ、スコッチエッグね」と理解の早い今村。「やってもいいけど、すでにコストぎりぎりだから、赤字にならないように」と釘を刺される（おまえが素材にこだわるからやないか……!）。悩んだ菜々、ここが正念場だと肉の納入業者（**赤井英和**）のところに行って頭を下げる。やっぱり最後は泣き落としなのか！　子供のためなら、と言えばなんでも通る世界。

さて当日、「願いが叶う卵」はそのコピーも奏効して子供たちのあいだで大人気。「食べると願いが叶う」とかいうのは美少女の父親が吹いた法螺だったらしいのだが、実際に夢がかなって彼女は翌年四月からイギリスに旅立つのだという。そう聞いて複雑な顔をしているのが、さんざん話を聞かされてちょっと彼女といい感じになっていた宮地真緒の息子。そんなわけで、一年間の給食生活で起きたいろんな問題、どれも解決しながらもどれもこれも微妙な味わいばかりを残す結果となって、これが芦屋の給食の味ってやつか……。

※1　『みとりし』

『皆殺し映画通信　御意見無用』一五九ページ参照

※2　ハラル

ハラルは神の許しのこと。イスラム教の信者はハラルにそって生活を営む。ここでは、イスラム教の神アラーが信者に食べることを許した食物ハラルフードを指す。豚肉やアルコール、うろこのないものなどが禁じられている。また、イスラム法にそって処理されていない食物なども禁止の対象となる。

一人の男の「半田をひとつにしたい」という思いからはじまった……
これが半田市政の闇だったのか！

『劇場版1979はじまりの物語～はんだ山車まつり誕生秘話』

監督・脚本＝作道雄　プロデューサー＝森内保雅、瀬木直貴、作道雄　撮影＝橋ケ谷典生　音楽＝畑裕也
出演＝中山真人、中村優一、平野泰新、原田篤、伊藤精宗、南部隼人、宮地真緒

知多半島の中部に位置する愛知県半田市は、市内各地区に三十一輌もの山車を擁している。五年に一度、三十一輌が一堂に会する日がある。愛知県随一の規模を誇る「はんだ山車まつり」だが、その祭りの歴史は意外と新しい。それは一九七九年、一人の男の「半田をひとつにしたい」という思いからはじまった……。

当時、半田市内の政治状況は二分されており、対立や論争が日常的に絶えなかった。それを憂いた半田青年会議所の三十八歳の酒井義弘が企画したのが山車まつりであったのだ……というのだが、じゃあその政治状況ってなんなんだよ！　この映画、地方映画にありがちな配慮からか、気になる箇所がボカされてしまっており、あとからいろいろ調べさせられてしまった。そもそもこの映画、どういうものなのかというと半田市を中心にサービスを提供するケーブルテレビ局ＣＡＣによる連続ドラマの劇場向け再編集作品。監督・脚本の作道雄はもともと瀬木直樹のスタッフで『いのちスケッチ』[※1]の脚本も担当している。

主人公の酒井を演じた**中山真人**をはじめ主要キャストは「地域キャスト」として俳優経験のない地元民たち、それを半田市ＰＲ大使でもあるボーイズグループのメンバー**平野泰新**らプロの俳優が

支えるという構成。と聞くといったいどんな棒読み合戦がくりひろげられるのかと身構えるところだが、あにはからんや芝居に関しては「地域キャスト」の面々は台詞回しこそ独特だったが無理をしない分安心して見られ、むしろ敵役である香川を演じる**中村優一がオーバーアクトにつぐオーバーアクト、変顔連発でいちばん変な人だった。なんでこんなことに……**。

一九七九年四月三十日、山車祭り五日前、酒井（中山真人）は参加を渋る板山地区大湯組の山車組を説得している。どうしても説得に応じてくれない山車組に、もはやこれまで……となったところで話は七ヶ月前に遡る。いきなりJC会長に立候補して無投票で代表に選ばれた酒井は「半田をひとつにしたい」「旧弊打破」とぶち上げるが、香川（**中村優一**）は「人望もアイデアもないおまえに何ができる！」と変顔で嫌味をぶつける。「どうせ竹内市長を攻撃して市長になろうって腹なんだろう！」と言われて「いやそんなつもりはない。俺はただ半田をひとつにしたいだけで……」と答える酒井なのだが、そこらへんが「二分された政治状況」ってやつなのか。だったらそこをちゃんと教えてくれないとね……。

酒井はさっそく実直な山田（**伊藤精崇**）を誘って「三十一輛の山車を勢揃いさせる山車まつり」の企画を披露する。酒井役の中山真人、演技らしい演技はほとんどなくて無表情からいきなりセリフが飛びだしてくる感じなのだが、逆に熱いヤンキー風に周囲を巻き込んでいくキャラクターだととんでもなくうざい映画になっていたと思われるので、これで良かったのではないか。そして中京商業野球部で春の選抜高校野球準優勝を経験しているスター選手だったという酒井、どうやらそういうタイプの人間だったのではないかと思われるからなおさらだ。なお、本作、再現ドラマの合間に本人が登場して当時のことを回想するドキュメンタリー部分がはさまるのだが、地元実業家持ち上げっぷりがいかにもローカルテレビである。

悪役香川はさっそく酒井の足を引っ張るべく、「山車まつり」に対抗する「酢まつり」（半田市は酢や味ぽんで有名なミツカングループの本拠地である）の企画を提出、JCの伝統を強調する。「酒井がいう悪しき伝統とはなんのことですか！」「あんたのことだよ！」と言い返す酒井。だが、多数決では僅差で香川の企画に破れてしまう。「ワッハッハッハッハ」とマンガみたいな悪役笑いをする香川であった。いや、さすがにこの香川だけはモデルのいない創作キャラクターなんだと思いますが、やることなすことあまりにマンガ過ぎて。そんなわけで意気消沈した酒井と山田、高校時代から酒井のファンだったという石川らは地元スナックのママ明美（**宮地真緒**）に慰められているが、そこに酒井の演説に感激したというメンバーが四人加わる。

「野球をやるには九人必要。七人だと……七人の侍だ！」

「新年度から卒業するメンバーもいるから年明けてからもう一度投票すれば今度は勝てますよ！」と大阪都構想の住民投票じゃないんだからと言いたくなる姑息な手段で香川の企画排除をねらう七人の侍なのだった。

開けて新年、まさかの再投票を仕掛けて圧勝した酒井一味、山車まつりの企画を通したはいいが問題は山積み。山車組への根回しも済んでいなければ寄付もロクに集まっておらず、山車が練り歩くコースも集合場所も決まっておらず警察の許可ももらっておらず交通規制への協力もとりつけていない。このすべてを酒井が頭を下げるだけでご協力願おうというんだからすごい。えー半年足らずでこれだけ全部をやっつけるとかいくらなんでも。準備が難航していると香川から「もし成功したら裸で逆立ちして半田じゅうを回ってやらあ。そのかわり、もしできなかったらおまえらをこの町に住めんようにしてやるからな」と煽られる始末。

山車組に談判に行く酒井たちだが、社格の高い亀崎地区の山車組からは「三十一輛揃えるならうちの神社の前にもってこい」と言われるなどさんざん。「**信号にひっかかる？　そんなもん信号壊せばええやろ**。山車は絶対に下げへん」と意気軒昂だ。一方警察に行くと、ロクに書類も見ないでゴミ箱にポイ！

「実は仲間には言ってなかったのですが、わたしはスピード違反取締のネズミ捕りの件で警察を訴えていたので、警察のほうは『酒井がかかわっとるようなイベントに協力するわけがない！』とけんもほろろで……」（酒井のインタビュー）

ついに自分が身を引けば……とまで思い詰めた酒井だったが、明美に励まされてやる気を取り戻す。かくなるうえは……全山車組を集めての山車会議だ！　で、うまいこと会議で機運を盛り上げて、一気に実現に向かうのだ！

……というわけで冒頭に戻る。例によって「おねがいします！」と頭を下げる酒井だが、大湯組は理事会で不参加を決める。三十一輌の山車が揃うイベントは幻と消えるのか……諦めきれない酒井は再度足を運ぶと、代表者から「俺は賛成したけどな」と暗に「頭を下げ足りないんじゃないの？」とほのめかされる。そう聞いてから農作業にいそしむ人々のところに連日通って靴を泥々にして頭を下げる酒井である。その熱意に彼らの態度も徐々にほぐれついに五月四日祭りの前日に……！

これ、てっきりフィクションならではの作り話だろうと思ったが、現実にもほぼこれに近い状況だったらしく、かなりの綱渡りだったのは事実だったらしい。ともかく山車も集まって大成功！香川も逆立ちの練習してばんざーい！　よかったよかった……って信号機や警察の件はどうなったのよ!?　いちばん気になるそこの部分はすべてネグられてしまったのだった。ざっと調べたところ、**どうやら信号機は本当にすっ飛ばしたらしく、さすがにそれを映像化することはできなかったのか。警察との関係についても……そういうわけでいちばん美味しい部分は残っていない映画化ということに**。

なお、最後のクレジットで「酒井義弘は後に半田市長になり……」と記されるので、それじゃあ香川の言ったとおりじゃないか！と思ったが、実は一九九九年に市長になった酒井氏は二〇〇一年に建設業をめぐる汚職で逮捕され、辞任していたのだった！　**これが半田市政の闇だったか！**　ちなみになぜケーブルテレビ会社がこんな映画を作ったのかというと、この第一回大会を中継した「アマチュアテレビ」がのちにケーブル会社ＣＡＣになったからで、いわば社史の輝ける一ページだったんですね。

※1 **『いのちスケッチ』**
『皆殺し映画通信　御意見無用』二〇九ページ参照

東宝の大スター宝田明の遺作。
もっぱら乃木坂48目当てらしき若者のほうが客は多かったようですが

『世の中に絶えて桜のなかりせば』

監督＝三宅伸行　脚本＝敦賀零、三宅伸行　エグゼクティブプロデューサー＝宝田明　主題歌＝all at once
出演＝岩本蓮加、土居志央梨、郭智博、名村辰、柊瑠美、伊東由美子、徳井優、吉行和子、宝田明

去る三月十四日に逝去したかつての東宝の※1大スター**宝田明**の遺作である。企画自体が宝田企画のもので、宝田明はエクゼクティブ・プロデューサーも務めている。遺作となって悔いなしというところだろうか。見に行ったときはもっぱら乃木坂48目当てらしき若者のほうが客は多かったようですが。

女子高校生の咲（**岩本蓮加**）は今日も学校を休み、終活アドバイザー「ハレノヒ」のアルバイトに出かけている（ウェブCMにまで出演して、同級生から何やってんだよ……と言われている入れ込みっぷり）。一緒に働いているのが快活な老人柴田（宝田明）。咲は柴田が会社の決められたマニュアルを守らず、勝手なことばかりしているとプリプリしているのだが、お客からは「マニュアル読んでるみたいですね」と図星の指摘。そもそもですね、この「終活アドバイザー」、マンションの一室に看板かけただけのオフィスで、不登校の女子高生がアルバイトでやっているのだ！　いやあなた、**不登校の女子高生に自分の死に方の相談をしたいと思う？**　「終活アドバイザー」というのは顧客の話を聞いて、各分野の専門家を紹介するお仕事らしく、それなら女子高生でもできるだろうってことらしいんだが、そんなもんにわざわざ相談する意味ってある？　存在そのものが怪し

さしかない。なにかそこんとこの説明があるかと思ったけど、もちろん何もなかった。で、「別に病気だとかそういう理由ではないのですが、仕事の都合で遺書を書かなければならなくなったんですが、書き方がわからないんです」というお客に対して、「遺書でしたら司法書士をご紹介できますが……」とマニュアル通りの回答しかできない咲。かたや柴田は自分が親からもらった白紙の遺書の話などしてなごませる。で、この「仕事の都合で遺書を書かなければならない人」、どんな仕事だと思われるだろうか？　思いつくといえばまずはPKOかなんかで海外派遣される自衛隊、じゃなきゃテスト・パイロットとか宇宙飛行士とか……じゃあそのどれかというとですね……。

学校には行かない咲だが、元担任教師の南雲（**土居志央梨**）の家にいりびたっている。南雲先生は国語教師で、咲に茨木のり子[※2]の詩「さくら」を教えてくれた恩人でもある。だが今となっては家も片付けられない引きこもりの駄目人間。なぜこんなことに？　それは生徒から受けた面白半分のいじめに対処できなかったからだった。咲はそれを止めようとし、同じようにイジメを受けて不登校になってしまったのだ。咲は先生の家に足繁く通うが、事態打開の目処があるわけじゃないので、ただ傷をなめあってることにしかならない。いじめの張本人をつかまえて直談判してみたりもするのだが、「イジメなんかやっておもしろいの？」に「別にそんな必死でやってるわけじゃないしねー」と開き直られてしまうと何も言うことがない。

映画のタイトルはもちろん古今集におさめられた在原業平の一句「世の中にたえて桜のなかりせば／春の心はのどけからまし」からとられている。業平や茨木のり子の桜に捧げる詩歌、イジメ問題、終活アドバイザーとそれなりに要素は集めているのだが、それぞれが無関係なままなので三題噺でも見せられているかのようである。

やがて柴田が咲に妻（**吉行和子**）との馴れ初めを話し、それが「丘の上の学校の裏に咲いていた桜」であったことを知った咲が、同級生を誘ってその桜を見に行くという筋書きになる。で、なんとなく咲は不登校から立ち直ってしまうのだが、冷静に考えるとこれ学校の問題とまったく関係なくないか？　咲は二人の思い出の桜を発見するが（延々田舎道を歩いて人に訊ねてまわるのだが、「その前にGoogle Mapで当たりくらいつけていこうよ！」と何度言いたくなったことか）、それはとうに枯れており、花をつけなくなっていたのだった。咲と同級生は写真にＣＧで満開の花を散らし、それを柴田と車椅子に乗った妻の前で壁に投影する（なぜか立ち直った南雲先生も久しぶりに家を片づけてちゃんとした服を着て同席している）。「桜の花は下を向いて咲くから、上を向いて見なければならない」と教わった咲は「わたし、上を向いて生きていきます」と言うのだが、その生きる力を得るのが終活アドバイザーのお仕事での経験からではない、というのが根本的に駄目な部分ではないかと思われた。なお、冒頭に登場するお客の仕事ですが……咲が見ているテレビに登場して民間宇宙飛行士であると判明するのだが、そんな人間が女子高生の終活アルバイターに相談するのか！　だいたい最初来た時点で名前か顔かでわかるよね！と突っ込みしきり。

※1　東宝の大スター宝田明
一九三四‐二〇二二年。一九五三年の東宝ニューフェイス第六期生として俳優人生をスタートする。同期に岡田眞澄がいる。『ゴジラ』で初主演を演じ、一躍トップスターとなった。そのほかにも〇〇七ブームに乗じたアクションコメディ『一〇〇発一〇〇中』や、日米合作ＳＦ映画『緯度０大作戦』、小津安二郎監督『小早川家の秋』など代表作多数。ミュージカルや舞台、テレビドラマなどでも幅広く活躍した。なお二〇二三年現在、宝田明の遺作映画とされるものが複数存在することが確認されている。

※2　茨木のり子
一九二六‐二〇〇六年。結婚した二十代半ばから詩を書きはじめる。その後、同人誌『櫂』を創刊。同誌には谷川俊太郎、大岡信らが参加していた。代表的な詩集に『自分の感受性くらい』『倚りかからず』など。凜として生きることを貫いた姿勢と生涯丁寧な生活を送ったライフスタイルが現在も支持されている。

蜷川実花流の目がチカチカする画面で届ける、ムードだけで中身は何もない一一〇分
……と思っていたら、こんなところにプペルの手が!?

『ホリック xxxHOLiC』

監督＝蜷川実花　原作＝CLAMP　脚本＝吉田恵里香　撮影＝相馬大輔　音楽＝渋谷慶一郎
主題歌＝SEKAI NO OWARI
出演＝神木隆之介、柴咲コウ、松村北斗、玉城ティナ、趣里、DAOKO、モトーラ世理奈、西野七瀬、大原櫻子、てんちむ、橋本愛、磯村勇斗、吉岡里帆　文化庁文化芸術振興基金補助

　原作CLAMP[※1]、監督蜷川実花、主演**柴咲コウ**……というわけでおなじみCLAMPの手も足も首も長いヒロインがムーディなセリフを言うのを蜷川実花流の目がチカチカする画面で届ける映画なのね……と思っていたらびっくりしたのが製作：西野亮廣の文字である。まさかこんなところにプペル[※2]の手が!?　ひょっとしてこの映画にもプペル・マネーが入ってるとか？　恐るべきはプペルの支配である。
　見る前は中身よりもムードなCLAMPのコミックと、カラフルな画面に花と蝶を飛ばすばかりの蜷川スタイルとは相性良さそうだと思っていたのだが、**ムードにスタイルをかけても中身はゼロのまま**なのである。そういうわけで、実にもってムードだけで中身は何もない一一〇分。一応あらすじ説明はするものの、そこはほぼ無意味だという点を最初にお断りしておきます。じゃあどこに意味があるかというと、いや、特には……。
　アヤカシ（なんだかよくわからない黒いモヤモヤ）が見える高校生四月一日《ワタヌキ》君尋《キミヒロ》（**神木隆之介**）は、ある日、ひらひらと舞う黒い蝶に誘われるようにして謎の扉をくぐる。そこには華やかな衣装（スタイリング・ディレクター：長瀬哲朗）を身にまとった美女侑子（柴崎コウ）がいる「ミセ」。

「ここはあなたの願いを叶える場所。願いの対価としてあなたは自分の一番大切なものを差しださなければならない」

と告げるのだった。

これ、物語上では侑子は狂言回しのような立場らしく、願いを抱いてこの謎の館にやってきた男女にこの台詞を言い、その運命を見守るだけで、積極的にストーリーに関与するわけではない（四月一日は侑子のハウスボーイとなってこき使われる）。映画の中では嘘ばっかりついてる見栄っ張りの娘（**趣里**）のエピソードがあるくらい（彼女のドラマはほぼ渋谷スクランブル交差点で起きるのだが、足利スクランブル交差点セットで事件が完結するといかにも安い感じがしてしまうね）。基本的に能動的ではないキャラクターなので、ほぼセットに横たわりセリフを言うだけのお仕事。衣装が重たすぎて動けないというわけでもなかろうが、完全に花が舞い散るセットの一部に溶け込んでしまっている。しょうがないからクローズアップでセリフを語るのだが、そうなると今度は厚化粧が……蜷川実花の映画ではすべての俳優は彼女の絵画の一要素でしかないため、どうしても厚化粧は避けがたい。だがそうすると今度は年齢のほうが気になってくるというね。柴咲コウ、こんな役で無理やり十歳以上も若作りするより、中身相応にナチュラルメイクでスールキートス的森ガールをやるほうがいいと思うのだが……。

さて、そういうわけで問題はハウスボーイ四月一日。彼が見える「アヤカシ」というのがなんなのかイマイチよくわからないのだが、ともかく人の不幸が見えるということらしい。同級生のひまわり（**玉城ティナ**）はアヤカシを身にまとわせ、仲良くなった人を不幸にしてしまうのでしょっちゅう転校している。同じく同級生の百目鬼《ドウメキ》（**松村北斗**）は神社の跡取りで、「弓神事」で魔を祓っている。まあどれもざっくりしてるんでよくわからないのだが、百目鬼の「祓う力」でひまわりの「アヤカシ」はなんとなく抑えられているらしい。だが、「アヤカシ」を見られる四月一日の特別な目を欲しがった女郎蜘蛛（**吉岡里帆**）は、言葉巧みにその右目を奪ってしまう。エロティックな誘惑になるはずなのだが、ボンデージ風の吉岡里帆にも、何より蜷川実花にそのセンスがまったくないのが致命的で……てかそもそもこの女郎蜘蛛ってなんなのかよくわからないわけですが……。

気がつくと日付は四月一日、四月一日の誕生日である。百目鬼の神社で開かれる縁日に出かけ、百目鬼からチョコがけイチゴをもらってうきうきの四月一日。ひまわりと縁日に遊び、百目鬼の「弓神事」を見学し……ああ、「アヤカシ」も見えず、誰も傷つかない小さなしあわせに恵まれた、毎日がこんな一日だったらいいのに……そして目を覚ますと四月一日の朝。朝食を食べた侑子は、「うーん、今日の卵焼き、サイコー！」

とご満悦。夜になると神社の縁日にでかけた四月一日は百目鬼からチョコがけイチゴをもらってああ毎日がこんな何も起こらない小さなしあわせに満ちた毎日だったならと……。

おわかり？　つまり「アヤカシ」に煩わされず平穏な小市民的なしあわせを求める四月一日の願望を、目玉と交換で女郎蜘蛛に叶えてもらったのだった。延々とループが続く中で、百目鬼とひまわりが体の一部を提供し、自分の失った目を取り戻してくれたのだと知る。自分一人の犠牲と思っていても、それは周辺の人を傷つけてしまう。そこで思いなおして百目鬼とひまわりのために女郎蜘蛛と戦う決意を固めた四月一日だったが……。

いやそれで女郎蜘蛛と戦ってどうなるのか（目玉は納得づくで交換したものじゃなかったのか）、そこで百目鬼のご先祖様が封じ込めた「たちの悪いやつ」を解放してどうにかなるのか、女郎蜘蛛とどういう関係なのかちっともわからないままになぜか参戦してくる侑子が棒立ちで何のために何ができるのか、さっぱりわからないんだけど最終的には**四月一日が侑子のあとをついで百目鬼と美少年二人のCLAMP天国**みたいな「ミセ」を作って終わる。なぜそうなるのかはさっぱりわからないけど着地点はそういうことなので！　それ以上のことを知りたい人は諦めてCLAMP読んでね！

※1　CLAMP

大川七瀬、いがらし寒月、猫井椿、もこなの女性漫画家四人からなるグループ。学生時代に七人で結成した同人誌グループ「CLAMP」を前身とする。同人活動を経てプロデビュー。原作・脚本担当の大川七瀬を代表に、それぞれが得意分野を担当する分業スタイルが特徴。メディアミックス展開する作品が多く、アメリカ、フランス、中国をはじめ海外での人気も高い。著名な作品に『東京BABYLON』『X』『魔法騎士レイアース』『カードキャプターさくら』『XXXHOLiC』などがある。

※2　プペルの手

『皆殺し映画通信　あばれ火祭り』一〇ページ参照

いろいろ言いたいことはあれど、日本一のウルトラオタク庵野秀明がその実力を見せつけた一本。今後の庵野監督に期待したいことはただひとつ。それは……

『シン・ウルトラマン』

企画・脚本・総監督＝庵野秀明　監督＝樋口真嗣　撮影＝市川修、鈴木啓造　音楽＝宮内國郎、鷺巣詩郎
主題歌＝米津玄師
出演＝斎藤工、長澤まさみ、有岡大貴、早見あかり、田中哲司、西島秀俊、山本耕史、岩松了、嶋田久作、益岡徹、長塚圭史

シン・ウルトラマンとはなんなのか？　それが〝ウルトラマン〟なるものの脱構築であればよかったのだが、要はかつてテレビ放映された円谷プロ製作の特撮ドラマ『ウルトラマン』を二〇二二年現在のＳＦＸを使って再現したリメイク作品ということである。そのことにはなんの問題もない。問題があるとすれば、その「再現」がいったい誰に向けられたものなのか、という点である。『ウルトラマン』は子供向け特撮番組だったのだから、当然『シン・ウルトラマン』も子供向けになるのだろうと思っていた。ところがぎっちょん、この再現はオタク、リアルタイムで『ウルトラマン』を楽しんでいたアラカンの怪獣ファン向けの作品だったのである。そうなるであろうことはわかっていた。だって、これを作っているのは庵野秀明、我々世代の特撮オタクのチャンピオンなのだから。当然あらゆるオタクネタを練りこんで、誰にも文句を言わせないオタク作品を作ってくるのだろう。それはもちろんそれでいいのだが、じゃあ今の子供に向けてアピールするものは……と見ながら思っていたのだが、いろいろ調べるに、どうやらこれは**最初から五十代以上の特撮オタクをターゲットにして作られた映画であるらしい**。え、そうなの？　それは……その意味ではウルトラＱの怪獣から巨大フジ隊員まで意図は一二〇％実現されていると言える。だけど、本当にそれで良か

ったのか？（たとえ建前だけでも）子供に向けて作られない『ウルトラマン』って、それはなんなのか？

二時間の映画に出てくるメインの怪獣・宇宙人は五体（それぞれ禍威獣、外星人と呼ばれている）。映画はほぼ『ウルトラマン』のエピソードを五本つなげたようなかたちで出来上がっている。[※1]ネロンガとの戦いでウルトラマンがやってくると、その際逃げ遅れた子供を救おうとして死んだ「禍特対」の神永（**斎藤工**）に乗り移って、以後禍威獣出現→混乱→ウルトラマンに変身して退治がくりかえされる。出てくる禍威獣はネロンガ、[※2]ガボラ、[※3]ザラブ星人、[※4]メフィラス星人、そしてあのヤバいやつ。ストーリー上、「ネタバレ」とされる事件があって、それについてはここでも詳しくは触れないが、「ザラブ星人」と「メフィラス星人」が出てきて、ストーリーがほぼオリジナルのリメイクなのだから、そりゃあそうなるに決まっているのであった。なので以下、いくつか気になった部分のみ突っ込んでおく。難癖ともつかない細かな突っ込みばかりが並ぶことになるのだが、それもこれも同年輩のウルトラじいさんのぼやきとして笑って流していただければよろしい。

特撮以外の人間が出てくるドラマ部分、説明ゼリフを細かなカット割りでつないでいく部分、やたらと人物を画面の隅に置いたり手前の人物をなめたり下からあおったり広角を使ったりのカットばかりが目立つ。いわゆる「実相寺（昭雄）」カットなのだが、本当にこれが煩くてだね……『シン・ゴジラ』のとき、庵野・樋口コンビはどうやら映画を作るのはあきらめ、アニメの方法論で物語を語ることにしたのかと思いなしたのだが、今回もその方法論は踏襲されている。テレビ画面でならこの奇矯でバラバラに分断されたモンタージュもさほど苦にならないかもしれない。ただ、大スクリーンでこれを見せられるとね……。

思えば『新世紀エヴァンゲリオン』は「ウルトラマン」をロボットアニメとして再構成したものだった。その『ウルトラマン』を現代風にリメイクすると、それは『エヴァンゲリオン』になってしまったのである。CGで作られた外星人と巨大禍威獣がまるっきりエヴァンゲリオンの「使徒」

なのは、さすがにどうしたものかと思わざるをえない。まあ総監督の美学が発揮された結果なのだから作家性として受け止めるべきなのだろうが、結局それなのか……？　成田亨デザインを踏襲するとはいったい……。

さらに加えてゼットンの一兆度の火球すなわち柳田理科雄[※5]の『空想科学読本』の突っ込みに対する回答や、**長澤まさみ**の尻叩き——おそらくは性的なものというよりはキャラ付けのつもりなのだろうが、意味不明な上に執拗すぎて、奇怪な表現としか呼べないものができあがってしまった——について語ってもいいのだが、些末な突っ込みでしかないので省略する。それよりも気になったのはオリジナルからメフィラス星人をもってきたことである。まちがいなく、巨大フジ隊員を出したかったから逆算でメフィラスを連れてきたのだろう。だが、言葉巧みなセールスマンのメフィラス星人（今後、**山本耕史**が何をやろうとメフィラスにしか見えない名演）が日本政府と直接交渉して地球を征服しようとするのには大いに違和感があった。

言うまでもなくメフィラス星人はメフィストフェレスであり、オリジナル[※6]においてはフジ隊員の弟サトルくんを試して「地球を譲る」と言わせようとする。それは無垢なる者を試す悪魔の誘惑なのである。メフィラスは力で征服するのではなく、地球人の魂を奪おうとする（だから相手はもっとも力なき子供なのだ）。だが、その**メフィラスが、今度はボス交で、日本政府の政治屋たちと利権をやりとりすることで日本を支配しようとする**のである。それがリアリズムだと言いたいのか？リアリズムとしてのアップデートがそれなら、そんなものはクソである。『ウルトラマン』が子供に伝えたいメッセージがそれなのか？　などと柄にもないことを思わされてしまったよ。

以上、いろいろ言いたいことはあれど、日本一のウルトラオタク庵野秀明がその実力を見せつけた一本であったことはまちがいない。ウルトラじじいどもは文句を言いつつ見に行けばよろしい。そして本作ののち、今後の庵野監督に期待したいことはただひとつ。それは早いとこ『シン・ウルトラセブン』を作ること。そしてそのときにはまちがいなくスペル星人[※7]を取りあげ、**問答無用で円**

谷プロに「遊星より愛をこめて」の封印を解除させるように。それが最強のウルトラオタクであるきみの使命だ。じゃあ、そういうことで！

※1　ネロンガ
別名透明怪獣。『ウルトラマン』第三話「科特隊出撃せよ」に登場。三百年前から、伊和見山の古井戸に生息していた。電気をエネルギーに変換することを知り、各地の変電所、発電所を襲った。電子イオンを働かせることによって体を透明化することが出来る。最後はウルトラマンにスペシウム光線で倒された。

※2　ガボラ
別名ウラン怪獣。『ウルトラマン』第九話「電光石火作戦」に登場。鉱物のウラン二三五を求めてウラン鉱山のある宇浪里町の地底に現れた。体から放射能を放つため、町から離れたところまで連れていかれた。最終的にはウルトラマンにヒレをもがれ倒された。

※3　ザラブ星人
別名凶悪宇宙人。『ウルトラマン』第十八話「遊星から来た兄弟」に登場。母星は第八銀河系にあるという。他の星々の文明や命を滅ぼすことが目的で、さまざまな惑星で暗躍している。『ザラブ』とは彼らの言語で『兄弟』を意味するとのこと。にせウルトラマンに変身してウルトラマンの評判を落とそうとしたが、スペシウム光線で正体を暴かれ倒された。

※4　メフィラス星人
別名悪質宇宙人。『ウルトラマン』第三十三話「禁じられた言葉」にて初登場。紳士的な言葉遣いと振る舞いをし、暴力を嫌う。バルタン星人、ザラブ星人、ケムール人を部下にしている宇宙の実力者。「地球人の心への挑戦」を子供のサトル君に挑むが負けると、いつかまた必ず来ると捨て台詞を残して地球を去った。

※5　柳田理科雄の『空想科学読本』
柳田理科雄は、一九六一年生まれの科学ライター、作家、大学教員。『空想科学読本』は、漫画やアニメ、ゲーム、特撮などフィクションを科学的に分析、裏付けした本。一九九六年に出版され、六十万部の大ベストセラーとなった。現在柳田は、空想科学研究所を設立し、ジュニア版空想科学読本の執筆や、子供向けの実験ショーや配信、イベントなどを行い、幅広く活躍している。

※6　オリジナル
一九六七年二月二十六日に放送された、『ウルトラマン』第三十三話「禁じられた言葉」のこと。

※7　スペル星人

別名吸血宇宙人。『ウルトラマン』第十二話「遊星より愛をこめて」に登場。母星におけるスペリウム爆弾の実験の放射能で、血液が汚染されてしまったのでかわりの血液を求めて、地球に来訪。子供や女性を襲って血液を奪うが、最後はウルトラマンにアイスラッガーで真っ二つにされた。ケロイドを彷彿とさせる造形や放射能に血が汚染されているという設定のためか一部資料に「被爆星人」との言葉が使われたため、一九七〇年被爆団体からの抗議を受けた円谷プロはこの回を欠番扱いとしている。そのため、ながらく幻の回とされている。

まったく興味のない競技をだらだらと流し、女性アスリートの人生を覗き見し、
逆光の風景をはさんで「作家性」のふり。あとはアリバイ的クライマックス

『東京2020オリンピック SIDE：A』

監督＝河瀬直美　主題歌＝藤井風

河瀬直美監督による東京オリンピックの記録映画である。SIDE:AとSIDE:Bの二本構成で、SIDE:Aではアスリートの側から、SIDE:Bでは運営スタッフの側からこのコロナ禍に呪われたオリンピックが語られる。この映画が発表されたときに、なんで河瀬直美が!?!と誰もが思った企画である。およそ河瀬直美と近代オリンピックなんて、これ以上ないくらい見事に水と油ではないか。河瀬直美に国家主義なんかかけらもないですよ。パトリオティズム（奈良至上主義）はあるかもしれないが……ただ世界に名を残したいという功名心は人一倍ある人なんで、こんな歴史的行事にかかわるチャンスを逃すわけもなく。やはりリーフェンシュタール※1に倣って、奈良から筋骨隆々の美丈夫が全裸で東京に向かって走りだす……みたいなオープニングになるのでは、とか言っていたのだが、もちろんそんなことにはならず。ではどうなったのか……というとこれがなかなか難しくて、思わず……が多くなってしまう口ごもりがちの原稿なのである。

まず、最初に言っておくべきは、**河瀬直美はオリンピックにまったく興味がない**ということである。やっぱりそうなんじゃないか！　競技にも興味はないし、結果もほぼ無視、試合の経緯を伝えることにもまったく関心がない。もちろんナレーションもなければ説明のインサートもない。とい

うわけで、アスリートの妙技を見せるシーンもあるのだが、それで勝ってるのか負けてるのかがさっぱりわからない。コーチや選手の表情から想像する始末だ。自慢じゃないが、こちとら積極的にオリンピックをボイコットしてサッカーすら見ていなかった身である。まったく説明もないままに試合の途中に放りこまれて、誰が優勝したのかはあとでググって調べてください、と投げっぱなしなんだからたまらない。だったらリーフェンシュタール的に肉体の美を訴えるのかとおもいきやそちらにもいかない。河瀨直美の興味は、どうやら、「アスリートも人間なんだ」ということで、選手の人間的側面を伝えることなのである。

たとえばカナダの女子バスケ選手が幼児を連れて来日する。もともと無観客開催ゆえ、選手団以外の入国は認められないはずだったのだが、彼女は母乳育児の必要性をSNSで訴え、特例で夫と子供の入国を勝ち取る。で、試合では……いや、そこらへんは特に興味ないので！　他にもトライアスロンのシリアからの難民選手や、イランから亡命した柔道選手（世界チャンピオンだったが、イスラエル選手との対戦を嫌った上層部に棄権を強いられ、国を離れて最強をめざす）やら、旧ソ連とドイツの代表としてメダルをとっているが、母国ウズベキスタンの代表としてもうひとつメダルを取ろうと出場する体操選手――どうも国を換えて出場してくる選手の紹介が多いような気がするのだが、ナショナリズムを脱した選手本位の五輪を訴える、というよりは**スポーツエリートたちだけの閉じたゲーム**を見てしまうのは意地悪すぎるか――だが彼らがいかに戦ったのか、その人生と思いがいかにスポーツに表現されたのかを語らなければ、「人間的側面」もクソもなく、ただだらだらとインタビューで思いを聞いているだけなのではなかろうか？　映画には#BLM[※2]にからんで米国内で議論を引き起こした女子陸上のハンマー投げ選手も登場するが、彼女が東京で何をやったのか、五輪になにかインパクトを与えたのかもさっぱりわからないままなのである。そういう人もオリンピックに来てたんですよ、と紹介するだけ。全体像を伝えることも、新たなオリンピック像を示すことにも興味がなく、ただ気になった人をつまみ食いするだけで、何かを伝えたことになると思っているんだろうか?

東京オリンピックとはなんだったのか? 河瀬直美がそれに答えてくれるのは、あるいはさまざまなトラブルのすべてが描かれるであろうSIDE:Bの方なのかもしれない。じゃあSIDE:Aはなんだったのか。それはまったく興味のない競技をだらだらと流し、「人間的興味」でつきあってみた女性アスリートの人生を覗き見し、それを**太陽と水面と子供たちの遊ぶ逆光の風景とを合間合間にはさんで「作家性」のふりをしてみせる**程度のものである。あとはアリバイ的クライマックス。

映画のクライマックスに設定されているのはひとつは柔道、それと女子バスケットボールである。柔道は、冒頭に東京五輪におけるアントン・ヘーシンクの柔道無差別級優勝の場面が流され、山下泰裕オリンピック組織委員会副会長のインタビューがはさまれていることからも、今回の五輪こそその屈辱[※3]が晴らされる場だというストーリーが用意されていたことがうかがわれる。だが、そんな話を河瀬直美が作りたがるとも思えないので、これは組織委員会筋から押しこまれた案件だったのではなかろうか。で、それで最後にその伏線を回収すべく男子七十三kg級の金メダリスト大野将平の戦いが描かれる。大野が見事優勝を遂げ、あ、これが待っていた筋肉美だったか、と思ったところまではいいのだが、そこでなんとなく柔道混合団体の決勝戦がはじまり、特に盛り上がりも盛り下がりもしないまま淡々とフランスへの敗北を描いておしまい。見事にアンチクライマックスなのである。

もうひとつ、女子バスケットボールでは、冒頭のカナダ選手と、日本代表のエースだった大崎佑圭選手が対比される。大崎は結婚・出産を経て引退していたが、オリンピックのために乞われて二〇二〇年一月に現役復帰する。だがコロナ禍でオリンピックが一年延期されることになると、一年以上子供と離れていることはできないと代表を再度引退(こういう事情すらまったく説明されないので見たあとで調べなければならなかったという!)。というわけで大崎は女子バスケの快進撃を子供と一緒にテレビで見ることになる。で、カナダ選手との対比で、「わたしだったら『ダメ』

って言われたらそのままだったでしょうね」と述懐して終わるのだが、結局彼女の離脱が日本代表にとってどうだったのかがさっぱりわからないままなので、単に河瀬直美が母親として心情によりそってるだけなのであった。結局、五輪組織委員会向けにアリバイ的に競技の上っ面を撫でただけで、本当の深淵はSIDE:Bで描かれる、ということになるのやらどうやら。はたして母なる奈良の大地は登場するのでしょうか？

※1 リーフェンシュタール
一九〇二-二〇〇三年。レニ・リーフェンシュタール。ドイツの映画監督、写真家。ナチス政権下で行われた一九三六年のベルリンオリンピック記録映画『オリンピア』を撮ったことでその名を不動のものにした。『オリンピア』は、「美の祭典」が開会式と陸上競技、「民族の祭典」が陸上競技以外から成る二部構成で、はじめての本格的なオリンピック公式記録映画であり、存分に人間の力強い肉体美が盛り込まれた作品となった。ヒットラーのオリンピックとの別名を持つベルリンオリンピックに携わったリーフェンシュタールは、戦後ナチスとの関係を追求される。戦争犯罪には加担していないとされたが、生涯糾弾される人生を送ることとなった。一九七三年にスーダンのヌバ族の美を称えた写真『ヌバ』を出版し、ふたたび脚光を浴びる。一〇〇歳になった二〇〇二年には映画『ワンダー・アンダー・ウォーター 原色の海』を監督、遺作となった。

※2 #BLM
ブラックライブズマター運動の略。アメリカで始まった人種差別抗議運動で、特に黒人への不当な暴力に対して戦うことを目的とする。今回のBLM運動は、二〇二〇年五月二十五日、ミネソタ州ミネアポリスで、黒人のジョージ・フロイドが白人警官デレク・ショービンに殺害されたのがきっかけとなって、運動が盛り上がり全米を揺るがせている。

※3 その屈辱
一九六四年東京オリンピックではじめて採用された柔道競技では軽量級、中量級、重量級、無差別級の四種目がおこなわれた。柔道の母国である日本は金メダル独占をめざしたが、肝心の無差別級でオランダ人アントン・ヘーシンクに優勝をさらわれる。これは日本柔道にとっては拭いがたい屈辱として受け止められた。

二十一世紀になろうと高校生は青空の下スローモーションで走る。
屋上と青空は嫌になるほど出てくる。高校生の青春ですんで

『20歳のソウル』

監督＝秋山純　原作・脚本＝中井由梨子　撮影監督＝百束尚浩　撮影＝島田貴仁　主題歌＝Kenta Dedachi
出演＝神尾楓珠、尾野真千子、福本莉子、佐野晶哉、前田航基、若林時、宮部のぞみ、平泉成、石黒賢、高橋克典、佐藤浩市　文化庁「ARTS for the future!」補助対象事業

市船こと船橋市立船橋高校エクスプロイテーション！　サッカーや野球の強豪であるスポーツ校として知られる市船で伝説と語り伝えられているのが応援歌「市船Soul」。市船吹奏楽部の生徒が作曲した曲で、トーナメントのここぞという場面でしか演奏されないが、されたときには必ず点が入る（あるいは守りきれる）というご利益あらたかな神応援曲なのである。その作曲者、浅野大義くんは二〇一七年一月に二十歳という若さで夭折した。その彼の伝記映画である……ってことは「市船Soul」作ったのって二〇一四年とか？　伝説っていうにはちょっと早すぎるような。そしてわずか二十年の短い生涯を描くのに二時間十六分という超大作なみの上映時間！　なんでこんなことになっているかというと、この映画、登場人物全員が自分の内心をすべて発声する完全な副音声映画であり、しかも省略の美学なるものをまったく知らない作者のお陰で、**一から十まですべてが描写されるくどい上にくどく屋上屋を重ねる映画**となったのである。そのくせ教師役の佐藤浩市を筆頭にキャストは予想外に豪華で劇場は満員。『東京オリンピックSIDE:A』[※1]より全然入ってたよ……。

浅野大義（**神尾楓珠**）と仲良し三人組は憧れの市立船橋高校に入学、念願の吹奏楽部に入ったものの、連日よさこいソーランの練習をさせられて閉口している。顧問教師高橋（**佐藤浩市**）に文句

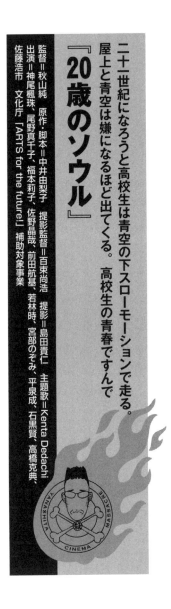

を言っても「いい音楽はいい人間関係から生まれる。お互いのことを知らないといい音楽は作れないだろ？（だからよさこいソーランを踊れ）」とよくわからない理屈で丸めこまれてしまう。佐藤浩市演じる「タカケン」こと高橋先生、吹奏楽部の定期演奏で群舞をさせたり、吹奏楽コンクールでは上手い下手にかかわらずかならず三年は全員参加させるなど、かなり強めの教育方針を持つ名物教師らしく、この映画の第二の主人公となってもいいはずなのだが、あまり人物像が突っこまれず残念である。これ、映画としては市船の話だけで作ってもいいくらいなんだけど、メインになってるのは大義が病魔に侵されてからの愁嘆場なんだよなあ。日本映画にはありがちとはいえ、残念なことである。

……そんなわけで三年生となった大義。ソーランの大旗を掲げていい気分である。だが、同級生の野球部員が怪我のためにレギュラーをはずれ、応援団長にされてくさっているのを知り、「応援する人を応援することはできないだろうか？」と意味のわからないことを言いはじめる。自分を応援するための歌を作る！とさっそく作曲して「タカケン」に見せると、「タカケン」は「**応援歌なんだから六小節でいいだろ**」と残りをすべて捨てて六小節だけ残す。これが「市船Soul」という特別な応援歌になったのである……って六小節だけかよ！　それほど盛り上がるわけでもない六小節が「市船の魂」だったとは。まあこの応援が大好評になり、くさっていた野球部員もやる気を出してめでたしめでたし。

その後吹奏楽コンクールをめざして頑張るも、練習ではミナ（**宮部のぞみ**）のミスを執拗に指摘する部長のせいで雰囲気は最悪に。こんなんやってられるか！と切れた大義は屋上にあがって一人大旗を差し上げる。この映画、何かというとみんな屋上に行きたがるくせがある。屋上と青空は嫌になるほど出てくるのだ。まあ高校生の青春ですんで。ヤキモキしたときは屋上に行く。旗をふる。そして叫ぶ。**「わっかんねーなー！」**。**そして「ウォー！」　いや本当に「ウォー！」って叫ぶんだよ**。そして走る！　さして広くもない屋上を走る！　彼の後を追ってきた吹奏部員たちもみんな「ウォー!」って走る。「タカケン」ももちろん走る! 佐藤浩市の走りがスローモーションでひーきーのーばーさーれーこーれーほーんーとーうーにー二十一世紀の映画なのか?と思うがもちろん二十一世紀になろうと高校生は青空の下スローモーションで走るものなのだ。

　そういうわけで無事高校生活を終え、将来は「タカケン」のような教師になって市船に戻ってきたいと決意を固めた大義、音大に入学して可愛い彼女(**福本莉子**)もできた。彼女からは「ねーねーこないだ市船行ってきたけどあそこって現役の高校生が作った応援歌があるんだって!〝市船Soul〟って神曲なんだって! すごいね!」とわざとらしいにもほどがあるふりをされ、「……それ、ぼくのことです」「うっそーすっごーいじゃああたし有名人の彼女!?」いやおまえ絶対知ってて話ふってるだろ! てかそれ以上に大義が曲を書いてからこのときまでに夏の甲子園予選って二回くらいしかないはずなのに、「神曲」になるの早すぎない?

　そんなわけで幸せの絶頂にいた大義、軽い不調を覚えて受けた身体検査でなんと肺癌が発見されて運命が暗転。二〇一六年二月に癌の切除手術を受け、いったんは退院するものの半年後に再発、脳への転移が発見される。それを手術したがまた転移……という具合に目まぐるしく変化し、それに応じて大義の精神状態もあがったりさがったりするのだが、そのすべてを大義は発声し、ときには学校や病院の屋上にあがり、叫び、「明日なんて来るかどうかわからないから今日を大事にするしかないんだ」「自分を信じろって、何を信じたらいいんだよ、畜生!」「死にたくない」と**セリフで内面をすべて余すところなく余白も何も残さず語り尽くす**ので、ここからもう永遠に終わらないのではないかと思うくらい時間がかかり、いや終わらないわけはないんで、大義くんは二十一歳の誕生日を迎える前に死んだので、やあこれでやっと終わったとおもったら今度は葬式で……市船吹奏楽部のOBと生徒百六十四名が集まって狭い葬式会場に身を寄せあって六小節の「市船Soul」を延々とくりかえしはじめるんだが、このときばかりは、「タカケン」が×をつけたパートも復活させて演奏してやれよ!と思ったよ。

▶『20歳のソウル』

※1　『東京オリンピック SIDE:A』
本文六四ページ参照

ひたすらドリフト勝負！ 娯楽映画かくあるべし。恋も師弟関係もライバル勝負も
すべてレース場面だけで見せてしまうので、楽しく見れてしまった

『ALIVEHOON アライブフーン』

監督・編集＝下山天　脚本＝作道雄、高明　企画原案＝影山龍司　プロデューサー＝瀬木直貴、沢井正樹
撮影監督＝清川耕史　音楽＝吉川清之　主題歌＝NOISEMAKER　ドリフト指導＝久保川澄花
出演＝野村周平、吉川愛、青柳翔、福山翔大、本田博太郎、モロ師岡、土屋アンナ、土屋圭市、陣内孝則、にわつとむ、齋藤太吾、川畑真人

聞き慣れないタイトルだが、hoonとはオーストラリア英語の俗語で危険運転のこと、そこから転じて走り屋をhoonと呼ぶのだという。走り屋として生きている、それがアライブフーンだ！　物語の主人公は福島に住む[※1]グランツーリスモSPORTの日本チャンピオン。彼がドリフトチームALIVEのドライバーとしてスカウトされ、才能を開花させる……って『ラスト・スターファイター』[※2]かよ！と思わず突っ込んでしまったが、実際e[※3]スポーツで名を挙げてサーキット・レーサーにのし上がるというのもない話ではないらしい。でもそれにしたってもともとレーサー志望でも金やコネがなくて本物のレーシングカーに乗る機会がない人間が、eスポーツきっかけで乗るようになるみたいな話で、この映画みたいに引きこもりのコミュ障のゲーヲタがいきなりレーシングカーに乗るわけじゃあるまい……とは思うのだが、そこんところの大嘘さえ許してしまえば、あとは意外とすっきりソリッドな映画で、ひたすらドリ[※4]フト勝負（スタントドライバーがギリギリの妙技を披露する）と、それを固唾を呑んで見守るチームメンバーの表情、「すごい角度だ！」「攻めてきた！」のわかりやすい実況、「いやー彼はすごいよ」「汚えな！」としっかり説明してくれる[※5]ドリキン**土屋圭市**（特別出演）の痒いところに手が届く解説だけで見せる。**恋も師弟関係もライバル勝負もすべ**

てレース場面だけで見せてしまうので、ダレることなく楽しく見れてしまった。まさか下山天[※6]の映画でこんな楽しい気分にさせられるなんて！

さて、映画の冒頭、ドリフトフェスティバル決勝戦、絶対王者小林総一郎（**青柳翔**）と百戦錬磨のベテラン武藤亮介（**陣内孝則**）の戦いの中で、武藤はスピンを起こして負傷、車も破損してしまう。

一方、福島のスクラップ工場に住み込みで働くコミュ障のゲームオタク大羽コウイチ（**野村周平**）は、今日もグランツーリスモのシミュレーターで遊んでいるが、社内では「真面目に仕事しろ」とイジメられている。そんなある日、社長（**モロ師岡**）の知り合いだというナツミ（**吉川愛**）がズカズカと寝床に入ってくると、

「まさか同じ町内に日本チャンピオンがいるなんて！　うちのチームに入ってちょうだい。とりあえずテストから！」

と強引に連れだされてパイロン立てた練習コースに連れていかれる。ここではじめて「えー実車なんですか!?」と気づくコウイチ。遅いよ！　ナツミの助手席に乗って振りまわされたのち、「じゃあ、やってみて」と無理やり運転席に座らされて走らそうとするがエンスト。おそるおそるコースを一廻りしてくるのを見たナツミが「……うんやっぱり無理だったね。ごめん忘れて……」と帰ろうとすると、「じゃあ、慣れたんでやってみます」といきなりアクセル全開。天才ぶりを発揮してドリフトをガンガン決める。いやこれ、**eスポーツのチャンピオンだからとか関係なく、単にコウイチが天才なだけなんじゃないか**という。やったー！と大喜びのナツミはそのままチームALIVEの本拠地武藤商会につれてゆき、そこにいた嫌味な若造を「もううちの新ドライバーは決まったから、あんたは必要ないから！」と追い返す。だがナツミの父親であるところの武藤商会社長兼チームALIVEのドライバー陣内さんは、

「おまえ本気だったのか!?　ゲーム野郎がドリフトできるわけないだろ！」

とにべもない。まあテストだけでも……ということで翌日、サーキットにコウイチがやってくるとそこで待ち構えているのはドリフトの絶対王者小林総一郎である。

「こいつですか、ドリフトを嘗めてるゲーム野郎ってのは！」

そう陣内は旧知の仲であるドリフト王者に頼み、コウイチに現実の恐ろしさを見せてやろうと考えたのだった。

一回目ドリフト王者の助手席に座らされて振りまわすだけ振りまわされてゲロを吐いていたコウイチだったが、「……じゃあ、やってみます」と運転席に座るやいなや天才ぶりを発揮して総一郎の走りを完コピ。ナツミのときとまったく同じプレイ。それを見ていた総一郎も思わず自分の車に乗りこみ、ドリフト勝負を仕掛けるのだった！

というわけであとはひたすらドリフトレースとモンタージュによる練習の中で、人間関係がほどけていく描写が続く。ここまでのセットアップのあとはほぼ車上シーンだけなので、スタントドライバーによる本物のドリフトが嫌というほど楽しめる。

メインパートとなるドリフト勝負の舞台「ドリフト・フェスティバル」はドリフト専門のD1 Grand Prix がモデルになっているらしい。この中のTsuiso（追走）レースこそ、二人のドライバーがドリフトのかっこよさを競う勝ち抜きトーナメント。先行と後攻、前後を替えて二回同じコースを走り、スピードではなく「よりドリフトの角度が深く、ドリフトの飛距離が長」いほうが勝つというテクニック勝負のドリフト王者争いである。なんでも本作、ドリフトキング土屋圭市氏の五年来の企画だそうで、ドリフト界の王者の霊験もあらたかに実在のドリフト・チームから世界を戦う実際のドライバーまでみんな実物出演で本気のレースを繰り広げる。俳優が演じているのはコウイチと総一郎、それに「嫌味で傲慢な若手ドライバー」として登場し、**土屋アンナ**演じる豹柄マダムが率いるライバルチームのドライバーとなるシバサキ（**福山翔大**）くらい。シバサキは反則スレスレのテクニックによって前哨戦「ドリフト・チャレンジ」大会一回戦でコウイチを沈めるが、解説土屋圭市が「彼は伸びるよ！」とわかりやすく応援してMVPに選んでくれたおかげで、コウイチは復活して「ドリフト・フェスティバル」に出場を決める。まあわかりやすいライバルである。

この状況で「ドリフト・フェスティバル」に出場することになるコウイチ。ラスボスはもちろん「まだ決着はついてないからな」とハッパをかけてくる絶対王者総一郎。となれば準決勝はシバサキとの対決だろう……と想像はつくのだが、まさか決勝トーナメント一回戦（ベスト十六）から全四試合先行後攻で八回走るとは思わなかった。しかもそこで出てくるのが斎藤太吾[※7]、川畑真人[※8]という現実のトップドリフター本人。実際のチャンピオン選手がみずから車を駆って噛ませ犬役を演じてくれるというんだから、恐るべきは土屋圭市の威光というべきか。**ひたすらカーアクションだけを見せることに徹し、それ以外の人間模様はすべて後景に沈む。娯楽映画かくあるべし。**

なお、映画のラストには、見事チャンピオンに輝いたコウイチが、実車を捨てて誘いのあった海外のeスポーツチームへ移籍するというまさかのオチ（自分の代わりにはシバサキをスカウトして置いてゆくという完璧な立ち回りを見せる）。陣内から「おまえが移籍辞めて残ってくれるならナツミを嫁にやるぞ」とまで言われていたナツミの立場は！と思ったが、目をハートにして彼の活躍ぶりをインターネットで追いかけてたんで、それでハッピーエンドということで。リアルとヴァーチャルのあいだに差をつけない態度は、こうした映画にしてはたいへん進歩的でいいオチなのではないでしょうか。

※1　グランツーリスモ SPORT
実在のコースを実在の車でシュミレーションできるカーレースゲーム。実際の車の走行と同じ操作、臨場感でプレイできる。

※2　『ラスト・スターファイター』
ニック・キャッスル監督／アメリカ／一九八四年。カリフォルニアの田舎に暮らす青年アレックス・ローガンは、未来に希望を持てないでいた。ある日、アーケードゲーム「スターファイター」で高得点をたたきだしたところ、その腕を買われて宇宙人にスカウトされ、宇宙戦争に巻き込まれてしまう。日本公開時のタイトルは『スターファイター』。

※3　eスポーツ
エレクトロニック・スポーツの略。電子機器を用いて複数人で対戦を行うゲームを指す。二〇二三年六月にはIOC主催、オリンピック公式イベントとして「オリンピックeスポーツウィーク」がシンガポールで開催される予定。将来はオリンピックの正式種目となる可能性があり、注目されている。

※4　ドリフト
自動車や二輪車で、タイヤを横滑りさせながら走行させるテクニック。

※5　ドリキン土屋圭市
一九五六年生。長野県出身。元レーシングドライバー。ドリフト走行を多用するスタイルからドリフトキングことドリキンと呼ばれる。峠道で走り屋として腕を磨きレースデビュー。ルマンなど、国内外の大会で活躍した。現在は現役を引退し、ドリフト競技「ドリフトキングダム」を主催するほか、カーレースの解説やラジオのパーソナリティー。執筆などで幅広く活躍中。

※6　下山天
一九六六年生。青森県出身の映画監督。映画やTVコマーシャルの助監督、撮影助手などを経て一九九七年にパリコレクションで活躍するモデルを追ったセミドキュメンタリー「CUTE」でデビュー。映画の他にも、テレビドラマ、MV、ライブビデオなどを多数手がけている。

※7　斎藤太吾
一九八〇年生。埼玉県出身。D1GP、Formula Drift の世界二大ドリフトシリーズを制覇している。自ら車のカスタムにも腕を振るい、チューニング・マシン製作なども手掛ける。

※8　川畑真人
一九七七年生。大阪出身。二〇〇七年「土屋圭市賞」を初受賞、初のD1シリーズチャンピオンを獲得した。現在は、大阪でガレージ「TRUE MAN RACING」を主催、自らのマシンを開発するかたわら自動車整備業・中古車販売業も営む。

この映画の意味はどこにあったのか？　オリンピックよりも森よりもバッハよりも何よりも大事なのはなんなのか？　それは河瀬直美その人である

『東京2020オリンピック SIDE：B』

監督＝河瀬直美
出演＝森喜朗、トーマス・バッハ

　前編を見たとき、これはもう、この映画をまとめるとしたら、最後に河瀬直美本人が登場して延々と「わたしとオリンピック」を語るしかないのではと思われた。もちろんそんなことは起こらなかった。起こらなかったが、そのかわり、河瀬直美はエンディングでクレジットに併せて自作自演の曲「Whisper of Time」を歌って聞かせてくれたのである。このような事態が起こったにはさまざまな事情があるのだろうが（藤井風が「スケジュールの都合」で降板するとか）、最終的にはなるようになったのだなと思わざるを得ない。つまり、この映画の意味はどこにあったのか？という誰もが抱くであろう疑問への答になっているからである。オリンピックよりも森よりもバッハよりも何よりも、この映画にとって大事なのはなんなのか？　それは河瀬直美その人である。河瀬直美がこのオリンピック映画を作ったこと、それこそが百年後このオリンピック映画が証す内容なのだということである。河瀬直美はバッハも森も橋本聖子も、もちろん安倍ちゃんのことも何もかもどうでもいいと思っている。大事なのは百年後まで残るこの映画（とそれを作った自分）だけなのだ。そのことだけは嫌というほどよく伝わってきたのである。

　さて、SIDE:Aはアスリートの側から、SIDE:Bは運営していた縁の下のスタッフたちの立場から、東京オリンピックの姿を描くというのは、おそらく最初から決めていたことなのだろう。選手村のコックとか新国立競技場の芝管理者の活躍ぶりなどを描こうとか。それがあくまでも部門トップの「活躍」であり、実際の労働者――どこぞの偉いシェフから「全然ダメだよ！」と罵声を浴びせられる調理スタッフ――の努力も声も何ひとつ拾われていないのは、それはもう権力者が大好きな河瀬直美なのだから仕方ないのだろう。

だがその構成はひどく混乱しており、たとえば福島県出身のバドミントン選手の活躍を震災被害からの復興をからめて描くパートなど、本来SIDE:Aに入っていてしかるべきものだったろう。前半は時系列がまったく整理されておらず、ナレーション等が一切存在しないので、今自分が見ているのがいつの映像なのかさっぱりわからない。後半からオリンピック開会式へのカウントダウンがはじまって、ようやくすっきりしてくるのだが、これがまた驚くほど退屈で……。

すでにSIDE:Aでわかっていたように、河瀬直美はオリンピック競技に恐ろしいほど無関心で冷淡だ。ではSIDE:Bでは何に興味を抱いているのだろう？　長々とインタビューをとり、現役時代の映像まで見せてくれるトーマス・バッハIOC会長か？　それとも女性蔑視発言により辞任に追い込まれる森喜朗オリンピック組織委員長か？　森の辞任を聞いて浮かべる丸川珠代の空涙か？　彼女には助演女優賞を差し上げたいと思ったが、それはすべて本題ではない。

河瀬が唯一、本気で興味を抱いているのは野村萬斎である。開閉会式の総合演出をつとめることになっていたが、半ばで身を引くことになった萬斎は「自分たちが長い伝統の先に立っているという感覚」を伝えたかったが、それはなかなかわかってもらえなかった、と語る。その萬斎は結局解任に近いかたちで辞任し、後を「CMに誇りを持っている」[※1]という元電通マンのクリエイティブ・ディレクター佐々木宏が引き継ぐ（彼ももちろんオリンピッグ問題で降板に追いこまれる）。

どういうことなのか？　それはつまり、このオリンピックは失敗したということである。理由がなんなのか、コロナという天災のせいなのか、じいさんばかりの組織委員会の硬直性ゆえなのか、日本社会そのものの問題なのか、それはわからないしもはや知るすべもない。だが、それは失敗した。萬斎は歴史を伝えることに失敗し、大会は「コロナ時代における新しいスタンダードを作る」ことにも（場当たり的対応となしくずしの無観客開催というかたちで）失敗し、バッハの上から目線の演説は分断に橋をかけることすらできなかった。**オリンピック大会は無惨に失敗したが、そのことを河瀬直美は直視できなかった。**「失敗した」と言うことができず、「百年後には東京大会がターニングポイントだったことがあきらかになるだろう」などと夢のような願望を垂れ流すだけなのである。だが、それを証してくれるような映像など、河瀬直美は撮れなかった。撮れたのは……。

それは東大寺のお水取りなのだった！　なんで東大寺が出てくるのか？　奈良こそが日本の故郷であるという河瀬の主張は堂々と押し通される。河瀬はみずから八ミリカメラをまわして無邪気に遊ぶ子供たちの映像をとらえ、それを適時脈絡もなくインサートする。子供＝未来＝百年後に残るものというあまりにも安易な連想。八ミリという個人的なメディアで撮り、そこには河瀬個人の視点が刻印される。河瀬直美は百年後に残る作品を作りたかったのだろう。だが、この失敗大会の中に、彼女が望んだ「レガシー」は存在しなかった。なので**「私とオリンピック」を語るために、河瀬は無理やり奈良の風景を入れ、八ミリを入れこみ、しまいに一曲歌ってみせた**のである。その曲は……百年残るだろうか。

※1　オリンピッグ問題
二〇二一年三月十七日、東京オリンピック・パラリンピックのクリエイティブディレクター佐々木宏が、内輪の会議でオリンピック開会式においてタレント渡辺直美を豚にするという演出プランを提案していたことが明らかになった。批判が殺到したため、佐々木は翌十八日に辞表を提出した。

コナン・ドイルの有名な長編小説とは、ほぼ無関係なオリジナル！
自分は、なんでこんなもん見てるのかと悩んだよ

『バスカヴィル家の犬 シャーロック劇場版』

監督＝西谷弘　原案＝アーサー・コナン・ドイル　脚本＝東山狭　撮影＝山本英夫　音楽＝菅野祐悟
主題歌＝由薫
出演＝ディーン・フジオカ、岩田剛典、新木優子、広末涼子、村上虹郎、渋川清彦、西村まさ彦、佐々木蔵之介、小泉孝太郎、稲森いずみ、椎名桔平

最初に、いちばんどうかと思ったことについて書いておく（必然的にネタバレとなる）。この物語、生き別れの親子が自分たちの不幸の原因を作った一家に復讐するという哀しい話なのだが、映画の最後で犯人たちのこもった家が地震で崩壊するのを見た探偵たち、

「まあ、最後は家族三人一緒だったんだから良かったんじゃないか」

こんな心ないセリフある？　ここまでたいがいでたらめなトリック、ご都合主義のプロット、人形のように動かされるキャラクター、感情の感じられない演技に辟易していたのだが、それにしたって**ここまで人の死を雑に扱える映画ってなんなのだろう？**　ここまで雑な奴が、犠牲者一人の生き死になんぞに拘泥するわけがないよね。本当に最悪やと思いましたわ。

そういうわけで誰も気にしない人間がバタバタと殺されてゆく本作、おなじみサー・アーサー・コナン・ドイルのシャーロック・ホームズシリーズの日本版であるドラマ『シャーロック』の劇場版である。またぞろカンバーバッジ[※1]版の二番、三番煎じか……と思ったが、これはドイルの本編中では名のみ語られて実際の事件については記述されていない事件をオリジナルで創作するという、ある意味シャーローキアンの妄想を具現化したようなシリーズだったのである（実際にどのぐらいう

まくいっていたのかは、オリジナルTVシリーズ未見故に不明)。ところが劇場用映画となると原案『バスカヴィル家の犬』……ドイルのもっとも有名な長編小説ではないか。で、あの話をどう脚色するのかと思ったら、ほぼ原作と無関係なオリジナル！　本気で、自分はなんでこんなもん見てるのかと悩んだよ。

舞台は瀬戸内海の小島霞島。島の大地主である資産家蓮壁千鶴男(**西村まさ彦**)からホームズ役の獅子雄(**ディーン・フジオカ**)とワトソン役の若宮(**岩田剛典**)に捜査の依頼がある。蓮壁の娘紅(**新木優子**)が誘拐され、身代金を要求される事件が発生した。だが、指定の場所に身代金を受け取るはずの犯人はあらわれず、紅も怪我を負うことなく戻ってきた。いったいなんのための誘拐だったのか？　この事件の意味をネット通話で獅子雄と若宮が問いかけている最中、突然体に不調を覚えた千鶴男は(パソコン画面の中で)ばったり倒れて死亡する！　二人はさっそく霞島に向かう。

千鶴男の死因は狂犬病であった。日本では撲滅されたはずの狂犬病に？　実は霞島には「黒犬の呪い」という伝説があった。一家の墓を建てたとき、最初に犬の死骸を入れないと縁起が悪いとかで、やたらと黒犬を殺しまくったというのである。なので黒犬の祟りが……はいはい。千鶴男は蓮壁家の地所にある廃坑に設置した金庫に身代金を取りに行ったが、その帰りに足に怪我を負い、狂犬病に罹ったのだという。この「廃坑の金庫」、このあともたびたび問題になるんだが、なんでずっとそこに大金貯めこんでるのか。千鶴男は「銀行なんか信用できん！　警察なんか信用できん！」とか言ってる独立独歩の狂人なんだが、いくらなんでもご都合主義すぎるんじゃないのこの設定？

千鶴男の死後には長女紅と一歳下の長男千里(**村上虹郎**)、未亡人依羅(**稲森いずみ**)が残された。実は蓮壁家には「黒犬の呪い」を訴えて島から立ち去るように求める脅迫状がたびたび届けられていた。脅迫状と誘拐の身代金要求の手紙は、いずれも新聞紙からの切り抜きで文章が作られていた。これは同一犯の仕業なのか……？

蓮壁家の周囲には、さらに近々霞島を大地震が襲う可能性があるので、土石流に襲われる可能性がある蓮壁屋敷から避難すべきだと訴える地震学者の拾井（**小泉孝太郎**）、執事の馬場（**椎名桔平**）、さらに出入りのリフォーム業者夫婦に**渋川清彦**と**広末涼子**……ってあかんこれキャストのギャラで真犯人がわかるタイプの映画なのでは？　いやまあそれはさておき。

千鶴男の残した遺産が気になってしょうがない千里は、よりによって夜中に独りで廃坑に向かい、当然のごとく放置されていたワニバサミにかかってそのまま凍死してしまう。その前に千里の靴が片方だけ紛失して戻ってきたりするみたいな伏線も一応あるわけですが。獅子雄は一人捜査に出かけ、若宮は眠りこけていたあいだの惨劇に、特に責任を感じるでもなく、今度は夜中に若宮が独りで廃坑に向かう。するとそこを襲ってきたのが噂の魔犬！　赤い目を光らせた魔犬に追われて廃坑に逃げこんだ若宮、そこに襲いかかった魔犬は……！

（以下ネタバレ）

このオチがすごい。魔犬というのは地上スレスレに飛ばした赤いライトつきのドローンと、着ぐるみの組み合わせが生んだ幻想で、それは当地の有名YouTuberと、リフォーム会社夫婦が操っていたのだった。魔犬なんていなかったんだ！　いやあこの世にも安っぽいトリックを百歩譲って認めたとして、じゃあ千里の靴の紛失はどういう意味なんだ！　まさか原作でバスカヴィル家の跡継ぎが靴を盗まれる謎があったからその真似をしてみたのか？　わざわざ「魔犬を装って燐を塗った犬に襲わせるトリック」のふりをしていたってこと？　それになんの意味が！　そもそも魔犬の呪いを訴えるのに、本物の犬の存在を匂わせてどうするのか？

そして一連の事件がなぜ起こったのか？　それは二十年前に遡る。この島で起きたもうひとつの誘拐事件である。工務店の夫婦がようやく授かった一人娘が誘拐されたのだ（ショッピングモールで旦那が居眠りしているあいだに乳母車から盗まれた）。身代金の要求などはなかったが、警察はわずか二ヶ月で捜査を打ち切った。そして署長は「すみません……」と辞任したのだという。いやこの時点ですでにさ……だが夫婦はあきらめなかった。赤ん坊の背中に残るという犬のような痣だけを頼りに、たずね人のポスターを貼りだして必死で探しつづける。そんなある日、たまたま入った公衆トイレで紅とすれちがった妻のほうが、この子こそが自分の娘だと確信する！　なんの根拠もなくただ「目が同じだった」というだけなのだが、なんせ**自分の子供の生まれ変わりを勝手に決めこんで他人の子につきまとうストーカー役[※2]があまりにも似合いすぎる広末**だけに、一度決めたらもう一直線。言葉巧みに蓮壁家に入りこむと、なんとかして紅の背中を見ようと謎のコントがくりひろげられる（結局ＤＮＡサンプルを盗みだして勝手に親子鑑定する）。で、ついに「お話があるんです」と紅を自宅に連れこむ。そこには「いつ戻ってきてもいいように」と執念のストーカー広末が二十年間守りつづけた子供部屋があったのだ。ほとんどホラーなんだけど、それを見た紅は、

「だからわたしは可愛がってもらえなかったのか……」

　とすべてを察し、自分の人生を狂わせた蓮壁家への復讐を誓ったのだった！　なんでもまちがって長女を事故で死なせてしまった依羅が、千鶴男にバレるのが怖くて衝動的に赤ん坊を盗んでしまったのだという。だがその翌年には長男が生まれたので、しょせん身代わりに過ぎなかった赤ん坊などどうでもいい、といびり倒した結果がこれなのだという。おまえわざわざ盗んだ子供なんだからもうちょっと大事にしろっての！

　というわけで全部恨み骨髄の紅が仕組んだことだったというんだけど（なんと狂犬病のウイルスはダークウェブで密売されているのを買ったのだという……ダークウェブといえばなんでも許されると思うなよ！）、いろいろ辻褄合ってないというかなんでそんな面倒なことをするんだよ！　そもそも黒犬の祟りに見せかけたいならなんで狂犬病で殺さなきゃならないのか。千鶴男も警察が信用できないとか言ってたが、おまえが警察に圧力かけて口封じしてんじゃないか！（はっ、だからそんなマヌケな「警察は信用できない」って意味だったのか？）

　まあそういうツッコミは忘れ、最後は睡眠薬で寝かせた紅をリフォーム屋夫婦が挟んで川の字に

ベッドに横たわったところに大地震が起こってすべては終わった……いや、ドイルの描く原作のホームズも、自分の推理の正しさを証明するためにわざと犯人に犯行をおかさせようとするサイコパス野郎だったりするのだが、それにしたってここまで酷くはないよ。最後、誘拐事件を闇に葬った霞島警察署長が探偵とは旧知の刑事（**佐々木蔵之介**）の父親で、「警察をやめたあと、個人的に捜査していた」とか言い訳みたいに言ってるんだが、それならなおのことクソだろ。いやほんと、原作そのまま映画にしてくれたほうが百万倍良かったですよ。

※1　カンバーバッチ
ベネディクト・カンバーバッチはイギリス人の俳優。二〇一〇年、BBCの『SHERLOCK』でシャーロック・ホームズを演じ、英国アカデミーテレビ賞主演男優賞にノミネートされている。コナン・ドイルの原作を翻案し、舞台を現代に置き換えた同シリーズは人気を博し、現在シーズン４まで製作されている。

※2　あまりにも似合いすぎる広末だけに
『桜、ふたたびの加奈子』で、広末が演じた役がまさにそれ。詳細な映画レビューは『皆殺し映画通信』一一三ページ参照

「note」の消費増税反対漫画が実写映画化。その中身は、キレ散らかす狂人女子高生が暴れまわり、相手の主張にいっさい耳を傾けず、ひたすら「論破」

『君たちはまだ長いトンネルの中』

製作総指揮・監督・脚本＝なるせゆうせい　原作＝消費税増税反対botちゃん　経済監修＝藤井聡
制作プロデューサー＝堀内博志　撮影監督＝佐藤雅樹
出演＝加藤小夏、北川尚弥、定本楓馬、蒼木陣、高橋健介、川本成、萩野崇、あまりかなり、モト冬樹、かとうかず子

原作：消費増税反対botってなんだよ！　と思ったら、noteで公開されていた消費増税反対漫画『こんなに危ない!?　消費増税！』（『私立Z学園の憂鬱―消費増税を凍結せよ！』）が原作であった。その中身はというと反緊縮派女子高生が、財務省プロパガンダを唱える財政規律派をどんどん論破するという代物。

で、それを映画化してみると？　できあがったのは緊縮派の主張を聞くといきなりキレ散らかす狂人女子高生が暴れまわるディスカッション映画である。ディスカッションといっても、彼女は相手の主張にいっさい耳を傾けずひたすら「論破」するだけなので、twitterの説教を延々聞かされてるみたいなものになってしまった。実写映画にする意味は……？

反緊縮派女子高生高橋アサミ（**加藤小夏**）は、今日も政経の授業中に大胆な早弁を実行中。教師（**あまりかなり**）がアベノミクスの「三本の矢」について説明しているが、もとより聞く気などない（いまどきの高校って、こんな授業あるの？）。教師に不遜な態度を咎められたアサミ、「だって結局失敗した政策のことでしょうが」と一蹴する。「もちろんアベノミクスが完全な失敗だったわけじゃないわ。〝大胆な金融政策〟で景気を刺激したところまではよかったけど、そのあと消費税を

上げちゃった……消費を増やしてデフレを脱却してからにすればよかったのに」と一気にまくしたてて授業を破壊してしまったアサミ、学校が終わると世話になっている蕎麦屋夫婦（**モト冬樹**、**かとうかず子**）のところに行ってぼやく。蕎麦屋はコロナ禍で手ひどいダメージを受けたうえ、もともと昼間だけの営業だったので時短営業の協力金ももらえず、店を閉めるしかないか……と思いあぐねている。アサミはシャッター商店街の活性化を考え、商店街の夏祭り企画を盛り上げるべく、地元紙に勤めているOB（**高橋健介**）に会いにいく。

なるほどなるほど。じゃなくてここらへんが問題なところで、つまり反緊縮派女子高生、マクロ経済についてはいくらでも語れるんだけど、それとミクロはまた別。**マクロ経済では蕎麦屋は救えない**のだ。蕎麦屋を救うためには、これまで百万回見てきた「祭りで盛り上げる」という前近代的祈りに頼らなければならない。しかも反緊縮派女子高生みずからが「信用できない」という新聞やらテレビやら旧来メディアに頼るかたちで。ネットでどんなに真実を知っても、映画になると結局お祭り頼み。ある意味、ネットリフレ派の最大の弱点を露呈してしまっているような。

さて、そういうわけでローカル新聞に祭りの記事を売りこむも、OBはOBで上司やらスポンサー筋やらの圧力で好きに書くことはできないという。どうしたものか……と帰ろうとしたところ、たまたまそこにやってきたヒーロー番組出身のタレント議員武藤アツシ（**蒼木陣**）を見つける。同級生中谷（**定本楓馬**）が武藤のファンで彼のトレーディングカードを持っていることを知ると、カードを奪い取って武藤に迫る。いやこの時点でアサミは武藤のことを議員としてもタレントとしても何も知らず、ただ持ち前のド厚かましい行動力で近づいているにすぎない。ひどく失礼な話ではないか。武藤に詰め寄ったアサミ、

「総理に会わせてください！」

いやお前何者だよ！　というか失礼を通り越して危ない人だよ！　だが、いつもの上から目線の議論で武藤を論破する様子を中谷が携帯で撮影、ネット上にアップしたことから風向きが変わる。

当初、無断で撮影してアップしやがって！と中谷に怒っていたアサミだったが、「国会議員を論破する反緊縮派女子高生」がバズると、「マスコミに頼らなくても自力で主張を広げられる！」と一転態度を変える。だが、それを見た校長はアサミと中谷を呼び出し、学校の相談役である与党の大物議員二階堂（**荻野崇**）まで加わって説教する。アサミは例によって財務省出身の議員を議論で圧倒するが、校長に叱られた中谷は動画を消してしまった。

弱り目にたたり目で、今度は蕎麦屋のおかみさんが病気で倒れてしまう。見舞いにいったアサミは武藤とばったり。実は亡くなったアサミの父親（**川本成**）は財務省のキャリア官僚であり、新人議員の武藤をかわいがって「レクチャー」していたのだった。その過程でアサミの父の友人だった蕎麦屋とも馴染みになっていた……というのだが、夜八時で閉まる蕎麦屋にエリート官僚と国会議員が通えるものか？　財務省には数少ない積極財政派だった父は、正しい政策が実行できないことにフラストレーションを溜めていたのだった。アサミはもちろん父の直伝で反緊縮派女子高生になったのである。そんなわけで本当は積極財政派の思想を持っていた武藤なのだが、党内ではお飾りのタレント議員扱いでまともに意見も言わせてもらえない。たとえインタビューに答えても、財務省にとって不都合な部分はすべてカットされてしまうだろう……だが生放送なら？　というわけで武藤は二階堂とともに朝生的番組に出演することになるのだが……。

それにしてもアサミをはじめとする反緊縮派の説教、「へー国の借金ですかー。そんなのまやかしですよねー」てな調子の妙に上から目線のネチネチと教え諭すような口調で、そういうところが好かれない原因ではないかと思ったよ。結局**一方的に演説するだけでまったく対話を試みる様子もないし、映画的に主張を伝えようとする工夫も見られない**。その独善性がどうにもこの主張とパラレルに見えてしまっていろいろ逆効果な映画でした……。

地方映画でエターナルとか言われるといきなりヤバい匂いがしてくるわけですが、
やっぱり超絶的な方向に飛んでゆく相当な謎映画

『Eternal of link ～未来へ～』

製作・監督・原案＝春田克典　脚本＝仁瀬由深　撮影監督＝倉本和人　音楽＝和田薫　主題歌＝葉月りん
出演＝石崎なつみ、葉月りん、キートン山田、雀岡瑞希、伊藤雄太、三上光代

福井県越前市発！　**地方映画でエターナルとか言われるといきなりヤバい匂いがしてくる**わけですが、本作はその期待に恥じることなく超絶的な方向に飛んでゆく相当な謎映画であった。舞台は福井県で、伝統の越前和紙作りをしている老夫婦とその孫の話である。

岩崎順二（**キートン山田**）は妻と二人で一五〇〇年続く越前和紙の伝統を守りつづける和紙職人である。孫娘の姉ナツは絵を描くのが大好きで、祖父の漉いた高級和紙にガシガシ落書きしまくっている。妹のリンと一緒に海にスケッチに来たが、妹はすぐに飽きて貝拾いをはじめる。巻き貝を耳にあてて、

「貝が……歌ってる……」

そんでもって「ラララ～ラ～」って歌い出すんだけど、いくらなんでもそんな歌は聞こえないだろ！　一方ナツの方は海辺に立つ黒い人物像というなにやら不穏な絵を描いているのだが、どうも波頭の光がうまく表現できないと悩んでいる。

「影を描かんといかん。暗いところがあるから光は輝いて見える」

と祖父からアドバイスをもらい、そうか！と黒みのまわりに光をつけて、この絵で福井県知事賞

を受賞する。そんな楽しい日々がいつまでも続くと思っていたあのころ。ところがそこで父の東京への転勤が決まる。というわけで今生の別れのような感じで祖父母と別れ、一家は東京へ。

十二年後。

二十四歳のナツ（**石崎なつみ**）が越前の祖父の家に帰ってくる。絵が好きだったナツは美大に進んだがその後行き詰まりを感じている。祖母は死に、祖父は事故で肘を骨折し、紙漉きもできなくなってしまった。ナツは祖父の介護のためという口実で越前に戻ってきたのだが、要は絵画へのモチベーションを見失ってしまって逃避してきたのである。で、二人でのんびり生活を楽しんでいると、ニュースで、

「……アイドルグループ所属のリンさんが、ミュージカル俳優とお泊りで……」

なんと歌が好きだった妹のリン（**葉月りん**）はいつの間にかトップアイドルになっていたのだが、不倫お泊り騒動を引き起こしてしまったのだ。というわけでリンも夜中にカワサキの大型バイクで越前まで落ちのびてくる。東京でしくじった姉妹二人。

姉「……あんた、どういうことなのよこれ」

妹「（無視して）おなかすいたー」

祖父「へしこがあるでな」

と、福井名物へしこのお茶漬けを食う元トップアイドル。姉に向かっては、

「あたしもお姉ちゃんみたいに人からあれこれ言われないことやってればよかったわー」

などと憎まれ口を叩く、相当に性格の悪い妹なのだった。

もやもやしながらも何も言い返せないナツ。翌日、リンは「海を見に行ってくる」とバイクで出かけてしまう。そのまま夜になっても帰ってこないリンに、さすがに心配になったナツは車で思い出の海岸へ向かう。するとそこに座りこんでいるリンがいる。二人、夜の海を見つめながらポツポツと語り合う。そのうちにリン、

「おねえちゃんは自分の好きなことをやれて……わたしは自分の歌いたい歌なんか一度も歌えてない！　ほんものの歌を歌いたいのに！」

なんか微妙に姉をディスってくるリンだったが、トップアイドルとなっても自分の好きな歌は歌えなかった。次こそは、次こそはと思うばかりで意に沿わない（＝つまらない）歌ばかりを歌わされている。問題のミュージカル歌手との不倫騒動も、「ほんものの歌に近づきたくて」ミュージカル歌手と一晩中歌の話をしてただけで不倫に類することはいっさいやっていないのだが、誰にもそんなことは信じてもらえず……そして「ほんものの歌が歌いたい！」と感極まったリン、いきなり服を脱ぎ捨てて（！）、**夜の越前海岸に全裸で立ち尽くして絶唱する！**

「かがやきつづけるのーあなたがいるかぎりーわたしはいきるー」

その姿はかつてナツが描いた絵のようで……何がなにやら全然わからないものの、たぶん裸一貫からやりなおす感じで吹っ切れたリンはシンガーソングライターとなって大成功をおさめ、映画の最後にはナツは「（越前和紙の）一五〇〇年の歴史の中に入れてください」と祖父に頼んで和紙づくりを学（びながら高級和紙に絵を描く）ことになるんだが、挫折して故郷に帰ってきたときからそうなるのはわかってんだからだらだらしてないでさっさと決断しろよ！と思ったよ。

群馬地方映画のチャンピオンの新作。演者はほぼ全員素人。
壮絶な棒読み演技が繰りひろげられるのも「まち映画的表現」

『泣いて笑って豚ほるもん　LEGEND OF HORUMON IN GUNMA』

監督・脚本・編集＝藤橋誠　撮影監督＝中島元気　音楽監督＝香川誠
出演＝秋山紗良、千容植、藤咲華、大野友、木村路留

群馬まち映画の雄、藤橋誠待望の新作は商都高崎が舞台である。藤橋は群馬県を中心に市町村をへめぐって「まち映画」を三〇本以上作っている群馬地方映画のチャンピオン。なかなか中央に出て来ない「まだ見ぬ強豪」として知られる藤橋誠監督だが、本作のネタはホルモン焼き。高崎こそ豚ホルモン発祥の地である、というなかなか大胆な説を唱える映画である。なお、まち映画七原則とそこから生み出される摩訶不思議な「まち映画的表現」については『コウとチョウゴロウの夏』[※1]レビュウを参照のこと。今回、生CMタイムはなかったが、映画上映前に協賛企業のCMが大胆に付属しておりました。出演者はほぼ全員素人、関係企業の従業員なんかもいて、壮絶な棒読み演技が繰りひろげられるのは「まち映画」にはありがちなこと。

高崎発のグルメ情報誌〈食べるん〉創刊号が無事完成！　編集部一同は焼肉屋で打ち上げをしている。編集部員の美濃ハルミ（**秋山紗良**）は名は体をあらわすちょっぴりぽっちゃり体型のホルモンの化身だけあって、バクバクとモツ焼きを食っている。ところがそれが豚モツだと知った大阪出身のカメラマンが「ホルモンは牛やろ。豚なんざ……そもそもホルモン焼きは大阪で生まれたもんで、大阪が本場や！」と偏見むき出しで馬鹿にする。それを聞いていた編集長、「じゃあ、次号は

高崎ホルモンのルーツを探る特集にしましょう！」と即決。翌日、ホルモン女が先輩に、「わたしなんせ名前がミノ・ハラミですから！」と意味不明のホルモン自慢をしているところ、空が一転にわかにかき曇り季節外れの雷が落ちる……。

舞台変わって（ここから白黒映像に）昭和三〇年代の高崎。もちろんセットなど作る金はないので、昭和の建物を探してきて、できるだけ昭和以外のものが入らないようにしての撮影。それはなかなか頑張っているんだけど、残念ながら小道具までは手がまわらないので、キッチンとかはたいそう寂しい状態に……登場するのは妻と娘を連れてここ高崎に流れてきた井野（**千容植**）である。なんでも名古屋からニシン漁が儲かると聞いてはるばる北海道まででかけたが、ニシンの不漁で一文無しになり、しょうがないので名古屋に帰ろうと列車に乗ったはいいが、高崎まで着いたところで運賃が尽きてとりあえず降りたのだという。そんないい加減な話あるか!?　すでに妻も娘も絶望しかない顔をしている。そんな状態でふらふら高崎を歩いていたら、なにやら中華料理店で揉めている娘がいる。

「ラーメンと餃子で九〇円——ラーメンが五〇円で餃子が四〇円っていうから出したんじゃない」

「何言ってるんだ、こんなおもちゃで騙そうとして——この世に五〇〇円玉なんてねえよ！」

それがもちろんホルモン娘ハルミである。

割ってはいった井野、へそくりの一〇〇円札を「俺が払っといてやらあ」と叩きつける。それはいいが、すでにひもじい娘は絶望から憎悪へ。あわてて後を追いかけたハルミ、どうやら今が昭和三十三年で、落雷によってタイムスリップしてしまったらしいと知る。しかし**ハルミもラーメン五〇円って言われた時点で何かおかしいって気づいてほしい**ものである。

「わたし……令和から来たんです」と意味不明の自己紹介をするが当然通じず、仕方なく、助けてもらったお礼に手首に巻いていた腕時計をプレゼントする。

「おめえさんも行くとこないんだったら、一緒に来るかい？」

と井野に誘われ、そのままついていくと、行った先は半端者ばかりが暮らしているドヤのような長屋。そこにいた定吉（**大野友**）、井野を見て逃げようとするがとっ捕まる。

「おまえの行方は人を使って調べといたんだよ！」

実は井野、ニシンの権利と称して金を騙し取った定吉の行方を追ってここ高崎まで来ていたのだった。残念ながら定吉も一文無しだったが、井野一家はそのままドヤにハルミともども住み着いてなんとか雨露をしのぐ場所だけは得る。定吉はせめてもの罪滅ぼしにと井野に屠畜場の仕事を紹介する（あのころは「屠畜場」とは言ってなかった気がしますねえ）。口では無頼を気取っているが、根は真面目な働き者の井野、すぐに屠畜場に馴染み、不要な内臓を家に持ち帰ってくる。貴重な蛋白源だ。さいわい井野の妻咲子（**木村路留**）が料理上手で、丁寧に洗ったうえにニンニクで臭みを消すという手法で豚モツを美味しく仕上げる。うまいうまいとドヤの住人こぞって食べるうちに評判が広がり、井野の娘ハナ（**藤咲華**）やハルミが豚ホルモンを詰めた一斗缶を積んだリヤカーを引き、

「醤油〜ニンニク〜味ホルモン！」

と売り歩くのが大いに評判になる。ついにはお店も出そうかという話（妻と娘の名前にちなんで「咲華亭」とつけた）になったころ、井野は妻から豚ホルモンが紛失しているようだと教えられる。どうやら何者かが横流しして前橋の市場で売っているらしい。一方店を出すための看板づくりに精を出しているハルミ。ハナには慕われているものの、いまだに昭和世界で生きてゆく決心はつかずにいる。シンザン[※2]の馬券を買うとかそっちの方向は特に考えていない模様。そこへやってきた定吉、

「ハルミちゃん、す……すきなんだ！」

ふわっ!?　とそこへやってきた井野、豚ホルモンの横流しの件で定吉をとっちめる。

「こそどろみてえな真似しやがって……！」

定吉、心を入れ替えて井野の下で働くことを誓い、ハルミへの告白もうやむやになってしまう。

ここらへんの話、「若者受けするためには恋愛要素が必要」とか考えてあとから押しこんでみたようなのだが、本当に浮いてるな……まったく必要なかったんじゃないでしょうか。というあたりで必然性なく雷が落ち、気がつくとハルミは病院にいた。落雷のショックで意識を失い、半日ばかり病院に入っていたのだという。何か大事なことがあったような気がする……と夢を思いだそうとするハルミ。

翌日、会社に行くと、編集長から「豚ホルモンの元祖がわかったわ！　取材に行ってちょうだい。行く先は、そうもちろん咲華亭である。三代目の社長（金華亭食品社長・**中田和宏**が登場して世にも盛大なる棒読みを聞かせる）に会ったハルミ、すべてを思いだして、

「あのう……ひょっとしてお母様はハナさんですか？」

そして後日、ハナの元を訪ねると、彼女は父の遺品としてあの腕時計を……。

本作は実際に高崎で豚ホルモンをパッケージ販売している金華亭食品の創業者社長の実話に基づく創作なのだそうである。逆になぜ実名にしなかったのかが気になるが、本当にタイムスリップしてると思われたら困るってことだろうか。しかしこの話のとおりだと、高崎という地はたまたま降りただけで、結局のところ何がよくてここが「豚ホルモン」発祥の地になったのかさっぱりわからない。たまたま井野の女房が料理上手で、モツの臭みをニンニクで消すことを思いついたから、というだけのようなんだが、それでいいのだろうか。なお、金華亭のモツ焼き、現在は味噌味だそうで、醤油とニンニクの創業風味は食べられないらしい。

素人ばかりの俳優陣はまち映画らしい瑞々しさを醸しだしていたが、それなりに見れてしまうのは藤橋監督の素人扱いのうまさゆえだろうか。特筆しておきたいのが娘ハナ役の藤咲華。一人圧倒的に目立つ美少女ぶりを発揮して映画をさらっていたのだった。**将来有名スターになって、デビュー作は高崎まち映画と語られてくれる**といいなあ。

※1　『コウとチョウゴロウの夏』
『皆殺し映画通信　地獄へ行くぞ！』五七ページ参照

※2　シンザンの馬券
一九六四年に戦後初となるクラシック三冠馬となった。これに加えて、翌年に秋の天皇賞および有馬記念で優勝したため、日本の競馬史上初めて「五冠馬」の称号を与えられた。現在でも「神馬」と呼ばれるほど、その走りは戦後競馬界に大きな影響を与えている。

シェルターから救われた犬がはるばる北のはてから八〇〇キロの旅……という話なのだが、別に実話ベースでもなんでもないみたいだし、なんでこんな話作ったんだ？

『ハウ』

監督＝犬童一心　原作＝斉藤ひろし　脚本＝斉藤ひろし、犬童一心　音楽＝上野耕路　主題歌＝GReeeeN
出演＝田中圭、池田エライザ、野間口徹、渡辺真起子、モトーラ世理奈、深川麻衣、長澤樹、田中要次、利重剛、伊勢志摩、市川実和子、田畑智子、石橋蓮司、宮本信子、石田ゆり子

「ハウ」というのは声が出せない可哀想な犬の名前。シェルターから救われた犬ハウがはるばる北のはて青森から八〇〇キロを旅して横浜の田中圭のところまで帰ってくる……という話なのだが、あまりに脈絡がなさすぎて「これ実話なの？」と悩んでしまった。だってこれ実話じゃないとしたらいったい何を訴えたくてこんな映画を作ったのかわからなくなるレベルでして……。

　横浜市役所職員の赤西民夫（**田中圭**）は、ある日、結婚間近だった婚約者（**深川麻衣**）から「いやー本命だった人が結婚してたからあんたと結婚しようかと思ったけど、向こうが離婚してくれるっていうから、あんたと結婚する必要なくなったわ！　じゃあバイバイ！」と世にも軽く婚約解消されてしまう。しかし文句も言わず淡々と式場をキャンセルし、四十年ローンで購入した一軒家に一人トボトボと帰る。いや、いくらなんでも慰謝料とかね……翌日、出勤して課長（**野間口徹**）に「実は……」と報告すると「ごめん！　おれこういうの黙ってるとか無理なんだよ！」という課長、「みんな聞いて！　赤西くん結婚駄目になったんだって！　だから彼のまわりであんまりめでたい話とかしないでね！」とデリカシーのかけらもない思いやり宣言！　さらに課長、保護犬のシェルターを運営している妻（**渡辺真起子**）を紹介し、「一軒家だったら大型犬でも大丈夫だろ！」と赤西の

ノーと言えない気弱な性格をいいことに、貰い手のなかった保護犬（プードル・ハイブリッドの大型犬）を「気晴らしにちょうどいいよ！」と押しつける。いやたいがい相手への配慮のこれっぽっちもない展開だが、いくら気弱な市役所員だからって赤西もうちょっと主体的に生きようよ！　だがまあそこで出会った保護犬、実は前の飼い主が声帯切除の手術を受けさせており、まともに鳴くことができず「はうっ！」という空気の抜けるような鳴き声しか出せないのだという。赤西はその保護犬に「ハウ」と名前をつけて飼うことにするのだがそこから思わぬ絆が生まれ、赤西も立ち直りのきっかけをつかむのでまあ結果オーライということになるのだが、だいたいこの物語の登場人物、ほぼほぼ目先のことしか考えておらず、他人の感情を慮ることなどさらにない。そのことがオープニングから見事に表現されているのだった。

さて、心が通じ合ったハウと赤西。赤西はハウを連れて山の上の原っぱに行き、リードをはずしてボールを投げてやる遊びに興じている。**いや、人がいないからってドッグラン以外でリードはずしたらあかんやろ……**と思っていたら……。

そこにたまたま子供たちが野球をしにやってくる。野球やってるあいだ、ひなたぼっこをしていた赤西、そのままうたたねしてしまう。すると少年が見事なホームランをかっ飛ばす！　見ていたハウ、場外に飛んでいったボールを追いかけて走りだす！　ボールは飛んで、階段を落ちて、そのまま跳ねて、うまいこと運送会社のトラックの後ろに入って、追ってきたハウがそのままトラックのコンテナに入りこみ、それに気づかなかった運転手が後部ドアを締めて発車。赤西が目を覚ましたときにはハウはすでに本州の果て青森にいたのだった！

いやその。で、そこから青森から横浜に向かって帰ってくるハウの話と、横浜で悲嘆にくれる赤西の話が並行して進んでいくのだが、いちばんわからないのがこれ誰の視点で語られてるのか、ということである。ハウは青森から横浜に帰ってくるあいだ、わりと気楽にいろんな人と出会って餌をもらうかわりに癒やしてあげたりしているのだが、最終的に相手がどうなったのかまではよくわからないまま別れてしまう。一宿一飯の恩義だけ返して去ってゆく流れ者みたいな感じなのである。まあ犬だしな……困るのはどの話も尻切れトンボで終わってしまうこと。しかも赤西の方は、まさか青森に行ったとは思わないので、近所で大型犬の死亡事故があったと聞いて、ハウは死んだのだと諦めてしまうのだ。なんでこんな話作ったんだ？ 別に実話ベースでもなんでもないみたいだし……しょうがないので天の声であるナレーション（**石田ゆり子**）が全部犬の心情とかを説明してくれるのだが、ますます映画の意味がわからなくなるばかり。

さて、青森から南下しながら汚れたら洗われ、腹が減ったら飯をもらいでわりと他人に愛想をふりまくことにためらいのないハウ。行く先々で名前をつけられてたりして、赤西を恋しがってるというよりはそのままその家の子になっちゃってても別にかまわないんだけど……という気楽さを醸しだしている。岩手を抜け、除染土が詰まったフレコンバッグを横目に茨城に出たところで線路を歩いている少女（**長澤樹**）と出会う。福島で原発事故に遭遇し、茨城への避難を余儀なくされた少女だが、学校でイジメを受けて不登校になっている。今日も駅まで来てみるのだが、同級生の顔を見ると足がすくんで電車に乗れない。そこへやってきたのがハウである。少女からドーナツをもらったハウ、誰もいない駅で少女と一緒にダンスを踊る。そして翌朝、駅で待っていたハウ。例によって足がすくむ少女。だが列車が出発しようとした瞬間、ハウが勝手に乗り込んでしまう。釣られて飛び乗ってしまう少女。というわけで無事学校に行くことができた少女なのだった。いやでもイジメ問題別に解決してないんじゃないの？ そしてハウの運賃は？

だがそんなことはおかまいなしにいつの間にか進路を西へ取って進むハウ、栃木のシャッター商店街の傘屋（**宮本信子**）を癒やしたりしながら行った先が群馬県の山中にある聖クララ修道院。女子修道会である。犬嫌いの修道院長がいるが、なぜか**市川実日子**が修道女なのでこれはもう犬好きに決まっていてうまいこと修道院長をだまくらかして飼うことにしてしまう。ついでに名前もつける。「はうっ！」と吠えるのを聞いて「今、フランシスコって言いませんでした？」いやいくらフランシスコ会だからってそれは強引すぎるのでは。だが修道院長も「たしかにフランシスコと言っている」と丸めこまれてしまったので、げに恐るべきは宗教の力。ところで、この女子修道院、女性向けのシェルターも兼ねており、DV被害から逃げてきた女性も匿っている。そんな一人にDV夫から逃げてきためぐみ**（モトーラ世理奈）**がいた。ハウを見ためぐみ、

「あの子はわたしが昔飼っていた犬なんです」

新婚直後、幸せな夫婦だったころ、夫のトシくんがペットショップで買ってくれた犬で、幸せになるからと「ラッキー」と名づけたのだという。だがその後DV男の本性をあきらかにしたトシが、鳴き声がうるさいから声帯を切ってこいと命じ、声帯切除を受けたラッキーは「はうっ！」としか吠えられない犬になってしまったのだった。で、さらにその後保健所で殺処分されそうになったところをシェルターに救われたというわけ。実に**この映画に出てくる人みなこぞって犬の飼い方が雑というよりほかなく、もうちょっと真面目にやれ！と怒り心頭**。ていうか、犬は真面目に飼いましょう、という啓蒙映画なのか？

ところが復活祭のバザーの日、めぐみが匿われていることを知ったDV夫トシくんが修道院を襲撃。カッターをふりまわして暴れまわる。市川実日子が頰を切られるに及んで、

「わかった！　行くから！」

と一緒の車に乗ってしまう。駄目だろ！　走り出す車を一人追いかけるハウ！　だが山を猛スピードでくだる車、自転車に乗った小学生をはねそうになって横転の大事故。そこに駆けつけたハウは、炎上しそうになった車からトシを救出する（めぐみのほうは独力で脱出していた）。で、二人はどうなったのか？　それは誰にもわからない。

さて、そんな具合でハウが東日本ぶらり旅を続けているころ、赤西は一人ハウのことを思って鬱々として楽しまぬ日々。たまたまテレビを見ていたら江ノ島の中継でハウに似た犬が写ってたので思わず江ノ島まで行ってしまったり。そこにはもちろんハウはいなかったが、区役所の非正規職員足

立桃子（**池田エライザ**）がエナジードリンクのキャンペーンガールのアルバイトをやっていて、へそ出しルックで悩殺する一幕がある（普段はもっぱら前髪を目にかけて陰キャむきだしな格好）。

自動車に轢かれて死んだ大型犬のニュースを聞いて、死んでしまったと思いこんだ赤西、ハウとの写真を上げていたインスタにハウの死を報告する。徐々にハウの死を受け入れ、前向きになろうとする赤西、桃子とも仲良くなって、心機一転、四十年ローンの家を売っぱらって引っ越したのだった。今日は桃子とデートの約束。店に向かって歩いていると、なにやらこちらに向かって走ってくる犬が……そして「はうっ！」の声。

「ハウ！　ハウじゃないか！」

遅れて駆け寄ってきた子供と母親（**田畑智子**）。

「ブンはお父さんの代わりなんです！」

なんのことかと思うと、実はこの母子、赤西の売っぱらった四十年ローンの家を購入したのである。ところが引っ越し直前に父親が交通事故死。悲嘆に暮れながら引っ越ししたら、そこにやってきた白い犬がいる。尻尾をブンブン振るから「ブン」。お父さんの代わりなんだ……！という子供の顔を見て何も言えなくなってしまう赤西、「リードを離しちゃだめだよ」と子供に言い聞かせ、ラッキー／ハウ／フランシスコ／ブンに別れを告げるのだった。しあわせにいつまでも遊びつづける少年と犬、映画のラストは**河川敷で首輪からリードをはずしたラッキー／ハウ／フランシスコ**／**ブン相手に少年が思いっきりボールを投げて、**ラッキー／ハウ／フランシスコ／ブンが「はうっ！」と追いかけて走っていって……だからそれはだめだって言ったろうがあああ！

またぞろテレビ屋のどうしようもない思いつきか！
東京オリンピックに合わせて、流氷で東京を冷やす実証実験番組を作ろう
『東京流氷～ COOL IT DOWN』

監督・企画＝角谷公英
出演＝花江夏樹、石川由依

「二〇二〇年の東京でオリンピックが開催されることが決まったが、地球温暖化の影響で年々上昇する東京の気温に、競技の実施そのものを危ぶむ声も出ていた。そんな中、北海道・網走沖に毎年漂着する大量の流氷や、富山の豪雪地帯に降る雪を活用し、都市部を冷やすことができないかという「流氷と雪の運搬計画」が密かに進行していた」

えーそんな話知らないんだけどなにそれ!?と思ったら、本作の企画・監督をつとめる共同テレビの角谷公英が登場し、

「いやー**真夏の東京にいきなり流氷があらわれたら海外から来たお客はびっくりする**と思ってね(笑)。これが本当のオ・モ・テ・ナ・シ。で、その様子を撮ればおもしろい番組になる」

またぞろテレビ屋のどうしようもない思いつきか！「めざましテレビ」のディレクターである角谷が、いかにもフジテレビらしい浅薄な思いつきでたてた企画が迷走に迷走をかさねた結果、いわば損切りとしてこの映画が作られたということらしい。そういうわけで。

二〇二〇年三月。

「ぼくは流氷！　ぼくたちはいつも邪魔者扱いされてるんだ」

へ？　なんと本作、流氷が声優**（石川由依）**の声で喋るのである。さらに富山県の積雪**（花江夏樹）**も「東京五輪、冷やしてやろうじゃん！」と雪や氷の心情を語りまくる。どういうつもりなのかさっぱりわからないが……というわけで網走沖で漁船の協力をとりつけて流氷を捕獲、一〇〇トンの流氷を冷凍倉庫に入れて夏まで保管することになる。富山の雪についても同様。

さて、この氷を持ってきて東京を冷やすという計画、そもそもの話として、流氷の確保と保存、運搬に使うエネルギーを考えれば、このイベントでエネルギーが余計に使われて、日本がほんの少し余計に暑くなることは避けられない。それは覚悟の上で、それでも氷のまわりでは局所的にほんの少し涼しくなるかもしれないし、オリンピックの会場がほんのちょっと涼しくなればそれでいいんじゃないか、というおまえ二度とSDGsとか言うなよ！というエネルギーの圧倒的な蕩尽計画なのだが、テレビ番組さえでっちあげられればそれでよしのテレビマンにそんなことを言っても無駄なのだった。

……と、そこへなんと世界的パンデミックが到来、三月二十四日、東京五輪の一年延期が決定する。よりによって流氷の捕獲作戦直後で、間が悪いにもほどがある。流氷も雪も、そのまま冷凍倉庫送り。

「おいおい、ぼくたちどうなっちゃうの？」

誰だよ流氷に喋らせようなんて考えたやつ。**冷凍庫でそのまま氷漬けの流氷、ぼやく以外やることがない**。ともかくそのまま塩漬けになって翌年七月、ついに東京オリンピックが開幕する。

「ずいぶん待たされたけど、やっとぼくたちの出番が来るぞ！」

あー、ただし今回は無観客開催となりました。なので「海外からのお客」はいらっしゃいません！ということで完全に用なしになってしまった可哀想な流氷と雪。ただでさえあとは溶けるしかないという立場なのに、ひたすら邪魔者扱いされ、冷凍倉庫の保管費用に化けて角谷氏を悩ませるばかり。倉庫の中で待機させられて何も言うことない。流氷バラエティの一縷の可能性にかけて丸一年保管費用を払いつづけた角谷氏だったが、ついに決意。

東京オリンピックに合わせて、流氷で東京を冷やす実証実験番組を作ろう！

そう、実際に氷が気温を下げるかどうかの実験をするためのテレビ番組企画に行き場のない流氷をあてがおうというのである。場所はこれまただだっぴろい空間があまっている高輪ゲートウェイ駅。アスファルトの上に氷を並べ、送風機で風を送る。そうしたら温度は下がるのか？……そりゃあ下がるだろう。これ、どうやらマラソンコースあたりをイメージしているらしい。マラソンは札幌に行ってしまった、というのは置いといても、それで冷風を作れたからどうだというのか。まあともかく実証実験のため、ついに氷たちの出番がやってきた！一〇〇トンの流氷の大部分は捨て、残ったほんの一部だけを積みこんだ冷凍トラックのコンボイが一路南へ、東京へ向かう。波乱万丈の旅（途中、冷凍装置が故障して氷が「あついあつい！このままじゃ溶けちゃうよ！」と泣きつく一幕も）ののち、ついに高輪へ到着。そして待ちかねた実証実験へ。流氷は溶けて一陣の涼風を残したのであった。その顚末をとらえた実証実験番組はフジテレビで……放送されなかった。なんと無意味すぎる番組企画は中止になってしまったのである！フジテレビにもちょっとは理性があったのか。それはいいのだが、**運命に翻弄されたこの流氷と雪の尊い犠牲について知るものは**……それはこの映画をご覧になったあなただけなのですよ！

最後はエル・カンターレに祈ればなんとかなる。
トンチキな曲があるかぎり幸福の科学映画は永遠だ

『呪い返し師―塩子誕生』

監督＝赤羽博　原作・製作総指揮＝大川隆法　脚本＝大川咲也加　企画＝大川紫央
出演＝希島凛、福永紗也、鈴木まりや、吉田宗洋、土平ドンペイ、モロ師岡、長谷川稀世、立木文彦、目黒祐樹

三年前三月三日　鎌倉

♪また鎌倉に行ってきました〜わたしの心のふるさとはここ〜

ああ、誰が脚本を書こうが、誰が監督しようが、このトンチキな曲があるかぎり幸福の科学映画は永遠だ。本作は脚本大川咲也加、企画に大川隆法の二番目の妻である大川紫央をたて、主演は**希島凛**。千眼美子、長谷川奈央に続く幸福の科学女優三番手というポジションの女優である。まあハッピーサイエンス的にもいつまでも千眼美子頼みってわけにもいかないでしょうから、彼女にも一本立ちしてほしいんでしょう。

そんなわけで鎌倉を一人歩く女（希島凛）。

♪人間界の恋なんてもうわたしにはできません〜　鎌倉の大仏しかもう愛せなくなりました〜

いやそこは高徳院じゃなくて幸福の科学鎌倉精舎だし、目の前にあるのは大仏じゃなくてハリボテだ！　そんなわけで大仏しか愛せない女の活躍が描かれる！

序　生霊

そこは賀茂野女子校オカルト研究会。部員の一人、奈々子（**福永紗也**）はある日、授業中に息が苦しくなって倒れてしまう。どこからか死ね！の声が聞こえ、首に手の形の痣があらわれる。これは誰かに呪いをかけられたに違いない！と考えたオカルト部員たち、さっそくオカルト雑誌をひもとき、最新の都市伝説である「呪い返し師」の存在を知る。語呂が悪いのはハッピーサイエンス的にはありがちなこと。オカルト部員たちは都市伝説にしたがって「呪い返し師」を呼びだす儀式を執りおこなう。七のつく日の午後七時七分、地面に五芒星の魔法陣を書いて盛り塩を盛り、そこに願いを書いた紙を置いて燃やす。何この和洋折衷な儀式。だが、そのとき例によってトンチキな歌が流れだす！

♪くるぞくるぞくるぞー！　きたぞきたぞきたぞー！　とうとう塩子がやってくる！

一陣の風とともにそこにあらわれたのはハッピーサイエンスが（というか大川総裁が）大好きと思われる巫女装束コスプレの「呪い返し師」塩子（希島凛）なのであった。

「塩子見参！」とあらわれた塩子、**霊的な存在なのか巫女なのかさっぱりわからない**。事情を聞くと「とりあえず、すうどんが食べたい！」と腹ごしらえを要求する。よくわからないけど、これがハッピーサイエンス的ユーモアというやつだ。で、歌のほうはそのまま♪見たくない。この先はー！　などとおぞましいことを予告してくるのだが、もちろんそんなホラー映画ではありません。

塩子はすぐに真相を見抜き、同じクラスの女子の生霊に呪われているのだと喝破する。成績優秀

で美人で性格のいい奈々子だったが、知らないあいだに同級生の妬み嫉み恨みをかっていたのだった。塩子は生霊を詰問し、

「お前の正邪は判定された。お前は悪である！」

と叫んで印を結ぶと天から塩が降ってきて霊は浄化される。なんで？　以後オカルト部員たちはすっかり塩子信者となって、**何かというと彼女を呼びだして除霊にこきつかう**ことになる。以後、オカルト部員がかかわった事件のたびに塩子は呼びだされるのだが、「それ、本当に呪いなの？」と言いたくなることもしばしば。だって、次に呼ばれるのは、同級生の祖母が特殊詐欺に引っかかって三〇〇万円巻き上げられたという事件なのである。それは「呪い返し師」よりは警察の仕事なのでは？　だが塩子、犯人を見つけると悪霊に取り憑かれていると見抜き、悪霊を祓ってめでたしめでたし……それもう「呪い」でもなんでもないよね？

以後、ＤＶ夫とその夫を呪う妻とか、すべての超常現象をプラズマ現象で説明しようとする大槻もとい北村教授（**モロ師岡**）らが悪霊を祓われるのだが、ＤＶ夫はまだしもプラズマ教授を「間違った思想で人を迷わす悪魔、許すまじ。おまえは悪である！」と断罪するのって、呪い云々じゃなくて変な宗教が入ってないですか？　ともかく「死んだおじいちゃんの魂が帰ってきたと思うんです」という学生を、「そんなことを言うやつには単位はやらん！」と圧殺しようとした教授を祓って正道に戻す。

最後に登場するのは部下の発明を奪って名声を恣《ほしいまま》にする大企業の御曹司天道翼（**吉田宗洋**）。塩子は、人気タレントやアナウンサーを次々に毒牙にかけるプレイボーイの翼を懲らしめてくれ、との依頼を受ける。いやそれは本当に呪いなのか。これは大仕事だ……というので鍋焼きうどんを要求、相手は高慢な大天狗だと明かす。で、大天狗と戦う塩子、あわやのピンチに追い込まれるが……。

まあ最後はエル・カンターレに祈ればなんとかなるのはハッピーサイエンス映画の宿痾なのだが、

それにしてもトンチキな歌以外何の見どころもない映画で、さすがに原作者の責任を問いたくなった。あとオカルト女子生徒はさすがに塩子をこき使いすぎと思われ。せめて呪いだけにしてあげられませんかね？

記憶喪失vs難病。まさしく現代日本映画の華ともいうべき難病恋愛青空映画

『今夜、世界からこの恋が消えても』

監督＝三木孝浩　原作＝一条岬　脚本＝月川翔、松本花奈　撮影＝柳田裕男　音楽＝亀田誠治
主題歌＝ヨルシカ
出演＝道枝駿佑、福本莉子、古川琴音、前田航基、松本穂香、野間口徹、野波麻帆、水野真紀、萩原聖人

猫も消えたが今度世界から消えるのは恋である。なぜならヒロイン、**福本莉子**演じる日野マオリは寝るとその日一日の出来事を忘れてしまう前向性健忘という記憶障害を患っているからだ。寝たらその日の分の恋は消えてしまうというわけ。あードリュー・バリモア[※1]のアレみたいな奴ね……まあそうでもあるがそれとも違う。なぜなら本作は脚本に『きみの膵臓を食べたい』[※2]の月川翔、監督に青空映画の王三木孝浩を迎えたまさしく現代日本映画の華ともいうべき難病恋愛青空映画であるからだ。朝起きるとベッドのまわりには「記憶障害だから朝起きたらすぐにパソコンの日記を読むように」との注意書きがはられており、二〇一九年GW初日に交通事故に遭ってからの日々の記録を読み、両親（**野間口徹**と**水野真紀**）と毎日同じやりとりをくりかえすところから一日がはじまる。こんな病気をわずらいながら元気に高校に通っているマオリは、ある日顔も知らない別クラスの陰キャ生徒神谷透（**道枝駿佑**）から「付き合ってください」と告白される。ところが神谷も驚いたことにマオリはつきあいをOKする。ただし三つの条件付きで。

①会うのは放課後 ②それまでの連絡は手短に ③決して、本気で恋をしないこと

いったい彼女の意図は……？　という話なのだが、この映画が根本的におかしいのは、最初にマオリの記憶障害を明かすところからはじまること。これどう考えたって、罰ゲームで嘘の告白をしたおかげで校内のアイドル的美人マオリとつきあうことになった神谷が、つきあっていく中でこの妙な条件の理由を探って彼女の記憶障害の真相を知る……っていう話でしょうが！　最初に記憶障害を明かしちゃったんで、なんかままごとをやってるようにしか見えない（別に記憶障害がバレるサスペンスがあるわけじゃないので）。

映画自体は三木孝浩なんで盛大に音楽がかかりまくり、加えてテーマをことこまかに説明してしまうセリフと内心を吐露するナレーションが入る目をつぶっていてもわかる系映画。困ったことにナレーションする人が物語の都合でくるくる変わり、最初マオリのナレーションではじまったと思ったらいつのまにか神谷が語り、と思うとマオリの親友綿矢イズミ（**古川琴音**）がナレーション役になったりする。なんでこんなに視点人物が変わるんだ？と思っていたんだが、これ別に物語の視点人物として設定されているわけじゃなく、**ナレーションも語りの技法のひとつとして使われているる**だけなんだな。その登場人物の心情をもっともわかりやすく説明する手段としてナレーションが使われているのだろう。原作のラノベ由来なのかもしれないが、一人称ナレーションの意味ももういろいろ違っているのである。

さて、そんなわけで毎日頑張って前日の復習をしてはデートに勤しんでいるマオリであったが（これ、勉強もしっかり周囲に追いついているようで、学校始まって以来の劣等生になっていないというのがいちばんの謎であった。あるいは高校一年の四月のうちに全教科三年分を終えてしまった大天才だったのだろうか）、海浜公園にデートして神谷手作りの弁当を食べた日、いい気持になってそこでうたた寝してしまう。目を覚ますとそこには見知らぬ男の子。パニックに陥ったマオリ。「誰ですか……す、すいません！」と言いおいてそこから逃げだしてしまう。これ、「絶対外で寝ないこと」って起きたときに見る注意書きにも書かれてるんだよ。迂闊すぎるだろ！　かばんの中を引っ掻き回して出てきたメモ帳に「記憶障害だから……」と書いてあるのを見て、「唯一の信頼できる友達」ことイズミに電話する。慌ててかけつけるイズミ。だが彼女が着く前にさまざまな徴候から記憶障害を見抜いていた神谷がこのままつきあいを続けることを提案する。記憶障害がバレたことを日記に書かなければならなかったことになる。日記には楽しいことだけを記録して、彼女の過去を楽しいことだけで埋め尽くすのだ。

「二人で明日のきみを騙そうよ！」

記憶が残らないのだから、「書かないことはなかったことになる」というのはなかなかラディカルな発想である。でもそれ、記憶が保てないことをいいことに、マオリを自由に弄んでる感が否めない。実際、イズミは「マオリの記憶障害を逆手に取って悪事を働く男がいるのではないか」と過剰なまでにマオリを守ろうとするのだが、その懸念は間違っていなかったのではないか。

そんなわけで楽しくデートして、思い出を積み上げてゆく二人である。その合間に、作家志望である神谷の父親（**萩原聖人**）が新人賞に応募すると言って仕事を辞めるが**何も書いていない白紙の原稿用紙を大量に突っ込んだ応募用封筒をこしらえている**というまったく意味不明のホラー展開やら、イズミが愛読している純文学作家をなぜか神谷も読んでいるのでイズミとのあいだに連帯感が生まれるのだが、その作家は実はやたらグラマーな神谷の姉（**松本穂香**）であることが判明する……みたいなサブプロットがある。神谷の姉が芥川賞候補になると、こっそりマオリの家に入りこんでイズミと三人きりの待機宴会。

だが、そんな楽しい日々に突然終わりがくる。神谷の母親は心臓病で若くして亡くなっているのだが、神谷も軽い発作を起こし、精密検査のために入院することになる。もしものときのことを嫌がるイズミに頼んで。翌日、イズミがかけた電話に出たのは神谷の姉であった……そう、神谷は特に前振りもなくいきなり発病した難病で頓死してしまったのである。これ難病[※3]vs記憶喪失案件だったのか！　神谷の遺言とは、マオリの日記を書き換え、自分の存在を日記から消すことであった。

そうすれば、記憶にもない人間が死んだからといって罪悪感を抱くこともなくなるだろうというわけ。いやだから**それもマオリをおもちゃにして操ってることになる**んじゃないかと思うんだけど、そういうふうには考えないんだよねえ。**相手への思いやりとパターナルなコントロールの区別がついてない**のがひどく気持ち悪い。

日記の改竄は「ジェヴァンニ[※4]が一晩でやってくれました……」わけではなく、もともとは手書きの日記だったものを、神谷の姉がパソコンに打ちこむことでパソコン上のテキスト日記に変換してしまう。で、デジタルなら改竄も簡単だからと神谷の出てくるところをすべてイズミに書き換えていく作業を敢行。姉が名前を書き換えると世界からこの恋の記録が消えてしまうのだった。だがマオリは最初からパソコン上のデジタルの日記だったと思っているのでなんの問題もないのである。

なのだが最終的に良心の呵責に耐えられなくなったイズミが、なぜかこれまたなんの伏線もないままにある日突然病気が治り、「昨日の出来事は覚えてる……」と言いだしたマオリに元の手書き日記を手渡して神谷についての真相を教えてしまうのだが、そのあとに起こるであろうたいへん気まずいやりとりは映画では描かれないまま終わってしまうのである……。

※1　ドリュー・バリモアのアレ
映画『五十回目のファースト・キス』（ピーター・シーガル監督、二〇〇五）のこと。記憶障害をもつ女性ルーシー（ドリュー・バリモア）と彼女に恋する男性ヘンリー（アダム・サンドラー）のロマンティックコメディ。ルーシーは交通事故で、一日の記憶が一晩でリセットされるという短期記憶障害を持っていた。ヘンリーと出会ったルーシーは、毎日日記をつけて記憶を残すようになるが……。ちなみに二〇一八年には日本でリメイクされている。同タイトルで、監督・脚本は福田雄一、主演は山田孝之と長澤まさみ。『皆殺し映画通信　お命戴きます』九七ページ参照

※2　『きみの膵臓を食べたい』
『皆殺し映画通信　骨までしゃぶれ』一二九ページ参照

※3　難病VS記憶喪失

『皆殺し映画通信』二〇〇ページの廣木隆一監督作『一〇〇回泣くこと』レビューを参照のこと。

※4　ジェヴァンニが一晩でやってくれました……

漫画『DEATHNOTE』から生まれたネットミーム。一晩でジェヴァンニがデスノートを複写し、本物そっくりに複製したことから、一晩、ないし極めて短時間でクオリティの高いものをつくる人のことを指す。

いやほんとなんで実写化なんて企画が通ったのやら……
耳をすませば、その理由が聞こえてくるかも……

『耳をすませば』

監督・脚本＝平川雄一朗　原作＝柊あおい　撮影＝中山光一　音楽＝高見優　主題歌＝杏
出演＝清野菜名、松坂桃李、山田裕貴、内田理央、安原琉那、中川翼、住友沙来、音尾琢真、松本まりか、中田圭祐、小林隆、森口瑤子、田中圭、近藤正臣

ジブリアニメの実写化と見せかけて実は原作からの直接の映画化なんで宮崎駿関係ないんすよサーセンというジブリプロイテーション第二弾！（第一弾はもちろん[※1]『花束みたいな恋をした』でもネタにされていた[※2]『魔女の宅急便』）本作はアニメの主人公であるところのシズクとセイジ二人の十年後を描く……というのだが、原作コミックからの直接映画化というのが本当ならば、そもそもなんでセイジはイタリアに行ってるんだっていう話である。アニメ版『耳をすませば』は、宮崎駿がたまたま見かけた原作の一部をもとに妄想を膨らませて勝手にこしらえたストーリーで、脚本を書いたのちに原作を読み、「話が違っている！」と怒ったという伝説がある。それくらいもともと脚色がきつい話なので、まともに原作コミックを脚色したら、アニメとは似ても似つかぬものができあがるはずなのだ。しかるに、

①セイジの夢　原作→画家　アニメ→ヴァイオリン作りの職人　実写→チェロ奏者
②セイジとシズクの兄弟　原作→それぞれ兄と姉がいる　アニメ→シズクの姉だけ登場する　実写→いない

どう見たって原作コミックじゃなくてアニメの再脚色だろうが！　一応コミック原作なので中学時代のエピソードも映画化されるのだが、中学時代のシズクを演じている子役がやたら「ウッ」とか「はあっ」とか、アニメのキャラクターしか発声しないような間投詞を喋るうえに行動のすべてを実況し、見たものすべてを読みあげる恐怖の副音声人間だったり、**屋上での二人の会話を盗み聞きしてる人たちがドアの裏側に大量に身を寄せあってるみたいな宮崎アニメ的描写**があったり、どこもかしこもアニメ臭い！　そういう演出が大人（十年後の現在）になると影を潜めてしまうのって、要するに、お手本がないからじゃないの!?と思わされてしまうジブリにおんぶにだっこっぷり（スタジオ・ジブリは「協力」としてクレジットされている）。いやはや……。

一九九八年。いきなり「翼をください」をアカペラで絶唱する月島雫（**清野菜名**）。もうこの時点でドン引きですよ。雫は児童書の出版社につとめるかたわら、児童文学作家を目指して投稿を続けているが、新人賞にもなかなかひっかからず心折れ気味だ。私生活では中学時代からの親友ユウコ（**内田理央**）とルームシェアして三年になるが、ユウコが同じく中学時代からの腐れ縁であるタツヤ（**山田裕貴**）と結婚することになったので、そこも出なければならない。会社ではパワハラな編集長（**音尾琢真**）から無理難題を押しつけられ、担当作家ソノムラ（**田中圭**）の新作にダメ出しをする羽目に追い込まれる。公私共に煮詰まっているのだった。

一方、中学を出てそのままイタリアにわたり、チェリストをめざして修行中の天沢聖司（**松坂桃李**）。いや、アニメ版のヴァイオリン職人というのも相当だけど、中学出てまっすぐ演奏家ってどんだけ……弦楽四重奏団を率いて順風満帆だが、楽譜に忠実な演奏にこだわるので「日本人だな」と言われている……ってその程度、挫折のうちにも入らないよね。まあ順風満帆、机には雫の写真も飾ってある。

その一方、中学時代の二人の出会いが**安原琉那**と**中川翼**の二人によって演じられる。学校の図書室から本を借りるたびに同じ名前が貸出カードに書いてあることに気づいた雫が、その相手のことが気になって……妙にお手本に寄せたアニメっぽい演出（寺の境内で雫が杉村から告白される場面の謎カットは忘れがたい）ばかりが目立つ過去の場面が適当に挟み込まれていったりきたりするんだが、これ、要るのか？　アニメ版を見ている人にとっては蛇足だし、見ていない人にとってはわかりきった話を雑になぞるだけである。そもそもこの構成にすると、輝いていた過去に対してうだつのあがらない雫の現在がつらすぎるんよ……その現在を招いたのがそもそも聖司に出会って煽られた結果だったりするわけで、ますますこの過去編必要なくね？　まあそれをいうならこの映画自体なんのために作ってるんだって話になりそうなんだけどさー。

さて、過去の方はほぼアニメと同じ展開で、雫は猫に連れられて〈地球屋〉に行き、そこでおじいさん（**近藤正臣**）から人形のバロンを紹介される。ちなみに十年後の現在になっても「おじいさん」としか呼ばれず名前がないままなのはいかがなものかと思った。店の二階でチェロを弾いている聖司と出会って、彼こそが自分の借りている本をつねに先に読んでいる「イヤなやつ」であることを知る……一方現代の方では、ソノムラが編集長に言われたとおりに原稿に修正を加え、雫に読ませる。「面白いです！」という雫に、

「本当に面白いんですか？　本当に最初の原稿よりいい原稿だと思ってるんですか？」

と迫る。口ごもりながらも「……はい……」と答えると、原稿をゴミ箱に放りこみ、

「本当の気持ちを言ってくれないような人と一緒に仕事はできません！　担当を替えてください！」

というわけですっかりドツボの雫。

「落ちこんでるのに相談したい人はいないし、どうしたら……」

って有給取ってイタリアに旅立つのであった。例によってパワハラ編集長から「有給なんか取らせねーぞ」と凄まれるが、同僚たちのおかげで行けることになる。これ、見ていてこの**時代遅れのセクハラ描写をするために舞台を一九九八年にしてるんじゃないか**って思ったくらいだ。で、いま

どきアリタリア航空の飛行機が空港から飛び立つイメージショットを挟んでローマへ。雫、弦楽四重奏団の演奏後の聖司に会いにきたのだが、四重奏団の紅一点サラが聖司にベタベタしてるのを見て思わず声をかけずに姿を隠してしまう……とかなんて時代遅れなラブコメ描写なんだ！　ひょっとしてこれをやりたいから前世紀を舞台にしたんじゃないか、と……その後ようやく再会、レストランで食事のあと、お部屋にお持ち帰りされていよいよ！というところでいきなりサラが部屋にやってきて、

「あなたと聖司は住んでる世界が違うのよ！　わたしは彼を愛してる！」

　と聖司に抱きつく。いやこんな描写は二十世紀に置いてきてくれよ。はっ、そのために……雫、思わず部屋を飛びだしてしまう。で、翌日会うのかと思ったら……。

　杉村と夕子がシェアハウスから引っ越ししている真っ最中に帰ってくる雫。「どうしたの？」と聞かれて、

「別れてきた！　いやーやっぱ遠距離恋愛ってむずかしいわー」

　と言ってる雫なので、てっきりそのあとの話は描写として飛ばされてるのかと思ったら、実は何もなく会話もしないまま別れてきてしまったらしいのだが、そんなのありなのか？　さらに思い直した雫、ソノムラに詫びなければと考え、新担当にアポとってもらったはいいがそこでやることと言えば土下座！　ひたすら土下座！　いくら二十世紀の話だからってさあ……で、物語の最後にはさらに雑な結末がついてくるんだが、本当、二十世紀を舞台にしたら何やってもいいって思ってない？　いろいろ雑な時代ではあったけど、映画はもちょっとちゃんとしてたよ？

　ちなみにタイトルは目標を見失った雫に「耳をすませば、心の声が聞こえるかもしれないよ？」っておじいさんが無理矢理にあとづけの説明をこじつける場面があるのだが、いやほんとなんで実写化なんて企画が通ったのやら……耳をすませば、その理由が聞こえてくるかも……。

※1 **『花束みたいな恋をした』**
二〇二一年最大のサブカル恋愛映画として話題を呼んだ作品。劇中、京王線明大前駅で終電を逃した四人の見知らぬ男女が深夜営業カフェに入って朝まで時間を潰すことにする。主演の菅田将暉と有村架純のみが押井守がそのカフェにいることに気づき目配せし合うが、残りの二人は実写版『魔女の宅急便』の話で盛り上がっていた！　さて、サブカル度が高いのはどちらでしょう……って、実写版魔女宅を知っている方ではないのか!?　詳しくは『皆殺し映画通信　あばれ火祭り』一七七ページ参照

※2 **『魔女の宅急便』**
『皆殺し映画通信　天下御免』五八ページ参照

白い服に黒く長い髪、テレビからこんにちわの貞子さん。VHSが世の中から消えても、貞子は映画に呼ばれつづける

『貞子DX』

監督＝木村ひさし　脚本＝高橋悠也　世界観監修＝鈴木光司　撮影＝葛西誉仁　音楽＝遠藤浩二
主題歌＝三代目 J SOUL BROTHERS from EXILE TRIBE
出演＝小芝風花、川村壱馬、黒羽麻璃央、八木優希、渡辺裕之、西田尚美、池内博之

日本の誇るホラー・アイコン貞子。Ｊホラーの世界的ブームでいろんなことがあったが、最終的に生き残ったのは貞子ただ一人だったのかもしれない。白い服に黒く長い髪、テレビからこんにちわの貞子さんである。ＶＨＳが世の中から消え、「呪いのビデオ」が都市伝説はおろか昔話になってしまっても、貞子は映画に呼ばれつづける。だがいくら往年のスターだとは言っても、最近は少々扱いが軽いのではなかろうか。相当の低予算映画と思われ、ついに原作者鈴木光司は「世界観監修」という謎クレジットになってしまった『貞子ＤＸ』では、貞子そのもののアイデンティティまで疑われる事態に立ち至った。

ＩＱ二〇〇の天才女子大生一条文華（**小芝風花**）は、テレビの都市伝説検証番組に出演する。話題は最近巷で話題の「呪いのビデオ」。なんでもビデオを見てしまうときっちり二十四時間後に突然死するとかで、全国で謎の突然死が大流行中だという（これがまたみんなビデオデッキ持ってるんだわ）。これに対して人気霊媒師kenshin（**池内博之**）が「この呪いがインターネットに広がったら、人類は滅びるかもしれない！」とかますと、すっくと立った文華、「呪いなんて非科学的なものは存在しません！　どうせプラセボ効果かサブリミナルメッセージが

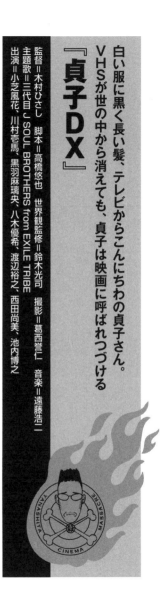

仕込まれてるとかですよ。すべては科学で解明できます！」

　と駄目な大槻教授[※1]みたいなことを言いだす。「いやあかしこいお嬢さんにはかないませんな」と余裕の笑みだったkenshin、楽屋に戻ると、

「実はうちの事務所にも『呪いのビデオ』のダビングが送られてきたんですよ。この謎を解いてもらえませんか？」

　と白箱のビデオを渡す。文華は「呪いなんてあるわけないでしょ」と歯牙にもかけないでいたが、気になっていた妹双葉（**八木優希**）が押し入れからわざわざビデオデッキを引っ張りだして「呪いのビデオ」を見てしまう。ビデオには特におもしろい映像が入っているわけではなく、井戸の底にいた貞子の主観映像。そのまま井戸の内側を這い登って、出てくるとそこは一条家の前だった。え、貞子そこにいるの!?と思った瞬間にビデオが終わる。そこだけはアップデートされてるのね。あー怖かったけど何もなかったね、と寝てしまった双葉、いやそこでいきなりビデオに自分の家が写ったことに注目しようよ！　翌日、学校に行った双葉、校内で謎の人物に追いかけられていることに気づく。白いぞろっとした服を着た……おっさん。あわてて文華に電話する双葉。

「なんか静岡のおじさんがいるんだけど……」

　え、静岡のおじさん入院してるでしょ？　だが双葉にしか見えないその汚いおっさんは徐々に近づいてくる。これは呪いか……!?　っておまえ『イット・フォローズ』[※2]見ただけだろ！　文華は「貞子の呪いは進化している！　身近な人の姿をとって油断させて近づこうとしてるんだ！」とか言いだすのだが、ウイルスの進化とか弱毒化とかいう話にからめて貞子ウイルスの進化を説明しようとする文華の疑似科学思考がそもそもヤバい。貞子も『イット・フォローズ』を参考に**アップデートするのもいいけど、そういうことをしちゃうともうテレビからも出て来ないし長い黒髪ですらなくなってしまう**わけで、そこのアイデンティティまでなくしてしまってもはや何が貞子なのかもわからない。別にパロディにするならすればいいけど、これもう貞子でやる意味なくね？

えーこれはビデオをちゃんと調べてみなければならない、というわけで、近かったkenshinの事務所に行くと、そこで死ぬ死ぬと暴れている男がいる。建物二階から飛び降りようとする男に対し、「そこは高さ××メートルだからそこから落ちると速度はこれくらい、したがって地面と激突すると二〇トンのトラックに跳ねられたくらいの衝撃があります！」と脅かして自殺をやめさせる。彼はネットで「占いの王子」として知られる前田王司（**川村壱馬**）だった。何かというとポーズを決めて「名言ぽい」決め台詞を言うので女性陣にも大人気、さんざん文華にもからんでくるのだが、彼女は右から左へ華麗にスルー、これが延々とくりかえされるので、まあおもしろいギャグということなんでしょう。恋人が呪いのビデオを見て死んでしまった……ことにはさしてダメージも受けておらずあまつさえその様子をYouTubeにアップしてバズって喜んでいるという頭が悪いにもほどがあるYouTuber占い師なのだが、その後自分もビデオを見てしまい、二十四時間後に死ぬことになってしまったのだ！ というわけでkenshinに助けを求めに来たのである。「占いはエンターテインメントですよ！」などと胡散臭さを全開にするkenshinだが、「じゃあ、そのビデオを祓いましょう」とビデオを王司、文華らの前で上映しながらお祓いする。なんとそのおかげでカウントダウンを迎えた王司は死ななかった！ 文華はお祓いに立ち会ってついでに一緒にビデオを見たが、特に不審点を見いだせなかった。呪いなど信じないとはいえ、（あと数時間で死ぬはずの）妹のためにも本気で呪いのビデオの謎を解かなければならない！

しかたないから喫茶店で呪いのビデオについてググってみる文華。えっそこからなの!?「貞子ウイルスとは貞子の呪いと天然痘のウイルスのハイブリッドで……」ってそこだけ鈴木光司か！ てかそこに突っ込みいれないのかあんた！ 文華、**両手を耳の脇に広げてパタパタふる可愛い子ちゃんポーズで思考**。これが萌えポイントなのか。謎の茶トラ猫のアバターでネットのチャットに登場する感電ロイド（**黒羽麻璃央**）（引きこもりのハッカーなので、当然照明を落として真っ暗な部屋で文字をものすごいスピードでタイピング）からの情報（こっちもググってるだけっぽいんだが）

も合わせて推理を進めてゆく。

追いかけてくる白いイット・フォローズはウイルスに感染して見る幻覚に違いない（いやそれなら呪いの存在を認めてもよさそうなもんだが）。だがビデオを見た王司は二十四時間たっても死ななかった。王司と妹のあいだに違いがあるのか、それは……ビデオを他人と同時に見たかどうかだ！　王司は自分やkenshinと一緒にビデオを見たではないか。他人と一緒に見ることで毒が薄まり免疫ができるのだ！（「科学的に解明」とは……）時間切れギリギリのタイミングで母に電話して、「双葉と一緒にビデオを見て！　そうしたら免疫ができる！」

かろうじて間に合い、部屋の中まで侵入してきた貞子は消え去る（おっさんの姿であらわれた貞子、途中から長い髪に白服という伝統スタイルに戻り、ドアを閉じても天井から水を滴らせて濡れた髪となって侵入してくる小技を見せるが、別にもともと超自然的存在なんだからドア通り抜けてくるでいいと思うんだけど）。やれやれ……と思ったら今度は自分たちと一緒にビデオ見たはずのkenshinが彼にしか見えない何かを幻視して、苦しみながら死んでゆく。複数人の免疫説は間違いだったのか!?　しかも文華が浅はかにも「みんなでビデオを見れば呪いに免疫ができます！」とかツイートしたせいで一気にビデオが（誰かがＶＨＳからデジタルに変換して）ネットにばらまかれてしまう！　このままでは人類滅亡だ！　文華は王司、感電ロイドを連れて呪いの鍵を握る天琉神社へ向かう……。

いや、そもそも「科学的」なんて言わずに「呪いにだってルールはあるはず」で良かった気はするのだが、「貞子ウイルス」を新型コロナのアナロジーで語ろうとした結果、最終的にはwith貞子の新しい生活様式を実践することになってめでたしめでたし……**いや貞子愛に関しては人後に落ちない自分ではあるが（今でも『貞子3D2』[※3]のときに深夜の貞子コールを受けられなかったことは悔やんでいる）、貞子との暮らしはそういうことじゃないんだよ！**と強く言いたいのである。

※1　大槻教授

１９３６年生。大槻義彦。宮城県出身。早稲田大学名誉教授。反オカルト論客として、積極的にテレビ出演し、超常現象や超能力を科学的な視点から徹底解析することで知られる。狐火、鬼火などの怪火は、理論的に説明できるとする研究でも有名であり、電磁波プラズマによって解明できるとしている。

※2　『イット・フォローズ』

デヴィッド・ロバート・ミッチェル監督／アメリカ／２０１４年。「それは死ぬまでついてくる」という宣伝文つきで公開された。セックスをすると白い薄ものをまとった不審人物に追いかけられる。

※3　『貞子3D2』

『皆殺し映画通信』二三六ページ参照

電通様による超強力タイアップで、橋本環奈を看板としてまつりあげたハリボテ映画。産業映画は、中が空っぽでも上っ面だけ整っていれば成立する

『カラダ探し』

監督＝羽住英一郎　脚本＝土城温美　撮影＝一坪悠介　音楽＝菅野祐悟　主題歌＝Ado
出演＝橋本環奈、眞栄田郷敦、山本舞香、神尾楓珠、醍醐虎汰朗、横田真悠、柳俊太郎、西田尚美、柄本佑

この映画、何が驚いたといってクレジットである。製作委員会に参加している企業がなんと十六社！　以下列挙。ワーナー・ブラザーズ（WB）、電通、ディスカバリー・ネクスト、KDDI、WOWOW、ユニバーサルミュージック、UUUM、トーハン、双葉社、ローソン、MBS、ROBOT、スターツ出版、闇、集英社、ムービーウォーカー以上テレビ、ネット、出版、VTuberその他メディアすべての分野をカバーする超強力なタイアップ体制を電通様が作りあげて、**橋本環奈**をその看板としてまつりあげて、タイアップの柱で支えたハリボテ映画をこしらえた。中が空っぽでも上っ面だけ整っていれば成立する完璧な産業映画。インダストリアル・フィルムと呼ぶとちょっとかっこいいが、残念ながら中身は何もない。電通の看板女優たる橋本環奈のうつろさもこれ以上ないほどあらわになった。このあと福田雄一監督のクリスマス映画が待っている環奈、今年の皆殺し映画の顔といっても過言ではあるまい。なお、ジャニーズのイケメンのおかげもあって、劇場は中高校生カップルで埋まっており、現代日本映画の縮図としての電通プロイテーションは成功しているみたいだったよ？

七月五日朝、女子高生アスカ（橋本環奈）は遅刻ギリギリで学校に向かう。母親から「コロッケ

作りすぎちゃったから入れとくね、友達と食べて」と言われて生返事してる時点でわかるように、彼女はボッチで友達がいない。なんでも、高一のときに風邪だかで学校を休んだら、それがズル休みだと噂を流されて友達がいなくなったというんだが、絶対なんかほかに理由あるだろ！　男子たちすら近づかないというのが無理矢理すぎる。まあ、そんな感じでボッチで地味な一日を過ごし、ベッドに入って就寝した……とおもったら午前零時。気がつくと制服を着て学校にいた。同じく教室にいたのは登校場面等でそれとなく目立って紹介されていた生徒たち。運動神経抜群のエリートタカヒロ**（眞栄田郷敦）**、学級委員のリエ**（横田真悠）**、バイクで送られての登校が目立つヤンキー娘ルミ子**（山本舞香）**、不登校のショータ**（醍醐虎汰朗）**、オタクのいじめられっ子アッシ**（神尾楓珠）**である。アッシ、この状況に「……まさか本当にカラダ探しが始まったのか……？」みたいなことを漏らして、露骨に何か知ってるアピールする。だが、何が起こっているのかわかる間もなく、「赤い人」なる怪物があらわれる。「こんなことやってられるか！　オレは家に帰る！」と学校から帰ろうとしたショータが障壁にぶつかってバラバラになってしまったのを皮切りに、メンバーは次々に血祭りにあげられ、主役っぽいタカヒロも、そして橋本環奈まで無惨に惨殺されて……完！

えっ終わったの!?

　目が覚めたら七月五日だった。昨日と同じ日がくりかえされている！　時間ループものなんですね。同じ登校風景のくりかえしのち、さっそくメンバーはなにやら知ってる風だったアッシを問い詰める。

「まだ解読中なんです……」とネットにあったらしきブルガリアのソフィアで過去におこなわれた「カラダ探し」のルールを説明する。「カラダ探し」はバラバラ死体の隠された人体パーツを全部見つけるゲームである。指名された者は無理やり参加させられ、離脱は許されない。途中「赤い人」があらわれて攻撃してくる。全部見つける前に「赤い人」に殺されてしまうとやりなおし。なんでそんなルールが知られているのかとかそういう理屈はいっさいなし。そういうわけで、カラダ探しゲームが始まってしまったのだった。

その日も零時から学校に集合してカラダ探し。見つけた身体パーツは礼拝堂に安置されている棺桶におさめればいい仕組みだ。その日はタカヒロとアスカ、ルミ子とリエがそれぞれ左右の手を見つけたところで「赤い人」につかまりタイムアップ。だが、それから毎夜毎夜カラダ探しが続くうち、六人のあいだには思いがけぬ絆が生まれてくるのであった……ってこの映画がおかしくなるのはここからだ。この六人、毎夜毎夜くりかえし胴体を貫かれ、頭を叩き潰され、身体をバラバラにされて死んでいくのに、ちっともそれに悩んでるように見えない。むしろ（表面上はうまくふるまっているように見える子もいるが）**校内のはぐれ者だった面々が、ゲームを解こうと頑張る中で徐々にお互いのことを知ってゆき、打ち解けて、友情を結んでいくさまが描かれる。**[※1]ジョン・ヒューズ映画かよ！　しまいに学校サボってみんなで海に行って海岸を走って青春だー！　いやいや、おまえら毎晩血みどろになって殺されてるやないかい。なんでそんなに能天気に青春ごっこしてるのか。クラスのはみだし者の友情とか、オタクに優しいヤンキーとか、いかにもラノベな展開ではあるのだが、**毎晩惨殺されながら友情ごっこ**はさすがに無理がないか？　かなり精神強いな？

まあそんなことをしながらも死体のパーツは徐々に集まってゆき、「カラダ探し」について調べるうちに、これがかつて起こったという少女バラバラ殺人事件に関係しているのではないかということが判明し、えーじゃあブルガリアであった「カラダ探し」とここの関係はどうなの？　そしてさらにパーツ集めが進んであとは頭を見つけるまでとなったところで（元ネタの少女バラバラ殺人でも頭部は見つかっていなかった）、いかにも伏線ぽく出てくる教師**（柄本佑）**が実は過去の「カラダ探し」経験者であることが判明し、そして「〝カラダ探し〟を終えると、その記憶は失ってしまう」ことがあきらかになり、じゃあこのせっかく芽生えた友情（そしてアスカとタカヒロのあいだの恋情）も消えてしまうのか？　どうする？

そこでアツシの提案で少女バラバラ殺人の現場に行ったことがきっかけで、「赤い人」が怪物化し、怪物に食われたリエが存在もろとも消えてしまう。翌日のゲームにもあらわれず、絶体絶命。ついにアスカたちは決死の対決を試みる……まあ中高生のデートムービーとしてはそれなりに成功しているようなんで、水を差すのもどうかと思うが、**死さえもがラノベ的に軽く、それゆえに不必要に残酷な描写ばかりが派手になるあたり、いかにも心のない電通プロイテーションぽい気がしますね。**

※1　ジョン・ヒューズ映画
八〇年代アメリカ学園映画を確立した青春映画の巨匠。思春期の若者たちの苦悩と成長をみずみずしく描きだすことに定評がある。代表作『ブレックファストクラブ』（一九八五）は、本来出会うことのない属性や環境を持つ五人の若者たちが、休日に図書館で自習を命じられ、一日を一緒に過ごすことでお互いを理解し成長していく青春物語。

自殺未遂者が出す料理を自殺志願者が食う！
地獄のジビエ・レストランへようこそ

『森の中のレストラン』

監督＝泉原航一　脚本＝幸田照吉　撮影＝高橋慶太　音楽＝荒川仁
出演＝船ヶ山哲、畑芽育、森永悠希、染谷俊之、奥菜恵、佐伯日菜子、谷田歩、小宮孝泰

人里離れた森の中に立つ山小屋風のレストラン。フランスの三ツ星レストランで修行してきたというシェフの料理を味わうために、はるばる離れた地からやってくる客がいる。一方「夜」の「一人客」もおり、それは「最後の晩餐」、つまり自殺志願の客に食べさせる最後の食事なのである。実はこのシェフ、この地で首をくくろうとして死に損なった経験があり、そこを猟師に拾われてレストランを開いてもらったという。**自殺未遂者が出す料理を自殺志願者が食う！　この世にも暗黒なレストラン、いったいどこにあるんだよ！　樹海かよ！**　と言ってたら本当に樹海らしい。いや富士樹海と明記はされないのだが、自殺志願者が集まる森で、地元民が辟易しているってどう考えても樹海だろ！　例によって人里離れた場所で成立するとは思えないゴージャスなレストランなのだが、あるいは食材はすべてオーナーである猟師が採集してくるので無料でまかなえてるのかもしれない。そんな地獄のジビエ・レストランへようこそ。

　森の中のレストラン、シェフ京一（**船ヶ山哲**）は「夜」の「一人客」（**森永悠希**）を迎える。暗い照明に寡黙なシェフ、訳アリの客というわけで世にも暗いレストラン、とても食べ物が喉を通るような雰囲気ではない。訳アリの客は「最後の晩餐です」とメニューにない食事を注文する。京一

は「客の事情には斟酌しない」という方針ゆえ、「止めてくれないんですね？」といかにもなんか言ってほしそうな客にも「わたしはお客さんには干渉しない主義です」とにべもない。そういうわけでリクエストに答えて目玉焼きのせの焼きそばとチャーハンを出す。「焼きそば、美味しかったです……」と言いおいて暗闇に消える客。

翌朝、オーナーの猟師欣二（**小宮孝泰**）が野草を持ってやってくる。

「昨日の客、見つかったそうだぞ。郵便局員だったそうだが、老人の客を騙した金で遊んでたみたいだから、自業自得か……」

「……客には干渉しない主義だから」

だがそうはいかないのが地元民。自殺の後片付けで余計な労働をさせられた青年団の面々が、リーダー（**染谷俊之**）を中心にレストランに押しかけてくる。

「自殺志願者がいたら連絡しろよ！　なんだよ〝最後の晩餐〟だなんて。そんなことするから自殺志願者が集まってくるんじゃないか！」

「……もともと有名なんだろうが」

捨て台詞を吐いて一触即発の雰囲気に。まあこれは「客には干渉しない主義。人生を終えたい人に自分をふりかえる時間をあげるだけ」とか綺麗事言ってる京一がおかしい。

次にやってきたのが女子高生サヤ（**畑芽育**）である。サヤは母（**佐伯日菜子**）に暴力をふるう暴君のＤＶ父（**谷田歩**）に怯える暮らしをおくっている。ある日登校途中、学校にいけなくなってふと家出……電車をのりついで「森の中のレストラン」に来てしまったのだった。

店に入ったまま何も言えないでいたサヤ、「そろそろ閉店だけど」とうながされ、「……お金ないんです……」

「かまわないよ。何を食べたい？」

「……バジルのスパゲッティを」

そう聞いて京一の脳裏に浮かぶのは娘にバジルのスパゲッティを作ってやった過去である。妻（**奥菜恵**）と三人で幸せな家庭を築いていた京一。だが、ある日三人で散歩の最中、いきなり上から高校生が降ってきて、娘は潰されて死んでしまった！ そう、飛び降り自殺した高校生の巻き添えになったのである。これは京一でなくても嘘でしょ!?と世界に絶望する。将来を嘱望されていたシェフだった京一もすべてに絶望、妻とも別れて死ぬつもりで森に来たというわけである。少女がスパゲッティを食べているところに訪れた欣二、

「おい止めないのかよ！ まだ子供じゃないか……」

「客には干渉しない……」とか言ってる京一だが、さすがに気がとがめて、

「ぼくの娘も、生きていれば、あなたくらいなんです……」

「おじさんも悲しみをかかえているのね……じゃあ……」

決死の思いで発した言葉も彼女には届かなかったのであった。そして闇に消えていくサヤ……。結局止めないんだよねこいつ。で、そのままサヤも死んでしまうところだったが、京一の飼い犬マイロ（柴犬）が自ら引き綱を噛み切って探しに行き、翌朝凍えて凍死寸前だったサヤを見つけだしてくれたのであった。森永悠希との扱いの差が際立つ展開。そのまま「アルバイトで雇ってやろうよ。おまえ、サーブが遅いって苦情も受けてるんだよ」とオーナーが強引に彼女をバイトで雇うことを決めてしまう。すっかり楽しく働いているサヤ。過去も聞かれず幸せに働き、店もすっかり明るくなった。だが好事魔多し。レストランを目の敵にする青年団たちが、家出娘を働かせていることに気づき、炎上させてやれ！と警察に通報したのである。ここらへんがよくわからないのだが、青年団としては「最後の晩餐」なんて妙なことさえやめてくれればそれでよくて、村に三ツ星シェフのレストラン[※1]ができること自体は悪くないのではなかったのか？ まあ京一の態度に問題があるせいなんだが、刃牙の家みたいな落書きをするところまでいく前に、どこかに折り合えるポイントがあったのではないかと思うのだが。

青年団の狙いは見事に奏功し、京一が留守にしていた日にサヤの両親が警察とともに訪れ、サヤを連れていってしまう。そのころ死んだ娘の墓参りに行っていた京一、墓で別れた妻と再会する。

「わたし再婚しようと思うの。お腹には新しい子が……」

「きみは強いんだね。もうあの子のことは忘れて自分の幸せを追い求められるんだ……」

嫌味すぎるんじゃ！　恨みがましくイジイジしてるばかりで本当に嫌な奴だなこいつは！　妻、憤然として、

「わたしはこの子のために生きるの！　あなたも（いつまでも自己憐憫に浸ってないで）誰かのために生きられるようになりなさい！」

レストランに帰ってくるとサヤはいない。「自分が干渉することじゃない……」と例によってウジウジしている京一だが、ここでまさかの青年団リーダーからつきあげが。

「あの子虐待に遭ってるんじゃないかって気がするんだ。俺たちの仲間で親から虐待されてる奴が親に向ける目つきとそっくりなんだ」

そんな気がするってだけで！　もちろん乗り気ではない京一だが、サヤに電話して「助けて」と言われたとき、ついに……いや、そこは京一一人で乗り込むなんて論外で、児相とかに通報するところである。せめて青年団リーダー、おまえは責任を取って同行すべきじゃないのか。最後には京一と外面だけはよいDVパパとの対決になるんだが、ラスト、娘が性的暴行を受けたと知った佐伯日菜子がついに屈従の仮面をかなぐり捨て、般若となってDV夫をボコる場面で思わず「行け！日菜子！　おまえはそんな男に従ってるような女じゃない！」と力拳を握りしめてしまった。あと、欣二がサヤに田舎暮らしを教える場面、猟に連れていくとこまではともかく、**未成年の免許不所持者に猟銃を持たせてあまつさえ撃たせたりしたらあかんやろ**と思いました。

※1　**刃牙の家**
板垣恵介作『グラップラー刃牙』の主人公範馬刃牙（十三歳）の自宅は、刃牙にこてんぱんにノサれた不良たちの負け惜しみとなる落書きでぐちゃぐちゃに汚されている。

高城剛長編映画初監督作品！
いかにも高城らしいぶち上げぶりだが、中身については……

『ガヨとカルマンテスの日々』

監督・脚本・撮影＝高城剛　原作＝芥川龍之介
出演＝アリシア・エチェバリア、デニース・ラモス

高城剛[※1]長編映画初監督作品！　今の若い人に高城剛が沢尻エリカ[※2]の元旦那という以外、どのように知られているのかよくわからないのだが、個人的には九〇年代の怪人、いや怪男児という印象で、**いうことやることどこまで本当なのかはよくわからないが、その現実歪曲フィールドも才能のうち**として楽しんでいた。とっくに映画の一本や二本は撮っていると思っていたのだが。『バ[※3]ナナチップス・ラブ』とかあるわけで……ただ、最近はそういう芸風は好まれないようなんで、派手にぶちあげるかわりに地道にメルマガなどやって読者に海外情報を伝えているらしい……というのは知っていた。そこへもってきていきなり映画である。なんと自社製作ということでつまりは自主映画作品。それもキューバ・ロケで俳優は全員現地調達、言葉はすべてスペイン語で日本語字幕つき。ほぼ完全にキューバ映画と言ってもいいかもしれない。

　なんでもSONY α1を十台用意していっせいに回し、ワンシーンワンテイク（ワンカット、ではない！）で撮ってしまい、わずか十四日間で撮影を終えたとか。いかにも高城らしいぶち上げぶりである。「映画の民主化」として語っている映画解放のひとつの極致なのだろうが、いかにも高城剛な個人映画。『バナナチップス・ラブ』と同じじゃねーか！　と九〇年代を覚えている人なら言うだろう。なお、映画の上映には、カラー写真多数使用の三〇〇ページ以上ある本がプレゼントされるというゴージャスさ。この本、機材のほか高城剛本人が撮影中使用していた旅行用品／アパレルを紹介するNextravelerの商品カタログともなっている。いわばこの映画もNextravelerのプロモーション・フィルムであり、高城本人のライフスタイルを売りこむためのひとつの要素であるのだろう。だから、映画を映画単体で評価しても、何もわからないというところはあるのだが……。

舞台はカリブ海に浮かぶ某国。「幸せの配達人」と自称する楽天的な小悪党ルイス（**デニース・ラモス**）と恋人マリアがサンタクロースとトナカイのコスプレで浮かれながら歩いている。ルイスが手に持っていたプレゼントの包みをフードスタンドの店頭に立っているクリスマスツリーの下に放りこむ。と、その直後、プレゼントが爆発して死傷者多数の大惨事。テレビでは政府の進める国営企業の民営化に反対する連続爆破テロが報じられ、関与が疑われた新興宗教団体「三千世界の仔羊たち」が追求されている。はたして……。

というところで時間が遡り、ここにいたるまでの経緯の説明になる。これがなかなかにわかりにくいのだ。闘鶏で国を脱出する資金を貯めようと一攫千金を狙っていたルイスだが、全財産をすってしまい、とっさに鶏をかっぱらって逃げだす。ところがその鶏ボンバは、暗黒街のボスにとっては幸運の守り神であり、どうしても手放したくないものだった。そこからはじまるドタバタ劇……。

一方話変わって反体制活動家のＤＪマルラ（**アリシア・エチェバリア**）は、逃亡中に怪しげな霊媒が率いる教会の儀式に参加し、教祖の手で自分の前世を見せられてスピリチュアルな世界への扉を開かれる。看板屋のトラックに隠れて政府の取り締まりを逃れるものの、看板屋がコカインの運び屋だということを知る。このふたつの物語が進行していって、はたしてどこで交差するのか……。

見どころはもちろん最大のギミック、十台のカメラ同時使用による撮影である。これ、よほど変なアングルが出てくるかと思いきや、意外とそういうのはない（のでつい意外とちゃんとしてんじゃん高城！と思ってしまうわけだが）。気になるのは台詞の処理で、看板屋の老人に、映画そのもののテーマともなるような長い台詞を喋らせておいて、その台詞を細かくカットを割って編集してしまう。**高城剛は俳優の演技を信じていない**ように見える。芝居でエモーションを伝えようとは思っておらず、すべての芝居を細かなカットによって寸断してしまうのだ。結果、細かなギャグばかりが心に残り、込みいったストーリーも、キャラクターの思うところも、映画のテーマそのものも(そもそもテーマがあるのかどうかもさだかではないが)、何も残らないまま時間が過ぎてゆく。全体のタッチを統一しようという努力もないので、ますます散漫に感じられる。

だが、これはそれでいいのかもしれない。最初にも述べたように、これは娯楽映画ではないし、そもそも映画単体で評価されるべきものではない。高城剛のパフォーマンスを構成するひとつの要素として映像があるだけなのである。その意味では、キューバで、カメラ十台で……というギミックを見せつけたところで映画の仕事は終わっているのだ。中身については……前世宗教という**スピリチュアルな説教が、ギミックではない高城剛の本質**としてあるのだということをあらためて確認できたことだろうか。なお、スペイン語のタイトルはガヨ＝ニワトリ、カルマンテス＝精神安定剤を意味し、自分のやりたいことを見つけて精神安定剤に頼る生活／社会を脱しようというメッセージが込められているんじゃないかな?

※1　**高城剛**
一九六四年生。ハイパーメディアクリエイター。一九九〇年頃からPV製作、3DOのゲーム、フランキー・オンラインなど多方面を騒がせるが、現在は海外に拠点を置いている。

※2　**沢尻エリカ**
一九八六年生。東京出身の女優。二〇〇七年、映画『クローズド・ノート』の初日舞台挨拶での放言「別に」と終始不機嫌な態度をとっていたことが話題となり、伝説として語られている。二〇〇九年、二十二歳で高城剛と結婚するが二〇一三年に離婚。デビュー以来多くの賞を受賞し演技力が高く評価されていたが、二〇一九年にMDMAの所持で逮捕され、執行猶予三年の有罪判決となった。以降芸能活動を休止している。

▶『ガヨとカルマンテスの日々』

※3 **『バナナチップス・ラブ』**
一九九一年フジテレビ深夜木曜枠にて放映されていたテレビドラマ。全十二話、松雪泰子の初主演作。オールニューヨークロケで撮影され、当時話題となった。ニューヨークに住む日本人リサ（松雪）が、さまざまな人間に出会いながら自分を見いだすというストーリー。ティモシー・リアリーも特別出演！

なにこのトンデモスピリチュアルストーリー⁉
金の使い方はやたら派手なのにやたら時間が飛んで、大泉洋は三十年分くらいそのまんま

『月の満ち欠け』

監督＝廣木隆一　原作＝佐藤正午　脚本＝橋本裕志　撮影＝水口智之　音楽＝FUKUSHIGE MARI
劇中歌＝ジョン・レノン
出演＝大泉洋、有村架純、目黒蓮、伊藤沙莉、田中圭、柴咲コウ、菊池日菜子、小山紗愛、寛一郎、波岡一喜、安藤玉恵、丘みつ子

原作：佐藤正午[※1]。ってもちろん読んだことないわけですが、何このトンデモスピリチュアルストーリー！　まあとんでもない話で、てっきり原作：もりけん[※2]かと思いましたわよ。そう、これはスープを飲まなかった人たちの話なのです！！！　いやまあしかし、そんなトンデモストーリーにもかかわらず主題歌としてジョン・レノンの「ウーマン」を使うとか、茨城県に八〇年代の高田馬場駅前を再現した巨大オープンセットを作るとか、金の使い方はやたら派手で、力入った大作っぽい。そのわりにはやたら時間が飛んで回想が乱発されるわかりにくい話なのだが、ここではざっくり適当に整理していきます。

ジョン・レノンが死んだ年、小山内（**大泉洋**）は同郷の後輩コズエ（**柴咲コウ**）と結婚。翌年には娘が生まれる。コズエの「夢に娘が出てきて、『わたしの名前は瑠璃にして、瑠璃も玻璃も照らせば光る、の瑠璃よ』」って言ったの」という実にスピリチュアルな理由で瑠璃と名づけられた娘、ときどき妙に大人びたことを言ったり、一人で多摩市の自宅から高田馬場のレコード屋に行って『アンナ・カレーニナ』を見たいと言ったりするので、コズエは「誰かの生まれ変わりじゃないか？」と突飛な思いつきをしている。そんな幸せな日々がある日いきなり暗転する。一九九八年、高校を

卒業した瑠璃（**菊池日向子**）とコズエの乗った車が自動車事故に巻き込まれ、死亡してしまったのである！　世にもみっともない演技で大泉洋が泣き崩れる大愁嘆場。葬儀のあと、故郷青森に帰ってしまった小山内の元を線香をあげにと見知らぬ男三角（**目黒蓮**）が訪ねてくる。で、言うにことかいて、

「あの日、瑠璃さんはぼくに会うために車に乗っていたんです……」

そしてはじまるのが一九八〇年の昔話。「あれはジョン・レノンが殺された年のことです……」

先に言ったようにこの映画、やたら回想が入ってくる（そもそも映画内の「現在」というのが二〇〇七年くらいのことなのだ）。そのうえ出ている役者が若い頃も老けてからも同じ人がほとんど変わりなく演じているので、時間がまったく経過していないように見えてしまう。大泉洋なんか三十年分くらいをそのままで演じているのである。その意味では、舞台劇を見ているような感触とも言えるだろうか。

一九八〇年、高田馬場在住の大学生、三角はアルバイトをしていたレコード屋「ペーパームーン」の店頭で雨宿りをしていた美人（**有村架純**）に惹きつけられる。名前も聞けないまま別れたのだが、彼女が早稲田松竹で上映中の『アンナ・カレーニナ』のチラシを持っていたことから、**映画ファンだろうとあたりをつけて早稲田松竹に通い詰め、**ついに『東京暮色』上映中の館内で再会を果たす。以後、連絡先はおろか本名すら知らない彼女と偶然の出会いを重ね、やがて学生の一人暮らしには豪華すぎるワンルームに連れこんでめくるめく一夜を……彼女はようやく「瑠璃」という名前を教えてくれる。だが、「次に会うときは……」と約束した日、高田馬場駅前で待っていると、西武新宿線が人身事故で運休の速報が入る。悪い予感を覚えた三角、西武線に沿って下落合方面に向かって走る……！　予感は的中していた。翌日、新聞に「正木瑠璃」の踏切事故による死亡記事が出ていたのだった……ってじゃあ走ったのはなんだったのか。

そうして長い長い回想を終えた三角は、小山内の娘瑠璃は正木瑠璃の生まれ変わりなのだ、と混

乱する大泉洋に訴える。しかしそれだとしたら瑠璃は踏切事故で死んで生まれ変わってまた交通事故で死んだことになるのだが、いろいろ迂闊すぎないか？　初対面の中年男にそんなことを言われた大泉洋、「おまえのいうことなんか信じられない」と追い返す。いやしかし、そこで娘が有村架純の生まれ変わりだったと認めても、それで何がどうなるわけでもないんだが、三角はそもそもなんのつもりで途中濡れ場も入るような話を娘を亡くしたばかりの父親に聞かせたのか。これねえ、小説ならオムニバス形式でいいんでしょうが、映画にして一本のストーリーにしてしまうとね……。

さて、それから八年がたち、二〇〇七年になった。高田馬場のホテルのロビーで、小山内は高校時代の瑠璃の親友だったユイ（**伊藤沙莉**）と会っていた。ちなみに高校時代も伊藤沙莉本人が演じているのだが、大泉洋と柴咲コウの結婚式よりはだいぶ自然だったかも。ユイは小山内に頼んで、絵が得意だった瑠璃が描いていた肖像画を探してもらっていたのだった。その肖像画とは三角のもの。だが、それはあきらかに小山内が会ったよりもはるかに若いときの三角を描いたものだったのである。

以下、三角の知らない先代瑠璃の話。ユイが二代目瑠璃から聞いたということなんだろうが、それにしたって知ってるはずないだろ！というエピソードがいくつか。一九八〇年。瑠璃は実は人妻だった。正木竜之介（**田中圭**）は宝飾店で働いていた初代瑠璃こと有村架純を見初めて口説きおとしたのである。両親の死で天涯孤独の身の上だった瑠璃は、「きみの居場所を作ってあげる」の言葉を信じて結婚する。だが幸せは長く続かない。二人のあいだに子供ができず、その原因が瑠璃にあったと判明したとたん、「よくもぼくの人生設計を狂わせてくれたな！」と罵声を浴びせる正木。愛情のかけらも感じられない態度に瑠璃の心は冷めてしまう。ちょうどそのタイミングで瑠璃は若き日の三角と出会ってしまったのだった。で、とやかくあって朝帰りをキメるが、正木には恋人の存在がバレてしまう。プライドと独占欲と暴力だけは一人前だが愛情はない正木に責められ、瑠璃はついに正木の元を出てゆく決意を固める。離婚届を置き、スーツケースに身の回りのものだけ詰めて出てくるが、追いかけてきた正木に追われ、あわてて踏切を渡ろうとした拍子に……。

それから十八年の時がたった。そういうわけで人生設計もすっかり狂ってしまった正木、先輩を頼った結果小山内と一緒に仕事をすることになる。小山内の会社に来たとき、たまたま父親と食事をする予定で会社に来ていた小山内瑠璃と会ったのだ。アカペラで初代（正木）（有村架純）瑠璃が好きだった歌をうたっているところを目撃し、何かをピン！と感じる正木。次の瞬間には瑠璃の高校に姿をあらわす。

「おまえ、瑠璃の生まれ変わりだろう！」

ストーカーと化した元旦那に襲われて瑠璃大ピンチ！　じゃなくて、**なんで正木はそれだけで「生まれ変わり」だなんて突拍子もないことを思いつくんだよ！**　もりけん読者なのか!?　そして二代目瑠璃、そこでパニックになるなら、父親（大泉洋）に「お父さんの仕事相手が生まれ変わりとか頭おかしいこと言いだしてストーカーになって大変なの！」って訴えれば済むことではないか。だがそういう誰でも思いつくことをしないまま、母親に事情を訴えた（ここまで、母親とユイだけは生まれ変わり問題を知っている）瑠璃、高校も卒業したことだしと中年三角に会いに行くことにする。だが、車で向かう途中、正木の車に追われて交通事故に遭遇、死んでしまったのだった……。

……という話をユイから聞かされた小山内。なんでそんなことを？と困惑するが、ユイには実は七歳の、瑠璃という名前の娘がいてですねえ……「そんなこと信じないぞ！」と抗う小山内だが、三代目瑠璃は、小山内と二代目瑠璃がこのホテルでどら焼きをよく食っていたことを知っていたのだった！　そして小山内の困惑をよそに、三角との約束のために高田馬場駅前に一人走る三代目瑠璃。そこに待っている中年三角。抱き合った二人はついにかなった合一に恍惚になるのだが……それは映像では目黒蓮と有村架純の抱擁なのだが……本人たちにとってはそのつもりなのかもしれないが、**客観的に見ればそれは七歳の娘を中年オヤジが抱きしめている姿**なわけで、すっかり転生瑠璃にほだされて許している伊藤沙莉はせめてそこに行ってあげないと、たちまちのうちに通報案件だと思うのですが。あと、映画マニアの学生三角がいかにも伏線っぽくさんざんぱら有村瑠璃を八ミリで撮ってるのに、別になんの伏線でもなくフィルムも特に出てこないのはどうしたものかと思いました。それにしても主人公のはずなのに物語にまったく関与せず人から話を聞かされてるばかりの大泉洋の立場よ……。

※1 **佐藤正午**
一九五五年長崎生まれ。代表作に「永遠の1／2」ですばる文学賞、「鳩の撃退法」で山田風太郎賞など多数。構成の巧みさで読ませる作家として評価が高い。『月の満ち欠け』で二〇一七年に直木賞受賞。本作は、累計発行部数五十六万部超というメガヒットになった。

※2 **もりけん**
森田健。一九五一年生まれ。不思議議研究所主催。中国の奥地にあるという「生まれ変わり」の村について調査研究をしており、それによると、ひとは死んで生まれ変わるときに前世の記憶を忘れるためにスープを飲むという。もし飲まなければ前世の記憶を持ったまま生まれてくるという。「生まれ変わりの村」に関してはシリーズ本、またそれを映画化した映画『スープ～生まれ変わりの物語～』などがある。『皆殺し映画通信』で取り上げた、もりけん映画は次のとおり。
『ワンネス～運命引き寄せの黄金律』……『皆殺し映画通信　天下御免』二四五ページ参照
『生まれ変わりの村』『和～WA～』……『皆殺し映画通信　天下御免』二五三ページ参照

ここまで無責任な映画見たことな……ないことはないかもしれない。
うん、福田雄一監督作品ならね！

『ブラックナイトパレード』

監督＝福田雄一　原作＝中村光　脚本＝鎌田哲生、福田雄一　撮影＝各務真司　音楽＝瀬川英史　主題歌＝Eve
出演＝吉沢亮、橋本環奈、中川大志、渡邊圭祐、若月佑美、藤井美菜、山田裕貴、佐藤二朗、玉木宏、ムロツヨシ

福田雄一の新作がクリスマスシーズンに登場である。「いい子にプレゼントをあげる赤いサンタだけではなく悪い子をお仕置きする黒いサンタがいて……」みたいな設定を聞いて、てっきり福田雄一のオリジナルなのかと思ったが、ヤングジャンプ掲載の中村光[※1]による同名コミック原作なのだという。そうかつまりこのクソ面白くもない物語を考えた人間が、福田雄一以外にもいるってことなのか……。

とはいえそもそもストーリー以前の問題で、福田雄一が作りあげる**完全無欠な副音声映画**では登場人物がすべての内面、すべての行動を台詞で語り尽くすうえ、**動作のひとつひとつに「ズシャーン」とか「ビヨヨーン」みたいなSEをつけてくる**。そこまでやって、何かおもしろいギャグがあるかと思いきや、ひたすら変顔をするとか、同じネタをくりかえすとか、こちらが根負けし、これだけくりかえすんだからこれが面白いことなんだろうと、考えざるを得なくなるまで続けるのだ。で、延々とそうやって辻褄の合わない設定でギャグをやっているだけでも拷問なのだが、後半になって物語が動きはじめると、というかありもしない物語を語るふりをしはじめると、これが本当に悲惨なことになって、場内クスリともせず完全な静寂に包まれていたのだった……。

そういうわけなんでストーリーとか説明するのは本当に無駄なのだが、その無意味さを伝えるためだけに書いておく。日野三春（**吉沢亮**）は就活に失敗し、コンビニバイトを続けている二十三歳。後輩の田中カイザー（**中川大志**）は仕事もサボって自分のヘマをすべて三春に押しつけていく要領のいい男だが、真面目で気弱な三春は文句も言わず、クリスマスイブに一人仕事を引き受け、店長（**佐藤二朗**）の退屈なギャグに耐えなければならない。疲れ果てて廃棄のケーキをパクった帰り道、顔のない黒サンタ、クネヒト（**玉木宏**）に「悪い子みーっけ」と目をつけられ、屋台に誘いこまれたあげく拉致されて気がつくと北極圏のサンタクロース・ハウスにおり、黒サンタに「内定」していたのだった。そこは悪い子にお仕置きをする黒サンタの本拠地なのだった。そこで三春は妖精の魔法の力で子供へのプレゼントをこしらえ、悪い子にはがっかりプレゼントを与えるシミュレーションをし、ハッキングで個人情報をすべて暴きだして良い子と悪い子を判断する美少女北条志乃（**橋本環奈**）に圧倒されたりとサンタ界の恐ろしい秘密を知るのだった。

で、ここまでの奇想展開は別に面白くはないけれど文句をつけるような話ではない。問題はここからで、設定がいろいろグズグズになってきてしまう。最初は黒サンタは悪い子におしおきをしたりがっかりさせるための活動をしているんだと言っているのだが、じきにここを作ったのは赤サンタなのだが、彼が十九年前に死んだので、以来「トナカイ」がいい子にプレゼントをあげており、黒サンタたちは修行を積んで「トナカイ」になることを夢見ているのだ、とか言いだす。じゃあ最初の話はなんだったのか。黒サンタ普通にプレゼント配ってるじゃないか。結局、**ブラック・ユーモアを貫きとおす勇気がないいんでいい話にしちゃう**んだよね（これはたぶん原作のせい）。

で、三春たちは「トナカイ」試験を受けて「トナカイ」を目指す。そこでクネヒトから三春は「きみなら伝説の赤サンタにもなれる」と言われるのだが、同時に恐るべき事実を明かされる。実はサンタクロース・ハウスの中にはクリスマスを嫌う勢力があり、彼ら「ネズミ」たちは赤サンタ暗殺を狙っている。つまり三春も彼らに命を狙われているのだ！

なんだよ「ネズミ」って！　だがその問いには誰も答えることなく（以下重要なサブプロットと三春らの過去話をざっくり割愛して結末だけ言うと）、三春たちは「トナカイ」最終試験に臨むが、そこを「ネズミ」（チャチなCGのネズミ）に襲撃される。華麗なアクションが展開し、この映画でいちばん眠気が活躍する場面だ！　そしてついに赤サンタの秘密を知った三春、クネヒトを「どういうことなんだ!?」と問い詰めると、

「それを知りたかったなら、赤サンタになることだな」

よしやってやらあ！　第一部完！　ってまた来年これやるつもりなのかよ！　原作が追いついてないのかなんだか知らないが、ここまで無責任な映画見たことな……ないことはないかもしれない。うん、福田雄一監督作品ならね！　まあしかしほとんど目玉となる役者が集められずお祭り感皆無のノースター映画を見るかぎり、それは希望的観測のまま終わりそう。なお、橋本環奈は白目を剥いて変顔をしたり、丸坊主のカツラで登場したりして、それがなにやら「汚れ役で覚悟がある」みたいなことになっているのだが（恐ろしいことにそういうことを語る説明ゼリフまである）、別にそんなのおもしろくもないし偉くもないし、そもそもおまえさん「汚れ」というほどたいしたもんでもないよ！

※**1　中村光**
一九八四年生まれ、静岡県出身のギャグ漫画家。二〇〇一年、『海里の陶』で十六歳でデビュー。アニメ化や実写映画化された『荒川アンダーザブリッジ』、手塚治賞を受賞した『聖☆お兄さん』などがある。二〇一六年から、『週刊ヤングジャンプ』（集英社）にて『ブラックナイトパレード』を連載中。なお『聖☆お兄さん』もアニメ化、実写映画化されている。アニメ映画版『聖☆お兄さん』については『皆殺し映画通信』一五二ページ参照

最初から最後までSUP（スタンドアップパドル）という川下り推し。本当にこれで一本の映画になるのか、いささか不安になってくる……

『川のながれに』

監督・脚本・編集＝杉山嘉一　プロデュース＝川岡大次郎　撮影＝鳥居康剛　音楽＝山下俊輔
出演＝松本享恭、前田亜季、小柴カリン、大原梓、松本健太、安居剣一郎、林田麻里、森下ひさえ、三上市朗、青木崇高、音尾琢真

栃木県那須塩原市発！　那須塩原というと温泉。それにスキー場。そんな典型的な冬季リゾート地である那須塩原にテレビの企画で四ヶ月間移住生活をした俳優川岡大次郎[※1]、すっかりこの地が気に入ってしまい、那須塩原市の「まちづくり大使」に就任する。さらに那須塩原の良さを伝えようと映画をプロデュースすることになったというわけだ。というわけで那須塩原のいいところを全面的に盛り込んだ本作、何が出てくるのかと思ったらSUP（スタンドアップパドル）という川下り。大型のボードの上に立ち、パドル（オール）で水をかいて進むというアウトドア・スポーツ。これ、流行ってるの？　ともかく最初から最後までSUP推し。のんびり紅葉なぞ眺めてる分にはよさげだが、本当にこれで一本の映画になるのか、いささか不安になってくる……。

那須塩原は箒川（ほうきがわ）でSUPのガイドをつとめる君島ケンジ（**松本享恭**）。早くに父をなくして母子家庭で育てられたケンジだったが、ここまで大きくしてくれた母が死んだので、一人川面で横になって物思いにふけっていると、上からシャープペンシルが落ちてくる。見上げると、そこにいるのは景色をスケッチしている美女森オトハ（**前田亜季**）であった。フリーランスのイラストレーター、オトハは大正時代の浮世絵師川瀬巴水[※2]の熱烈なファンであり、巴水が愛した那須塩原の地に移住してきたというのだ。ＳＵＰガイドの経営者飛田秋央**（安居剣一郎）**は、「巴水だったらケンジが詳しいから」とケンジにオトハの案内を押しつける。まんざらでもないケンジだが、心穏やかでない人が一人。ケンジの幼なじみで塩原温泉旅館の若女将であるヒナミ**（大原梓）**だ。ケンジにとっては妹のような存在らしいヒナミだが、上手でもないおにぎりを差し入れて届けたり、涙ぐましい努力でケンジにアピールしまくって、鈍感なケンジ以外はみな恋心に気づいている。いや、実のところ、ケンジもわかってるくせにわざと宙ぶらりんにしてるんじゃないかという節もある。罪な男である。

ヒナミを悩ませているのはオトハだけではない。実はケンジには昔つきあっていた恋人渡辺アオミ**（小柴カリン）**がいた。那須塩原に飽き足らない都会派アオミは、さっさとケンジをふって東京へ行ってしまったのである。ヒナミに言わせれば、一方的に迫って、一方的に別れた自己中心的な女、ということになる。そのアオミがケンジの母の死の知らせを聞き、五年ぶりに那須塩原に帰ってきた。もうケンジをこの地に縛りつけるものはない。だから一緒に東京に行きましょう！　というわけでヒナミの悩みはさらに増すのである……ってそもそもなんでこいつこんなにモテてんの⁉　ひょっとして**那須塩原は妹系から熟女まで美女よりどりみどりだから若い男性の移住大歓迎！**　みたいなステマなのだろうか。

美女三人に迫られて引く手あまたのケンジ。そこへ謎の男があらわれる。

「オレだよ、翔一だよ、おまえのお父さんだよ。二十四年ぶりだけど……」

なんと死んだはずの父、星翔一**（音尾琢真）**。実はアマゾンに出奔していたのだった。混乱し、どうしたらいいのかわからなくて固まってしまうケンジ。自由を求めたあげくブラジルまで行ってしまって、すっかり死んだことにされていた父親なのだった。なんでも箒川で溺れかかったケンジを助け、自分も溺れそうになったが九死に一生を得た翔一、「この箒川の先には何があるんだろう？」との思いにとりつかれ、**川をくだって行った先がアマゾン**。いやそれも広い目で見れば箒川の下流ではあるんだろうけど、いくらなんでも適当すぎないか？　てか途中連絡しようという気もなかったのか？　父親の適当すぎる人生観に衝撃を受けたケンジ、自分はどうすべきかと悩みはじめる……。

で、ケンジがどうするのか、三人の美女から誰を選ぶのか、父親との和解はあるのか、みたいな話になるのだが、ここのキーワードが「変わらないって、駄目なことなんですかね？」というケンジの問いかけ。それは那須塩原の美しい自然と変わらない生活を肯定するのかという問いなのだろう。別に悪いわけではないけど、じゃあ変わるってアマゾンまで行ってしまうことなわけ？　なおケンジ、父親に対抗して「ぼくは箒川の下流ではなく上流を見たい」と女たちを引き連れて滝を見に行くのだが、そういうことじゃないと思うんだけどな。

※1　川岡大次郎
一九七八年生まれ大阪府出身。一九九七年、『タイムリープ』（今関あきよし監督）の主人公星野彰男役でデビュー。以降映画やテレビドラマ、舞台で活躍中。

※2　川瀬巴水
一八八三-一九五三年。東京都芝区生まれ。近代風景版画の第一人者で、昭和の広重とも言われる。鏑木清方に師事。一九四四年太平洋戦争の悪化にともない、夫婦で那須塩原に疎開していた。巴水にとって那須塩原は、幼少期を過ごした場所でもあり、当地のさまざまな風景を画題とした。生存中からアメリカの展覧会に出品するなどして、海外にもファンが多い。

主人公の銃撃を観念の革命=Revolutionではなく現実に近づけるものがあるとしたら、それはあの自作銃であるはずなのだ。あのいびつで不格好な手作り銃

『Revolution+1』

監督=足立正生　脚本=足立正生、井上淳一　撮影=高間賢治　音楽=大友良英
出演=タモト清嵐、岩崎聡子、高橋雄祐、紫木風太、前迫莉亜、森山みつき、イザベル矢野、木村知貴

よくも悪くも二〇二二年を象徴する一本である。死にとりつかれたこの一年、ゴダール[※1]からアルバート・ピュン[※2]まで多くの映画人が他界し、テレビのニュースでは毎日パンデミックの死者数が伝えられる。極めつけが七月八日に発生した山上徹也による安倍元首相銃撃事件[※3]だ。その**事件をわずか三ヶ月足らずで映画化し、九月二十七日の安倍首相国葬に合わせて上映する！**そのアイデアを思いついたのが若松プロ出身の元日本赤軍[※4]足立正生。日本の誇るエクスプロイテーション映画の巨匠若松孝二[※5]の薫陶よろしく時事ネタを最高のエクスプロイテーションに仕立ててみせたのだ。仕掛けは満点、では結果のほうは？

成功か失敗かという点で言えば、この映画は失敗である。まず製作が九月二十七日の国葬当日には間に合わず、未完成の「暫定版」を上映せざるを得なかったこと。完成版はそれから三ヶ月近く遅れ、結局十二月終わりの公開となった。なんとか二〇二二年中に公開はできたが、そういう問題ではない。「未完成版ですいません」と頭を下げている場合ではなく、これがもし本当に若松孝二プロデュースなら、絶対に公開日に間に合わせていただろう。どんな無茶をしようとも間に合わせたろうし、なんなら不必要なエロシーンまで押しこんで、足立正生を嘆かせたかもしれない。期待

に胸を膨らませて映画を見にいった観客は「……これ安倍首相暗殺と関係なくね？」と頭をひねることになるだろう。もちろん、エクスプロイテーションならそれで正しいのである。

だが、足立正生は結局期日に間に合わせられず、完成作品も都内では上映館がないという始末。これも若松孝二がやっていたらね……完成作品は、実は足立正生の知性によって、まずまず興味深い作品に仕上がっているのであるが、エクスプロイテーションとしては失敗！

もうひとつの問題は、これは当然エクスプロイテーション性とも絡んでいるのだが、山上徹也にまったく取材できていないことである。

もちろん、これは銃撃事件とその後の逮捕以来、警察が延々と理由をつけて拘置しつづけ、いまだに（二〇二三年一月六日現在）起訴すらされておらず、ほとんど外部との接触を遮断されているという事情がある。したがっていまだに事件の細部も、山上が本当に何を考えてあの事件を実行したのかもわからないままである。まっとうな映画人なら、もう少し情報が出揃ってから映画化を考えはじめるだろう。だが、**国葬に間に合わすためのエクスプロイテーション企画**なので、そうはいかない。この矛盾は結局、どうしても解消しようがないのだった。

脚本家は、京大工学部出身の山上の父親が、のちにアラブ赤軍としてリッダ事件[※6]（テルアビブ空港乱射事件）を引き起こす安田安之と麻雀仲間だったことを知り、それをヒントに、山上（映画では川上）が「なにかの星になる」ことを夢見て事件を引き起こした、というストーリーにした（リッダ事件の犯人たちの合言葉は「オリオンの三つ星になる」[※7]だった）。だが、山上は本当にそんなことを考えていたのか？「テロではなく、個人的な恨みだ」という台詞のほうが心情をとらえているのではないか？　そもそも統一教会が彼の敵だったのであり、安倍晋三はその中でたまたま出てきてしまったターゲットだったのではないのか？　唯一、山上のリアリティと思えるのは自作銃なので、てっきり『タクシー・ドライバー』ばりに作りたくなる自作銃製作講座があるかと思ったのだが、模倣犯への配慮があったのか、単純に取材が足りなかったためか、ディテールに関しては触れられなかった印象。さて、では、何があるのかということになるのだが……

映画は奈良県西大寺駅前での川上（**タモト清嵐**）による安倍首相銃撃からはじまる。

「オレが殺したこの男、どこまでもオレとは正反対の人間だった……」

そこからたどられる彼の人生。幼い頃に父が自殺し、兄は片目を失明する。苦しみから母親は統一教会に入信し、財産のすべてを寄付してしまう。極貧の中で、川上はいじめに苦しみ、大学進学の夢もあきらめ、まともな就職もできぬまま短期アルバイトで食いつなぐことになる。

絶望から川上はベンゼンを飲んで自殺をはかるが、失敗に終わり、入院した先でいきなり「わたしも宗教二世なの」と名乗る少女に出会う。少女はいきなりブルーハーツの『未来は僕等の手の中』をアカペラで歌いだし、胸をはだけて川上を抱きしめる。物語の中で川上の相手として出てくるのは女性が三人だけ。これはいずれも創作のキャラクターだが、中でも圧倒的に素っ頓狂なふるまいを見せるのがこの「宗教二世」である。川上にとって都合の良すぎる相手は、ほぼ脳内の存在であろう。この場合、脚本家の頭の中の、ということだが。そもそも川上の「ぼくの神さまはブルーハーツだった」という台詞は、どう考えても井上淳一[※8]のものだろう。

もう一人の女性はアパートの隣人の「革命家二世」（**イザベル矢野**）。川上が夜毎にギコギコ工作しているのを不審に思って声をかけてくる。親が革命家だったので、革命的友人の元にあずけられて育ったという「革命家二世」、イメージキャストは重信メイ[※9]だろう。彼女はべらべらと銃作りを語る川上に「革命的警戒心が足りない」と忠告し、「もっと現実主義者になりなよ」と言う。あまりに観念的すぎるというのだが、その指摘は実は足立正生その人に向けられるべきだろう。足立正生はどこまでも観念の人だ。だから、川上の銃撃を観念の革命＝Revolutionではなく現実に近づけるものがあるとしたら、それはあの自作銃であるはずなのだ。あのいびつで不格好な手作り銃。そこに触れなかったとき、この映画は現実に触れられなかったのではあるまいか。

もちろん観念による映画ならではの優れた場面もあり、中でも決行前に川上が自室で踊りともいえぬ踊りを舞う場面は足立正生ならではの名シーンだと言える。彼は最後に銃に手を伸ばすのだが……。

映画を最後に締めるのは三人目の女性である妹だ。当初、兄のことをルサンチマンをため泣き言ばかりを言っているダメ男と見下していた妹は、安倍暗殺事件を見てカメラに向かって「自分は自分の戦いをする」と告げる。これまた脚本家の脳内にしか存在しないヒロインである。安倍を「民主主義の敵」とか言いはじめては、現実の殺人事件はどこへやら、である。総じて**脚本は現実に手を伸ばしきれなかった**のだが、結局、それがこの映画がエクスプロイテーションとして失敗してしまった理由なのかもしれない。

※1　ゴダール
一九三〇‐二〇二二年。フランス生まれ。二十世紀を代表するフランス映画の巨匠。トリュフォーやシャブロルとともに、ヌーヴェルバーグの旗手として活躍した。『勝手にしやがれ』『男と女のいる舗道』『気狂いピエロ』『アルファヴィル』『中国女』『ゴダールの映画史』など代表作多数。二〇二二年九月十三日、居住先のスイスで自殺幇助にて死を選び九十一歳にて逝去。日常生活を送るのに複数の支障があったための選択と報道されたが、世界に大きな衝撃を与えた。

※2　アルバート・ピュン
一九五三‐二〇二二年。アメリカ合衆国ハワイ州出身の映画監督、脚本家。SF、アクションなどの低予算映画を数多く撮影。代表作に『サイボーグ』『キャプテン・アメリカ 卍帝国の野望』『ネメシス』など。

※3　安倍元首相銃撃事件
二〇二二年七月八日十一時三十一分頃、安倍晋三氏が奈良県の大和西大寺駅付近にて、参議院選挙のため自民党員の応援演説を行っていたところ、山上徹也により襲撃、殺害された事件。山上の家庭が統一教会への献金で崩壊したため恨みに思い、当初は統一教会のトップを狙ったが叶わず、教会と関係が深かった安倍を狙ったという。武器は山上自作の手製銃で、銃の所持すら許されていない日本で起きたということも相まって国内外を揺るがす大事件となった。

※4　元日本赤軍足立正生

一九三九年生まれ、福岡県戸畑市出身。元日本赤軍のメンバー。若松孝二の盟友。一九七一年若松とカンヌ国際映画祭にいったときにそのままパレスチナに向かい、PLOと合流。『赤軍 PFLP・世界戦争宣言』を撮影・製作した。数年後に重信房子率いる日本赤軍に合流し、国際手配。一九九七年にレバノンで逮捕され、二〇〇〇年に刑期満了し日本へ強制送還された。二〇一六年にカフカ原作の『断食芸人』を監督。本作『Revolution+1』は、八年振りの新作となる。

※5　若松孝二

一九三六-二〇一二年。宮城県出身。高校二年時に家出し上京。職を転々とし、一九六三年にピンク映画『甘い罠』で映画監督としてデビュー。以降ヒットを次々と出す。一九六五年「若松プロダクション」を創設、監督業とプロデューサー業を両立させ、一〇〇本以上の作品を生みだす。若松プロには足立正生や大和屋竺、高橋伴明などが集まった。エロのなかに反体制へのメッセージを込めた若松作品は、若者の支持を集め、海外でも人気となった。主な作品に、『犯された白衣』『狂走情死考』『処女ゲバゲバ』『ゆけゆけ二度目の処女』『現代好色伝　テロルの季節』『天使の恍惚』など。

※6　リッダ事件（テルアビブ空港乱射事件）

一九七二年五月三十日にイスラエルのロッド国際空港（現在はベン・グリオン国際空港）で発生した事件。パレスチナ解放人民戦線（PFLP）が計画し、アラブ赤軍（後の日本赤軍）の奥平剛士、安田安之、岡本公三の三名が空港内で自動小銃を乱射、二十六名を殺害、七十三人が重軽傷を負う大惨事となった。奥平と安田は死亡。岡本は自決しようとしたが逮捕され、足立正生と同じく二〇〇〇年に出所。現在は「アラブの解放闘争の英雄」として正式に政治亡命を認められたレバノン政府下でベイルートに在住している。二〇〇七年に足立正生三十五年ぶりの監督作として、岡本をモデルとした映画『幽閉者　テロリスト』が製作された。

※7　「オリオンの三つ星になる」

リッダ事件後、同年七月十七日イスラエルの法廷で岡本公三は最終意見陳述を行った。そのなかで、「われわれ三人は死んだあと、オリオンの三つ星になろうと考えていた。殺した人間も何人か星になったと思う。世界戦争でいろんな星がふえると思う。しかし、同じ天上で輝くと思えば心もやすまる」と述べている。

※8　井上淳一

一九六五年生まれ、愛知県犬山市出身。高校生のころから若松プロダクション入りを希望、名古屋の若松孝二主催のミニシアター、シネマスコーレにも通い詰めていた。早稲田大学進学と同時に若松プロ入りし、助監督として経験を積んだ。一九九〇年に『パンツの穴　ムケそでムケないイチゴたち』「第一話　彼女の本当が知りたくて」で監督デビュー。二〇一三年には初の長編監督作品『戦争と一人の女』を撮影。二〇一九年に安倍内閣下で進められた改憲への抵抗を取材したドキュメンタリー映画『誰がために憲法はある』を監督。

※9　重信メイ

日本赤軍の元最高幹部重信房子の娘。一九七三年レバノンのベイルート生まれ。父親はパレスチナ人の活動家。国籍を持たず身分を隠し、暗殺をおそれながらアラブの英雄といわれる母のもとに生まれ育った人生を綴った『秘密　パレスチナから桜の国へ　母と私の28年』（講談社）や、テロリストの娘として出演したドキュメンタリー映画『革命の子どもたち』（二〇一〇年、シェーン・オサリバン監督）』などがある。現在は日本国籍を取得し、中東問題専門のジャーナリストとして活躍中。

すべての映画に柄本明を！　現実から遊離したストーリーになったとたん、黒ヘル柄本明の爆弾製造講座がはじまるまさかの急展開！

『夜明けまでバス停で』

監督＝高橋伴明　脚本＝梶原阿貴　撮影監督＝小川真司　音楽＝吉川清之
出演＝板谷由夏、大西礼芳、三浦貴大、松浦祐也、ルビー・モレノ、片岡礼子、土居志央梨、あめくみちこ、柄本佑、下元史朗、筒井真理子、根岸季衣、柄本明

二〇二〇年一一月一六日、渋谷区幡ヶ谷でホームレスの女性が殺された。犯人は近所に住む無職の男性で、ホームレスを追いだそうと石を詰めたポリ袋で殴りつけたのだという。加害者は公判前に自殺した。女性は約三年前に家賃滞納でアパートを追いだされていたが、同年二月までネカフェなどで暮らしながら普通に働いていた。この、誰一人幸せにならない陰惨なばかりの事件[※1]を、高橋[※2]伴明が映画化した。てっきり辛気臭い社会派映画になるのかと思いきや、意外にも……。

北林三知子（**板谷由夏**）はマリア（**ルビー・モレノ**）、純子（**片岡礼子**）らとともに、焼き鳥屋で住み込みのアルバイトをしている。子供に食べさせるものがないマリアはしょっちゅう手のつけられていない料理を持ち帰っている。店長（**大西礼芳**）は彼女に同情的だが、統括マネージャーの大河原（**三浦貴大**）は、規則違反を嫌い、ただ嫌がらせのためだけにわざと食べられないゴミにして捨てさせる。三知子は手作りのアクセサリーを友人（**筒井真理子**）のギャラリーで売っているが、それだけでは食っていけないのだ。だが、コロナ禍はこのささやかな生活をも脅かす。緊急事態宣言下の時短要請の中で、焼き鳥屋は営業休止を決定し、バイトたちも雇い止めになってしまう。住み込みのアルバイトたちは仕事と同時に住処まで失ってしまうことになる。もちろん一方的解雇だ

けに会社からは退職金が出たのだが、大河原はバイトたちにそのことを知らせず、金をそのまま着服してしまう。大河原、大西礼芳の店長もパワハラ的に愛人にしていたりする漫画じみた悪人で、三浦貴大も気持ちよさそうに演じている。

　そんなわけで家を失ってしまった三知子だったが、生真面目な性格が災いして人に頼ることもできぬまま、どんどん追い込まれていく。コインランドリーで服を洗い、ネカフェで寝泊まりして仕事を探すが、やがてその金も尽きて幡ヶ谷のバス停で夜を明かすようになる。それを見ていた引きこもりの青年（**松浦祐也**）は目障りなホームレスを追いだそうと、ある夜ポリ袋に石を詰めて……。

　さて、そこに退職金の話を知った店長が駆けつけたことで事件は起こらないままハッピーエンドになるのだが、実は現実のストーリーからの遊離はその前からはじまっている。そして映画がおもしろくなるのは実はそこからなのである。ホームレスになった三知子が、新宿中央公園にたむろするホームレスたちに会うくだりだ。炊き出しにおそるおそる顔を出したがプライドが邪魔して近づけずにいた三知子に「派手婆」（**根岸季衣**）が声をかけ、かつて過激派として「クリスマスの日に警察署を爆破した」「バクダン」（**柄本明**）を紹介する。出ました柄本明！「……まだ、爆弾あるんですか……？」と訊ねる三知子。するとニヤッと笑った柄本明が見せるのは『腹々時計』[※3]！さすがは[※4]クリスマスツリー爆弾犯。というわけでそこから黒ヘル柄本明の爆弾製造講座がはじまるのだった！　いやーここからまさかの柄本明映画への急展開。**男への、社会への、資本主義へのたまりにたまった恨みをついに爆発させる**三知子はついに爆弾を完成させると、[※5]ミライトワとソメイティをプリントしたバッグに爆弾を入れて都庁へ向かうのだ……！

　というわけで爆弾製作のディテールと柄本明と最後の爆発と『Revolution＋1』[※6]にないものがすべて入った一本に、映画監督としての現役感の違いを感じてしまった。足立正生も最後爆弾を持っていくことは考えないでもなかったが、いまさら『天使の恍惚』[※7]でもあるまい、とやめたのだという。だがしかし、映画としてはやはりこっちのほうが圧倒的に正解だと言わざるを得ない。何より柄本明の圧倒的な映画力を思い知らされる結果を見れば、誰もが**すべての映画に柄本明を！**と叫ぶだろう。キネ旬ベスト一〇入りは伊達ではないまさかの快作。

※1　事件
この事件が報道された直後、「#彼女は私だ」とのハッシュタグが巻き起こり、SNSを中心に世間の関心を集めた。事件の犠牲者が、パンデミック下で社会から切り捨てられた女性であったため、現代日本社会の歪みを示す事件として大きな波紋と怒りを呼んだ。

※2　高橋伴明
一九四九年奈良県奈良市生まれ。映画監督、脚本家。第二次早稲田闘争に参加したため早稲田大学を中退。一九七二年にピンク映画『婦女暴行脱走犯』で監督デビュー。一九七五年から若松プロに参加、八〇年代はピンク映画監督として活躍した。革命をとりあげた映画としては、連合赤軍事件をテーマにした『光の雨』（二〇〇一年／立松和平原作）がある。本作では、二〇二二年度キネマ旬報ベスト・テンにて日本映画第三位、日本映画監督賞受賞。また第七十七回毎日映画コンクールにおいて日本映画優秀賞を受賞している。

※3　『腹々時計』
東アジア反日武装戦線の狼班が、一九七四年に地下出版した爆弾作りマニュアルや都市のゲリラの闘争心得などを記したパンフレット。東アジア反日武装戦線は、一九七〇年代はじめに近代日本の帝国主義・植民地主義を批判し爆弾闘争を展開し活動。三菱重工爆破など、連続企業爆破事件などを起こし、リーダーの大道寺将志をはじめメンバーの多くが逮捕された。

※4　クリスマスツリー爆弾犯
新宿クリスマスツリー爆弾事件は、一九七一年（昭和四十六年）十二月二十四日に東京都新宿区で発生したテロ事件。新宿三丁目の四谷警察派出所の裏手に不審な買い物袋があると知らせを受けた警官が見にきたところ、袋に入った五十センチほどの高さのクリスマスツリーに偽装された時限爆弾が爆発。警察官二名と通行人七名が重軽傷を負った。一般市民にテロの矛先が向いたため、巷間は恐怖に包まれた。犯人としてノンセクト黒ヘルグループのリーダー鎌田俊彦が逮捕され、無期懲役の刑となっている。

※5　ミライトワとソメイティ
東京二〇二〇オリンピックとパラリンピックの公式キャラクター。世界的パンデミックのため一年延長したにもかかわらず無観客オリンピックとなり、ミライトワとソメイティにも活躍の場は訪れなかった……。大量に作られたであろうキャラクターグッズの行方はいかに……。

※6 『Revolution＋1』
本書一四七ページ参照

※7 『天使の恍惚』
若松孝二監督／一九七二年。東京総攻撃を計画する革命軍四季協会の十月組は、武器奪取のために米軍基地を襲撃し成功するが、内ゲバが始まってしまう。裏切られ孤立した十月のメンバーは、爆弾を手にそれぞれが孤独な闘いを展開していく。爆弾闘争に身を投じ日本の革命に邁進する若者たちの生と死を描く。本作品公開直前に実際にクリスマスツリー爆弾事件がおき、映画で爆破されるのと同じ交番が爆破されたため、テロを助長するとして上映反対運動が起きた。よって新宿ATGシアターのみの公開となったという。

皆殺し映画通信

ＬＩＶＥ収録

第一部

皆殺し映画２０２２総決算

収録：2023年2月11日　LOFT9 Shibuya

HISTORIA
S NUESTRA

皆殺し映画通信10周年！

皆殺し映画通信は現代映画のフィールドワーク

●現在の日本映画はどうなっているのか

　この『皆殺し映画通信』もまる十年ということで、先々月、十周年記念イベントというのをやりまして、無駄に盛り上がったりしました。十周年とはなんぞや、という話なんですが、そもそもこの『皆殺し映画通信』というものをはじめたのが二〇一二年。最初の本は二〇一四年に出たんですけど、それから毎年一冊ずつ本を出して、今年出ると十冊目になります。それで丸十年になるわけですが、なんだってこんなことをやっているのか？　これ、皆殺し映画通信という名前のせいもあり、あとどうしてもぼくの性格的な問題で、他人の悪口を言うのだけは得意というのがありまして（笑）、お恥ずかしいかぎりですが。そういうせいもあって、どうしてもメジャーな映画の悪口を言う連載と思われがちですし、実際そういうのが一番求められていたりもするんですけど、それだけじゃない。

　今の映画状況というか、現在の日本映画はどうなっているのか？　それはもはや〈ぴあ〉であったり、〈キネマ旬報〉であったりだけではわからないんじゃないか？　そういう問題意識も一方にはあるわけです。だからそれもあって、一種フィールドワークとして、こういう誰も見ないような映画をいろいろ探してきて見るということをしている部分があるわけです。十年もやればいろいろなことがわかるよね、と思って変な映画の発見みたいなことを十年かけてやってきたわけですね。その研究結果はおいおい、と言いますか地方映画の研究というのはけっこう進んでいるので、これだけはちゃんとまとめて本にしようと思っているんですけど、いろいろ忙しくてそれどころじゃ……いや、いずれ必ずやります。ただ、それまでに地方映画が残っているかどうかよくわからないんですけどね。

二〇二〇年はどういう年だったのか

●皆殺し映画界のトレンドはまだ続く　オリンピックのあとしまつや元首相暗殺

というわけで、去年二〇二二年はどういう年だったかというと、一目瞭然ですね。まず戦争、ウクライナ戦争が始まりました。疫病、みなさまご存じのとおりCovidが大流行。そして死。元首相の暗殺を筆頭に、映画界でも死んでほしくなかった人がたくさん死にました。去年の漢字を選ぶなら「死」で決まり、と言いたいくらいです。飢饉というのは、もちろん円安と物価高のおかげでどんどん食費があがっていく。もうこの世の終わりだ、というわけで黙示録の四騎士。このイラストはデューラーが描いた黙示録の四騎士、『ヨハネの黙示録』に出てくる、世の終わりを告げる四騎士です。黙示録の四騎士、死と戦争と支配と飢饉の四騎士がやってきて、世界は滅びるぞ、もうそういう一年でした。

で、ということでそれに応じる去年の皆殺し映画トレンドです。まずはAssassination Weapon、

2022年は……

- 戦争！
- 疫病！
- 死！
- 飢饉！

暗殺凶器。これはご存じのとおりですね。怪獣映画。去年は実は怪獣映画の当たり年でした。みんながあまり気にしてなかったり忘れていたりする怪獣映画がいくつかありました。それから一番大事な「オリンピックのあとしまつ」。まだやったのかって感じですけど。冷静に考えたら二〇二〇年ですから、二年前の話なんですけど。去年になってもまだオリンピックのあとしまつをやっているんです。どれだけおおごとやったんや、と。

地方映画はエターナルに続いています。それからトヨエツ。トヨエツは大事です。今『仕掛人・藤枝梅安』が主演作でやっていますけど、主演、助演問わず、今いちばん注目したい役者なんで、注目してます。それから幸福の科学映画。毎年やっている幸福の科学映画ですが、去年は残念ながらアニメがなかったんですね。二本公開されたけど、幸福の科学トップスターの千眼さんが出ている映画は実は一本しかなかった。その一方でいろいろ未来への舗装、レールが敷かれている感があってちょっと千眼さんの未来が心配になる感じです。特別な人たちの映画というのは、たいへんおもしろくて、本来皆殺し映

……では映画のトレンドは

- Assassination Weapon
- 怪獣映画のあとしまつ
- オリンピックのあとしまつ
- エターナル地方映画
- トヨエツ2022
- 幸福の科学（千眼美子巫女への道）
- 地上最速
- ベリースペシャルピープル

画通信で書くべきだったんですけど、いろいろな事情があったりで書きそびれてしまった映画があるので、そこらへんを話したいと思います。

●「暗殺凶器」映画第一弾は若松孝二精神炸裂『Revolution+1』

まず最初、今年の「暗殺凶器」といえばこれ。皆さんご存じのとおり、二〇二二年七月八日、まだ全然つい先日という感じの半年前ですが、奈良県で安倍元首相が暗殺される事件がありました。これを早速映画にしたのが『Revolution+1』。これは足立正生監督作品。十月でしたか、安倍首相の国葬の日に間に合わせて、そこで上映するということで映画をつくったわけですね。残念ながらこれ国葬当日には間に合わなかった。国葬当日には未完成版を上映して、完成版は今年に入ってから、名古屋のシネマスコーレと、関東では横浜のジャック&ベティで上映していました（二〇二二年十二月二十四日先行上映、二〇二三年三月十一日より全国上映）。要は首相暗殺事件というのがあったらすぐ映画を撮って、それを葬式の日に上映するという、若松孝二仕込みのエ

暗殺凶器

- 2022.7.8
- Revolution+1（足立正生）
- 夜明けまでバス停で（高橋伴明）
  - ◎ 足立正生の若松プロ的エクスプロイテーション
  - ◎ 現実と映画の距離感
  - ◎ 革命とはなんなのか？

クスプロイテーション魂が炸裂したわけですが、その点でいうと実は失敗している。つまり、間に合っていないわけですね、残念ながら。

見ていて本当に思ったのが、あれが若松孝二だったら絶対に間に合わせているはずだということ。死んでも間に合わせているし、映画が完成していなくても間に合ったことにしているはずなんですよ。やっぱり足立正生はそれができないんだよね。そういうことをやるべきなんだという若松孝二の精神は引き継いでいるけど、そこに関しては興行主よりは、映画監督、映画作家なんですね。実際、完成版の『Revolution+1』も見たんです。これ自体はそれなりにいい出来であって、足立正生の最高傑作ってわけじゃないんですが、そんな変な映画でもない。西大寺駅で隠し撮りしてきた映像とかもあったりして、それもけっこうおもしろく、サスペンスフルに仕上げられています。じゃあ映画としてうまくまとまったから価値があるのか？　そこはまた微妙だと思うんですよね。それはやっぱり無理やりにでも間に合わせなきゃならなかったんじゃないか。間に合わせた状態で本当はロフトとかじゃなく、ちゃんと劇場

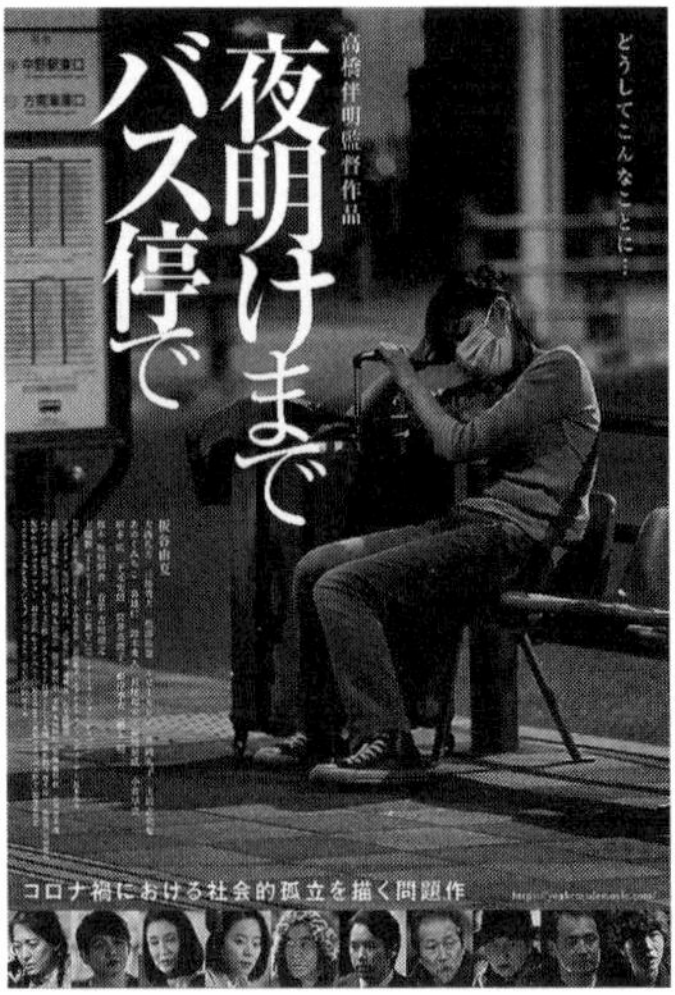

で封切って、右翼が来て大騒動が起こるところまでいって、はじめてエクスプロイテーションだろうってことですね。

●第二弾は高橋伴明監督『夜明けまでバス停で』

またもうひとつ思ったのは、足立正生もやっぱり長いこと映画を撮ってないから、映画監督としての勘が鈍っているんじゃないかなあ、ということです。それを思ったのが、まさにこの『夜明けまでバス停で』を見たからなんです。

　これはご存じ、幡ヶ谷バス停殺人事件の映画化です。これはなんとキネ旬ベスト一〇で三位、監督賞、脚本賞を受賞。ちょっとびっくりするくらい評価されました。コロナ禍で雇い止めされた板谷由夏が、わりと人に頼ることができない人間だったんでせいでホームレスになって……という話なんですけど、その先がちょっと変な話になっていく。面白ポイントはいろいろあるんですけど、これ、はじまりは幡ヶ谷のバス停殺人事件、ホームレスの中年女性をひきこもりの男性が殺しちゃったという事件なんですけど、その後、彼女がなぜか新宿中央公園かどこかにいるホームレス集団に拾われるんです。根岸季衣が拾ってくれて、その仲間に柄本明がいるんですが、彼が元爆弾魔なんですね。新宿クリスマスツリー爆弾事件という有名な爆弾事件の犯人として登場する。で、ホームレスの板谷由夏に会って、彼女から頼まれて爆弾のつくり方を教えはじめるんです。

●今本当にやばい役者柄本明の説得力 そして映画はテロをしなきゃ駄目

いやこれで説得力持たせられるのは柄本明だけですね。『皆殺し映画通信』では毎回ずっと言ってるんですけど、今の柄本明は本当にやばい役者なので、絶対に見逃せないんです。放っておくと一人で勝手に演技をはじめちゃうので、見逃せないんですよ。この映画もいろいろポイントはあるんですけど、やっぱり柄本明を使っていることが大きい。柄本明と下元史朗と根岸季衣という、老人ホームレス三人組が出てくるんですけど、ああいう役者をちゃんと持ってきて、それぞれに持ち味を存分に出させている。そこらへんに高橋伴明の現役感を感じるんです。伴明さんは最近までずっと映画を撮り続けているだけあって、映画監督としてのノウハウと勘がちゃんと生きているなって思ったんですね。映画では結局『Revolution+1』でやらなかったこと、できなかったことを最後やりにいく、まさにテロをやりにいくんです、映画はそうじゃなきゃ。足立正生はいろいろ考えた末にテロをする話にはしないということにしたらしいんだけど、でもこれを見ると、実際にやるわけじゃないんだから、映画はテロをしなきゃ駄目だろ、と思いましたね。そういうわけで柄本明映画として大変素晴らしい一本になりました。

そもそも『Revolution+1』というタイトルをつけているわけですから、これ革命の話なんですよね。でも革命ってなんなんだというのが、結局この映画の中ではわからないんです。自分の中での革命が、とか言っているんですけど、そういうことじゃないだろう。そもそも山上は革命のつもりで事件を起こしたわけじゃないと思いますが、それでも「Revolution」と銘打ったからには、自分を革命するだけで済ませちゃ駄目だろう、と。そこらへんも難しい映画になっちゃいましたね。

大怪獣のあとしまつ

- 監督三木聡（『音量をあげろタコ！』他）
- そういうツッコミはすでに死ぬほどされている
- オタクを舐めるな
- 駄目映画の歴史を舐めるな
（こんなものが史上最低映画のわけがない）

シン・怪獣映画二〇二二年

●『大怪獣のあとしまつ』ネタはすでに一〇〇万回はされているツッコミ

と、言うことで、去年の怪獣映画です。まずは『大怪獣のあとしまつ』。これは公開当時大変話題になりました。史上最悪の映画とまで言われたわけですが、端的に言って舐めてるよな。みなさん舐めてるよなって思ったんですけど、何をって映画を。いや、そもそもこの程度のものが史上最悪なわけがないでしょう。映画の歴史を舐めてるのか。もっとひどい映画なんかいくらでもあらあ。三木聡ごときが思いつきでつくった程度のもので史上最悪とか言われてたまるかということですね。おまえら本当に酷い映画見たことないだろ、と。ただまあ、三木聡はそんなに数は見てないんですが、見た分はどれも神経を逆なでしてくる感じで許しがたいんで、そういう反応もわからないでもない。皆殺し的には前作『音量をあげろタコ！』うんぬんという偽クドカン映画で、クドカンにものすごい勢いで風評被害を送ってしまったことがいまだに心残りなんですが。

この映画は怪獣を倒した後の死体をどうやって始末するか、という話で、日本政府が出てきて役人が責任の押しつけあいをする、みたいなのがコメディとして描かれるわけです。あのね、そんなツッコミはもう一〇〇万回されているんだよ。三木聡、怪獣オタクを舐めてるだろ。そういうことを延々と考えるのが怪獣オタクの基本中の基本ですから。今さら気づいたみたいに、怪獣を倒したあとの死体はどうする？　こちとらそんなことは一〇〇万回考えてるんだよ、ふざけんな。そもそもツッコミが浅いうえに、それでドヤ顔をしてるという点で見ていてイラッとする映画ですね。オタクを舐めるな。駄目映画の歴史を舐めるな。駄目映画の歴史は深いんだぞ、この程度でドヤ顔されてたまるか、と。二重の意味で。

●一方、オタクのチャンピオン庵野監督による『シン・ウルトラマン』は……

さて、こんな映画ができたのももちろん『シン・ゴジラ』があったからですが、庵野さんの怪獣映画がもう一本。『シン・ウルトラマン』。『大怪獣のあ

シン・ウルトラマン

- メフィラス星人
- 「大怪獣~」の真逆で、オタク的ツッコミどころをすべてつぶしてきた映画
- ゾーフィ、ゼットンの一兆度火球
- 巨大フジ隊員
  - ◎ 本当に萌えたのか？
  - ◎ 長澤まさみのセクハラ／性的に雑なことを「さばけた女」だと考えている

としまつ』でも露骨にエヴァを意識したタイトルが入ってたりして、やはりここらへんが現代オタクのスタンダードということになります。ただ、『シン・ウルトラマン』はやっぱり庵野さんですから、大怪獣の真逆。つまり庵野さんという人はオタクのチャンピオンですから、オタク的ツッコミどころは全部やりつくしている。凡百のオタクが考えるようなことは全部何十年も前に考え尽くしているわけです。だからありとあらゆるオタクネタ、ウルトラマンに関する蘊蓄を集めて、オタク的なツッコミを全部つぶして、どのオタクからも絶対に突っ込まれないような映画を作る。よく言われていますけど、ゼットンの火球が一兆度だと。で一兆度の火球なんてエネルギーがあったら惑星ごと、地球ごと消失しちゃうんじゃないか、みたいなツッコミが柳田理科雄の『空想科学読本』かなんかであって、そのツッコミ自体、僕はどうかと思うんだけど、言ってみればそのツッコミを利用するかたちで、ゼットンが来ると太陽系ごと蒸発してしまう、みたいな話にするとか。どこかの雑誌が間違えてゾフィーが悪の宇宙人として載ったというネタを使ってゾーフィというの

が最後のラスボスとしてやってくるとか。オタクの様々なツッコミどころを片っ端から「それは知ってるよ、俺も考えたよ」とつぶしていく映画なわけです。まさに『大怪獣のあとしまつ』とは正反対なんですけど、じゃあそれが面白いかというとまた別なんですね。そこがオタクの面倒くさいところですけど。

みんな大好きメフィラス星人というのが出てくるわけですけど、じゃあメフィラスを出してきたのはなぜなのか。あれはたぶん巨大フジ隊員をやりたかったからなんでしょうけど、本当に巨大フジ隊員がやりたかったのかというと、そこはそんなにフェティッシュな感じはないわけです。それは庵野さんなのか樋口真嗣監督がなのかはわからないんですが。あまりそういうフェティッシュでもないのに、じゃあなんでわざわざ長澤まさみを巨大化させるのか。メフィラスの造形はたいへんうまいんですが、でもわざわざそのためにメフィラスを出しながら、それで長澤まさみを巨大化させるのがフェティッシュでもなんでもない。だったらなんなんだろう？　これがよくわからないですね。あるいはそこもオタク的な緻密なネタつぶしのひとつなのかもしれない。ともかくツッコミからの防御、オタクからのツッコミには三六〇度完全なバリアを張って守っているわりには女性像とかがわりと古いタイプのセクハラを許してしまう感じのところがあって。そこらへんのバランスがオタクのチャンピオンなんですかねえ。

今年はハッピーサイエンス映画も怪獣だった

●まるでキングギドラ⁉　金子修介監督に撮らせたい『愛国女子』の黄泉大魔神

そしてもう一本、あまり怪獣映画と思われてなかったのが幸福の科学映画『愛国女子―紅武士道』、千眼美子さんが主演の映画です。これは去年の五月くらいに公開されて、例によって週末興収一位を取った映画ですね。ちょうどCovidの第何波だかが来たタイミングで、他にまともな映画が公開されなかったので一位になってしまった。さすが邪教の力ですね。一昨年も同じような感じでした。これがどういう話かといいますと、ソドラ共和国という、中

『愛国女子—紅武士道』

- 千眼美子主演
- 黄泉大魔神（ヤマタノオロチ）＝キングギドラ
- 「護国聖獣」金子ゴジラリスペクト
- 真の武士道を大川総師が教える

国と北朝鮮を合わせたみたいな国が大陸のほうにありまして、そこが日本に侵略してくるんです。ミサイル実験をするんだけど、その実験のはずのミサイルがなぜか進路をそれて、しかも核爆弾が積んであって、東京上空で爆発するということが判明し、それを千眼美子さんを中心とした五人の戦士たちが、異世界に行って食い止めるという。そこで実はソドラ共和国を操っている黄泉大魔神というのが登場する。こいつ、元々はヤマタノオロチだったんですよね。ヤマタノオロチとして日本を守護していたんだけど、この国は全然守り甲斐がない、クソ左翼しかいないような国を守る必要はない、と思いなして逆に日本を滅ぼしてやると言いだした。なんというかツンデレな神様なんですね。で、このヤマタノオロチのヴィジュアルがどう見てもキングギドラ。キングギドラが国を守る神として登場するというと『ゴジラ モスラ キングギドラ 大怪獣総攻撃』というぼくが大変好きな映画があります。金子修介監督です。明らかに金子ゴジラリスペクトなわけです。なので、いっそのこと金子さんが撮ったらどうなんだろうかと思ったんですね。金子さん撮らないかなあ。

まあないと思いますけど。

●伝わらなかった真の武士道と千眼さんの未来

この映画見てびっくりしたんですけど、映画一本かけて、実は真の武士道を伝えることができなかったんですね。映画を見た大川総裁がこれはなってない、私が手本を見せよう、と言いだして、一人で素振りをする映像があるんです。真の武士道を伝えるために、木刀かなんかでいきなり素振りをはじめるんですね。ということはつまり、結局映画としては失敗しているわけですよね、武士道を伝えられなかったんだから。どうなんだよそれは（笑）。

あと、千眼さんの未来がヤバいんじゃないかというのは、これが本当に千眼さんのこれまでの軌跡みたいなところがあって、というのは女子大生の彼女は最初、たまたま変な人たち——いやちゃんと日本の未来を考えているネトウヨみたいな人たち、ネトウヨ集団にスカウトされて、YouTuber みたいなことをはじめるんですね。で、YouTube で日本ヤバいぞみたいな話をしているんですけど、そのかたわらで瞑想修行をしている。修行をしているといろいろな変なものが見えるようになってくる。テレビを見ていても、政治家とか日本を悪くしている評論家とかの後ろに妙な影のようなものが見えてくる。幻覚が見えるようになってきた、とネトウヨ師匠に言ったら「幻覚が見えてきたのか、それはどんどんいい方向に進んでるね」って褒められるんです（笑）。

いや、それはまずいだろう。で、どんどんまずい方向に進んでいった結果、帰ってこれなくなって、

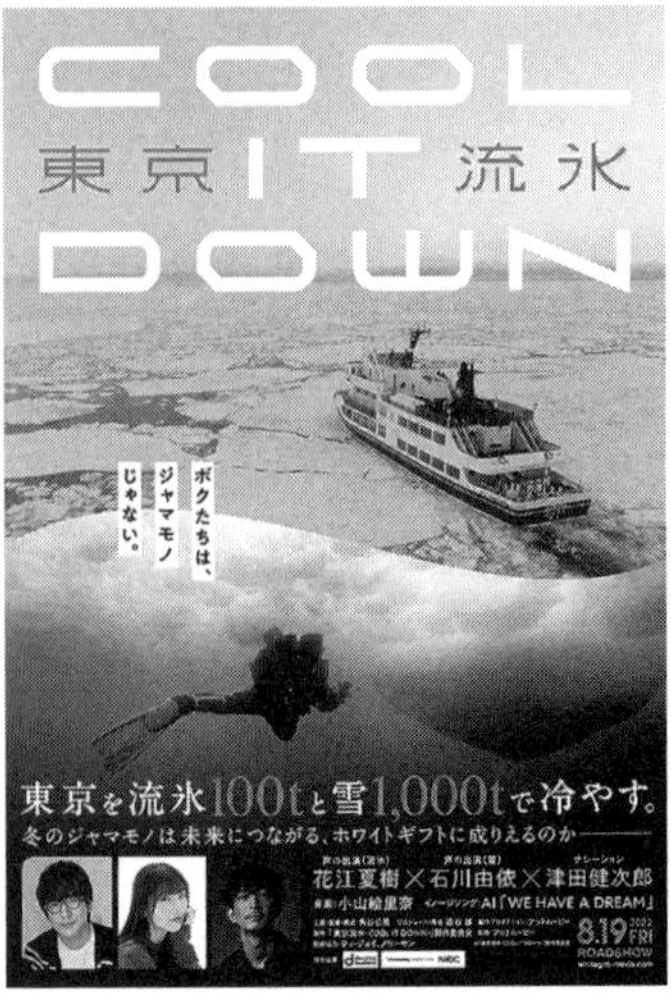

とうとう幽体で黄泉の国に行っちゃうことになるんですけど、これって千眼さんが幸福の科学に出家してからの経緯そのものじゃないかと。つまりこのあとは巫女として幸福の科学を支える存在になってくれるのを、大川総裁的には彼女の未来として見ているのかなと、ちょっと怖い感じがしたんですね。いや、まだ帰ってこられる道はあると思うんで、ぜひ。

二〇二二年からまだ終わらないオリンピックのあとしまつ映画たち

●監督河瀬直美が主題歌を歌う！『東京2020オリンピック SIDE:A／SIDE:B』

さてあとしまつといえばオリンピック。後を濁しまくりですからね。後の祭りとしか言いようがない映画が。河瀬直美さんの『東京2020オリンピック SIDE:A／SIDE:B』二本連続公開ですね。最大の問題は、藤井風のテーマというのが、SIDE:Aではかかったんですけど、SIDE:Bではかからない。「スケジュール上の都合」で降りてしまったんで歌

オリンピックのあとしまつ

● 東京2020オリンピックSIDE:A/SIDE:B

◎ 河瀬直美に期待していたもの
◎ ドキュメンタリストとして
◎ 河瀬直美の権力志向＝ボス交大好き
◎ 結果、『仁義なき戦い』みたいな誰が生き残るかチキンレース映画に！

● 東京流氷Cool it Down

◎ 流氷を東京に持ってきて東京を冷やそう！というフジテレビプロデューサーの思いつき
◎ テレビ番組に使うネタのつもりが、ネタ自体の賞味期限が

がないんです。なぜ急にSIDE:Bでスケジュールの都合が出てきたのかは知りませんが、しかたなく代わりをつとめたのが河瀬直美さん！　河瀬直美さん本人が作詞作曲していい湯加減で主題歌を歌っているという。それが一番この映画を象徴していますね。

●誰も知らない雪と流氷映画『東京流氷〜COOL IT DOWN〜』

実はあとしまつ、もう一本あります。これはあんまり知られていないんですけど、『東京流氷〜COOL IT DOWN〜』。

「僕は流氷」（笑）。あったんですよ、そういう挑戦が。オリンピックを冷やすために流氷を知床から東京まで運んでくるという馬鹿げた計画が。知らないでしょう？　なぜ知られてないのかというと、それは延期されたまま、雪も氷も氷漬けになっていた。本当にあったんですよ。この映画を実際に見るまでは、てっきりフェイクドキュメンタリーかなんかかと思ってたんですが、本当にこういう話があってですねえ。フジテレビのプロデューサーが、二〇二〇年に流氷を東京へ持ってきて東京を冷やそうと考え

た。それでもって特番とかつくればいい、みたいな本当にフジテレビらしい人を舐めたプロジェクト。それが、氷を取るところまでは良かったんですけど、そこでCovidのせいで五輪が一年延期。そこで捨てちゃえばよかったんですけど、氷を一年間ずっと冷凍庫に入れて氷づけにして、一年経ったら今度は無観客で開催。じゃあその冷やすって誰をどう冷やすつもりなんだ！　最終的にはどうなるかというと、高輪ゲートウェイ駅を使って、あそこで氷に扇風機で風を当てると冷風が出る、そういう実験をテレビ特番にしよう、ということになってフジのアナウンサーだかが参加して実験するんです。やるんだけど、結局その番組は放送されなかった！　ということで見事にまったくなんにもならない。どうしようもない思いつきのあとしまつがこの映画という代物です。テレビ番組にすらならなかったものが一本のドキュメンタリーになる。恐ろしいことに。

●やはり撮ってはいけないものを撮る才能があるのではないか

河瀬直美の『東京２０２０』については、実はそもそも河瀬直美になった時点でちょっと期待もあったんですね。というのは、河瀬直美自身は、ドキュメンタリストとしてはすごい面白い人だと思っているんですよ。本人はいろいろ問題もあるし、面倒くさい人なんでしょうけど、ドキュメンタリストとしてはけっこう才能がある。ドキュメンタリストの才能ってやっぱり自分が思ってもいない映像を撮れてしまうところにあるわけです。ちょっと前に河瀬直美の『玄牝』というドキュメンタリーがありました。吉村医院という自然分娩専門の産院を扱った映画で、河瀬直美は明らかに吉村医師の方にコミットしてつくってるんですけど、見ていると病院のヤバさしか映ってない。そういう人なんですよね。自分が思ってもいない真実を捉えてしまう力がある。

その力が今回発揮されるかなと期待していたところがあるんですけど、なかなかそういう感じでもない。それはオリンピックだからなのか、さすがにオリンピックは規制が多すぎて本当にやばいところは撮れなかったのか、あるいは河瀬直美の権力志向というか、有力者の顔ばっかり撮っているせいなのか、って思ってたんですけど、最終的に結果としては、とりわけ『SIDE:B』で、出てくる電通関係者たちが今答え合わせしているようなもんですけど、今どんどん片っ端から逮捕されていってるじゃないですか。五輪汚職で。だからもうこれ完全に仁義なき戦いになってるんですよね。誰それって出てくるじゃないですか。「開会式演出　佐々木宏　何年何月逮捕、チャラランチャラララーン♪」そういう映画になってしまった。今見ると逆に面白いというか、この河瀬さんにはぜひそういう字幕をつけてもらうといい。本当にみんな今逮捕されている人、みんな出てきますからね、今逮捕されてる人たちが。その意味では河瀬直美の才能が思わぬかたちで発揮されてしまって撮ってはいけないものを撮ってしまっていたのかもしれないですね!

一方、今年も地方映画はエターナルに展開中

●福井県越前市発の越前紙漉き謎映画『Eternal of link ～未来へ～』

そして毎年おなじみ地方映画。エターナルってなんだろうとみなさん思われたかもしれませんが、去年は『Eternal of link ～未来へ～』という、福井県越前市発の越前紙漉き映画があったんです。越前市から東京へ出ていった姉妹が、妹は元アイドルでスキャンダルを起こし、姉は美大に行ったはいいが挫折して帰ってきて……みたいな話。なぜかその妹のほうが夜中に日本海の海岸に行ってマッパになって海に飛びこむという謎のシーンがあります。オチは当然皆さんご想像のとおりで、その美大生の女子が紙漉きのおじいちゃんの後をついで越前紙漉きの道へ進むという。それしかし「永遠の絆」というほどの話なんですか、というのがちょっと謎な映画です。

エターナル地方映画

- 今年も地方映画は健在！
- Eternal of Link 未来へ（福井県越前市）越前紙漉き映画
  - ◎ なぜか夜中に女の子がマッパになって海に飛び込む
- 川のながれに（栃木県那須塩原市）
- 泣いて笑って豚ほるもん（群馬県高崎市）
  - ◎ タイムスリップ
  - ◎「群馬まち映画」藤橋誠監督作品
- 1979はじまりの物語（愛知県半田市）
  - ◎ 山車を勢ぞろいさせる

●栃木県那須塩原市発『川のながれに』と群馬県高崎市発『泣いて笑って豚ほるもん』

今年も地方映画はいろいろありますが、代表作をいくつか紹介します。『川のながれに』は栃木県那須塩原市の映画。SUP、スタンドアップパドルという、サーフボードの上に立ってパドルで川を下るというスポーツなのかなんなのかを那須塩原でやる映画。なんだかわからないと思いますが、ほぼそういう映画です。

『泣いて笑って豚ほるもん』は群馬県高崎市の映画ですが、「まち映画」という群馬の各市町村を中心に、それぞれの町を舞台にした映画のひとつです。これは藤橋誠さんという方が監督になって作られてるんですが、皆殺し映画通信の十周年記念イベントをここでやったときに来ていただきまして、大変素晴らしい話をいろいろ聞かせていただきました。来ていただけて本当に良かったし、藤橋さんもたいへん素晴らしい方ですよ。映画もですね、そのイベントでも言ったんですけど、そこに出演している女の子、少女役の子が、ちょっとびっくりするような美

少女で、普通に人気出そうだなと思いましたよ。将来タレントになったらデビュー作は『泣いて笑って豚ほるもん』ということになるわけですよね。藤橋監督によれば、すでにスターダストプロモーションに所属しているということらしいので、遠くない未来に他の映画でも見られるんじゃないかと思っています。そのときには先見の明があったと自慢できるというわけです。見ている人は。これはなぜかタイムスリップした女の子が、豚ホルモンの誕生の秘密を知るという話。別にタイムスリップしなくたっていいだろうと思うんですけど、まあそこはそれ。

●半田市映画『1979はじまりの物語』は素人の棒読みがスリリング

『1979はじまりの物語』は愛知県半田市の映画。半田では市内の町会ごとに山車が出るんですけど、お祭りの日に全部の山車を一同に集める計画を立てた人がいて、みんなに頼みこんで実現するまでの話なんですけど、半田市のケーブルテレビがつくっているんですね。出演者の半分以上がオーディションで選ばれた素人。実は地方映画では珍しくなくて、

藤橋監督の映画もほぼそんな感じで、素人を集めてつくられているんですけど、『はじまりの物語』はその中でも素人感がすごくて、かなりやばい感じの棒読みの人が出てくるんですけど、これがスリリングでやめられない（笑）。あと、スリリングな棒読みのせいであんまり映画がくどくならないという良さがあって、話としてはベタでしつこいんでひたすらくどいので、あれで熱演されると本当にうざかったと思うんですけど、棒読みで熱のない演技だからそんなに嫌味でもない。そこがちょっと良かったです。ただ、後でいろいろ調べてみたら、実在の主人公はその後半田市長になって、さらに汚職で辞任していることが判明しまして、いろいろやばいなと思いましたね。

今年のトヨエツと柄本明映画二〇二三

●今、絶体見逃してはいけない俳優たち

今年のトヨエツ映画。ぼくはトヨエツと柄本明だけは今、絶対見逃してはいけない俳優として強く推していきます。去年のトヨエツ主演映画が『弟とアンドロイドと僕』。トヨエツが自分の存在があやふやな人間なので、自分の足がそこにあるという感触が持てないで、ケンケンで歩いてる大学教授役。これがそもそもよくわからない。足の実感が持てないっていうんで引きずるならまだわかる。なんで空中に持ち上げてケンケンするんだ。思いっきり力はいってるじゃないか。自分の存在感がない男。どこにいるかわからないような男が、自分の代わりのアンド

ロイドをつくるという話なんですけど、トヨエツがいつもの調子で存在感のなさを熱演してくる。トヨエツなんて存在感しかないですからね。その彼が「存在感のない男」をすごい力拳を作って演じてくる。どこに存在感がないんだよ。これは阪本順治が監督・脚本。阪本順治とトヨエツは盟友同士で、すごく仲のいい二人で作ってしまった映画です。

特別なひとたちの映画

●現代の奥崎謙三『HYODO／八潮秘宝館ラブドール戦記』

さて、特別な人の映画です。これは二本あります。最初は兵頭喜貴さんの、『HYODO／八潮秘宝館ラブドール戦記』というドキュメンタリー。兵頭さんという、ちょっと変わった人がおりまして、ラブドール、いわゆるダッチワイフに軍服を着せて写真を撮るという趣味の人。いや趣味じゃない。もう生き方ですね。この人については以前からたいへん興味がありまして、この八潮秘宝館にも何度もお邪魔しています。普通に彼の自宅なんですけどね。制作がモダンフリークスとなってますけど、要はTOCANAというサイゾー系列のウェブサイトの制作なんですね。

これ、実は東北のどこかで、兵頭さんがそのラブドールに軍服を着せる撮影をしていたときに、そのラブドールが盗まれるという事件があったんです。その犯人を、兵頭さんが、どうやったのか知りませんが突き止めて、やばい感じの宣伝カーみたいなので走り回って犯人にプレッシャーをかけに行く。もうほとんど奥崎謙三ですね。そうやって犯人を捕まえて、民事で訴訟を起こして、結局最終的には勝って賠償金を取るという話なんですけど。どうもその事件をTOCANAが取材して、Webかなんかで流すための取材としてこれを撮っていたらしい。でもたぶんそれだけではもったいないからということで映画にしたわけです。兵頭さんにとっては、ラブドール盗難事件と、それで裁判をやって勝ったのは重要なことなんです。それはよくわかります。でも、こっちにとってはそれは単なるとっかかりでしかない。正直どうでもいいんです、そんなことは。

Very Special People

- 兵藤喜貴『HYODO/八潮秘宝館ラブドール戦記』
  - ◎ラブドールと結婚し、埼玉県八潮市に秘宝館を建設した男
  - ◎兵藤氏の限りないポテンシャル（日本のヘンリー・ダーガー！）に対して、映画はあまりにもツッコミ不足。
- のん（さかなクン）『さかなのこ』
  - ◎「異人」としてのさかなくん
  - ◎「男でも女でもどうでもいい」

●兵藤さんは日本のヘンリー・ダーガー そっちを映画で語ってほしい

この兵頭さんというのはとてつもなく面白い人で、この映画の中にも出てきますが、実際にラブドールとセックスする映像とかもあったりします。さらに彼の中にはすごく長大なストーリーがあって、軍服を着たラブドールの兵士たち、女性たちに関する大河ドラマがあるんです。ヘンリー・ダーガーの非現実の王国みたいな大ドラマがあるんです。写真とかでちょろっとは見せてもらえるんですけど、全体像はわからない。ちょっぴり絵が出てくるだけで、どういう話で何が起こるのかはわからない。むしろそっちをやってくれよ。兵頭さんの脳内にあるストーリーのほうをちゃんと語ってくれたら、それはもうまさに日本のヘンリー・ダーガーですから。はるかに面白い、ずっとヤバいものができたんじゃないか。

これ、ぼくはすごく期待して見にいったんで、見終わった直後はけっこうガッカリしちゃったし、文句書くのも兵頭さんに悪い気がして、何も書かなかったんですけど。でも今となってみると悪口もこみ

で何か書いておいたほうが良かったかなと思って、それもあってここでこうして話をしています。ですけど正直な話、映画よりは、八潮に行ったほうがいい。つくばエクスプレスの八潮駅からバスで二十分くらい何もないところを走っていく、とんでもないど田舎にあるんですけど、自宅を改造して秘宝館と名乗ってやっているところがあります。この秘宝館に行ったほうが絶対いいです。ぜひ見に行ってください。

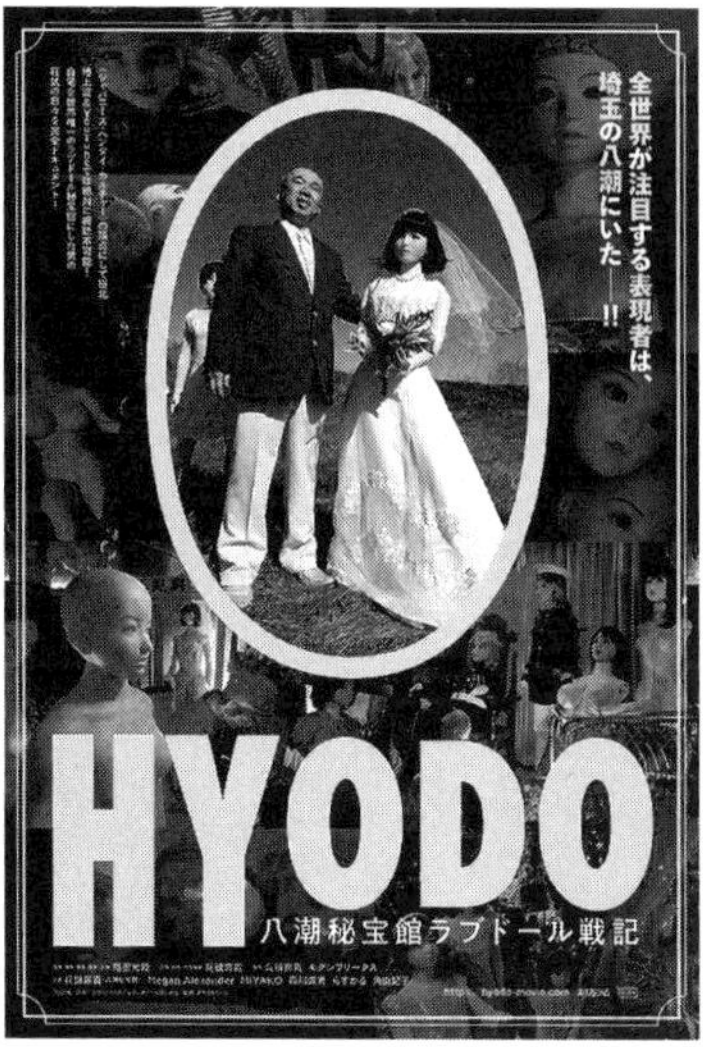

●『さかなのこ』を見てもさかなクンがなぜ魚好きなのかわからない!

さて、これを兵頭さんと同じジャンルと言うと、いろいろ怒られる気もするんですけど、ぼくの中では同じジャンルの人です。『さかなのこ』はのんさん、能年玲奈さんがさかなクンを演じるということで話題になった映画です。なぜ彼女が?ってみんな言ったわけですが、そしたら映画の最初に「男とか女とかどうでもいい」っていきなり字幕で宣言されるという。実際どうでもいいわけですね。ここではさかなクンという人は本当に変な人で、明らかに異常者として描かれているんですよ。明らかに変な人で、なんで魚が好きなのかさえ結局誰にもわからないんです。映画を見てもわからないし、たぶん沖田監督もどうでもいいと思っているんだと思う。なぜとかそういう理由はどうでも良くて、ともかくさかなクンという、魚が好きという以外の能力が何もない人がいる。そういう人なんだけど、なぜか周りの人はみんなさかなクンのことが大好きで、とくに柳楽優弥がすばらしくいいんですけど、彼はめちゃめ

ちゃ好きなんですね。別に性的な意味じゃなく、人間として好きというのとも違って、なんだろう？　珍獣を愛でるみたいな感じで好きなんですよ。

　柳楽くんもそうだし、あとは夏帆が高校の元同級生として出てくるんですけど、彼女もさかなクンのことが好きすぎる。シングルマザーでいろいろ苦労してるんですけど、自分がさかなクンのそばにいるとさかなクンが魚を捨てて、普通の人間になってしまうからって勝手に身を引いちゃうみたいな挿話もあるんです。そのくらい、周りの人が誰も彼もさかなクンのことが大好き。でもさかなクンはセックスの対象ではない。彼はアセクシュアルなんですね。魚に対しても、別に性的なフェティッシュとかそういうものがあるわけでもない。最後までわからないままなんです。

ずっと大好き。
それだけで人生はミラクル。
さかなのこ
映画になった、さかなクンの驚きの人生。
笑顔も涙もキラキラ光る、宝物のような感動作がついに誕生。
のん　柳楽優弥　夏帆　磯村勇斗　岡山天音
さかなクン　三宅弘城　井川遥
9.1

●なぜかみんなさかなクンが大好き　異人としてのさかなクン映画

　最後の最後になって一番びっくりするのは、さかなクンのお母さんが実は魚好きでもなんでもないというか、むしろ魚嫌いだったという話ですね。魚嫌いなお母さんが、さかなクンが魚を大好きだからって、さかなクンのために、わざわざ好きでもない、大嫌いな魚を料理して一緒に食べていたという。それが別に美談として語られるわけでもなんでもないんですよね。普通だったらそれを美談にして、自分は嫌だけどさかなクンの可能性を閉ざさないためにあえて魚を食べましょう、と頑張ったりするんだと思うんですけど、そういう話はまったくなく、「いや、実はあのとき嫌いだったんだけどね。でもずっと食べてたら食べられるようになったんだよ」「そう、良かったね」。いや、それそんな簡単にスルーしていい話じゃないんじゃないか。そういう謎がいろいろ多い映画でした。その中でさかなクンの存在感、なぜみんなさかなクンが好きなのかということに関しては、一種、ホラーとまではいわないけれど妙なもの、まあ異人ですよね。異人として描かれていて、その意味では兵藤さんと近いのかな。沖田監督の映画なのでそういう感じかとは思ってたんですけど、予想以上にすごく面白かったですね。

さて、二〇二二年のミス皆殺しは……

●決定打に欠けるが宮地真緒さんは気になる

さて、毎年やっているミス皆殺しというのがあります。今年はどうなのということなんですけど。いまひとつ決定打に欠ける感じで、千眼さんは毎年のことですからね。どうなのと。男だったらもう今年の顔はトヨエツでいいんですけど、ヒロインとして目立った人となると難しくて、ひとつ気になったのが宮地真緒さん。なぜ今なのかわからないんですけど、なぜか急にこの年になって謎映画界でブレイクしてきまして、『あしやのきゅうしょく』という、兵庫県芦屋市の給食映画に出演。これ、芦屋ですからね。と言ってもわからないと思いますけど、関西人には芦屋というのは日本一の高級住宅地として知られてます。芦屋に行くと昼間道を歩いている人いないんです。買い物は全部御用聞きが済ませて、どこか行く人はみんな車で行くので、街を歩いている人がいない、歩いてるだけで不審人物扱いという、そういう街。

そこの給食ですから、小学校の給食なんですけど、ものすごいゴージャスで、芦屋のガキはこんないいもの食ってるのか、と感慨を新たにする映画なんですが。そんな関西きっての金持ち市の給食映画と、さっきも言いました、『1979はじまりの物語』という半田市の映画で、どちらも脇なんですが出ていて。なぜ急に宮地真緒が今なのか、よくわからないんですけど、小ブレイクしています。

ミス皆殺し

- 橋本環奈『ブラックナイトパレード』『カラダ探し』
- 宮地真緒『1979はじまりの物語』『あしやのきゅうしょく』
- ……決定打には欠けるが、最近人気と言われてるわりにはフィルモグラフィーが悲惨なことになっている橋本環奈さんが……

●今年は『ブラックナイトパレード』出演の橋本環奈さんがふさわしい

ただやっぱり去年素晴らしい映画にいっぱい出た人というと、橋本環奈さんは人気だということにはなっていると思うんですけど、いや実際人気なんでしょうけど、最近のフィルモグラフィを見ていただくと本当にすごい。こんなにヤバい映画しか出ていなくてよく仕事があるなと思うくらいヤバい映画しかないんです。今年も『カラダ探し』と『ブラックナイトパレード』という、どちらも相当な映画に出ていらっしゃる橋本環奈さんが今年はふさわしいのかな、と思いました。

『ブラックナイトパレード』は皆さまご存じ、福田雄一監督の今年の新作です。橋本環奈はヒロインとして出てきて、中で変顔をする。変顔をするのがこの人の唯一の芸ですから。話はですね、実際の映画を見ても全然わからないので大丈夫です。中村光のコミックが原作なんですね。ぼくは原作のコミック読んでないんですが、どうも見てるとジャンプだかの連載時にどんどん後付けで設定をつけたしていっ

たように見える。映画でも最初、世の中には黒いサンタというのがいて、赤いサンタはいい子にプレゼントをくれるけど、黒いサンタは悪い子に石炭殻を配るんだみたいなところから始まるんです。主人公はその黒サンタとしてスカウトされるんだけど、途中からどんどん話が変わっていって、実は赤いサンタは死んでいないんだという話になる。黒いサンタの中にはトナカイというエリートがいて、トナカイに選抜されると、いい子にプレゼントを配れる。赤いサンタがいないので、逆にトナカイがプレゼントを配れるんですとか言いはじめる。ちょっと待て、さっきまでの話はなんだったのか、と。そしたら赤いサンタは暗殺されたとか、主人公のお父さんがかつて赤いサンタだったらしいみたいな話になっていくんですけど、これ全部後づけでつけていった設定を、そのまま冒頭からやってるからこんな支離滅裂な話になるんじゃないか。本気で赤いサンタがどうとかっていう話にしたいんだったら、もう一度一から話を構成しなおせばいいものを、無精をかましてそういうことはやらないわけです。福田雄一ですからね。無精をかまして、どんどん後から話が変わっ

ていって、なんだったんだよと思っているとそれをすべて今年公開するだろう2に全部丸投げにして放り出して終わりという映画ですね。

●福田雄一映画は皆殺し最大の敵

福田雄一はこの企画、皆殺しをはじめて出会ったぼくにとっては最大の敵ですね。こんなことをはじめなければたぶん福田雄一の映画なんて一生見なかったと思うんですけど。見はじめてしまったからには福田雄一が映画をやめるまでは追い続ける覚悟で。本当映画やめてくれたら、もうそれで、ぼくも心安らかになるし、クズ映画は一本減るし、とてもいいことだと思うんですけどね。ただ、最近はさすがにちょっと減ってきた気がします。去年は結局映画はこれ一本だけですよね。舞台とかやっていたのかもしれないですけど。今年もこの続編一本だけで終わってくれるといいなあ。

皆殺し映画通信
LIVE収録
第二部

皆殺し映画放談 2022

収録:2023年2月11日 LOFT9 Shibuya

柳下毅一郎×三留まゆみ

(映画評論家)(イラストライター)

LA HISTORIA
ES NUESTRA

地方映画2023

- 『銀幕の詩』
- 『さよなら萩ツインシネマ』
- 『日光物語』
- 『石岡タロー』

映画イラストライター 三留まゆみと語る 二〇二二年皆殺し映画大放談

●二〇二三年の映画予習はジェネリック映画『銀幕の詩』から

柳下　三留さんをお迎えして二〇二二年のふりかえりをお送りします。

三留　よろしくお願いします。

柳下　その前に来年のことをひとつ。来年、いや今年の予習をいくつか。もうすでに決まっているのがいっぱいあるんです。

三留　今年の映画ってこと？　二〇二三年？　今年だね。これから公開になる映画？

柳下　もう公開されてるのもあります。『銀幕の詩』という映画、これたった今公開中なんです。

柳下　兵庫県の丹波市というところで、ヤクザの事務所をつぶして、そこを映画館にしたんです。その映画館をやってるのが近兼拓士監督。ぼくはジェネリック映画と呼んでるんですけど、山善って関西の家電メーカーの出資で映画をつくっている人なんですけど、その人が今映画館をやっている。で、丹波市で映画館をつくる顛末を映画にしたわけです。

三留　ってことは、これは実際にあった話がベースになってるの？

柳下　そうです。その映画を今まさにその映画館ヱビスシネマで上映中。ヒットにつき好評続映中。今から行けば間に合う（笑）。

三留　ロングランしてるってことだね。

柳下　これどうしても「ヱビスシネマ」で見たいとは思うんですけど。

三留　ちょっと遠い（笑）。この監督は、地元の映画というか、それこそエターナルな地方映画をずっと撮ってる人ってこと？

柳下　そうです。ジェネリック映画。

三留　なんか手慣れた感じだね。

柳下　そうですね。近兼拓史監督。俳優陣もとみずみほさんとか、サニー・フランシスとか、ほぼほぼ常連役者なんですよ。

三留　もともとはヤクザの事務所なんでしょう？

柳下　そんな映画館になるほどのスペースなの？って感じですけど、まあ見た感じミニシアターですかね。

三留　そのヤクザは解散しちゃったってこと？　それで事務所を提供してくれたのかね？

柳下　無理に追い出すことはできないから、たぶん話し合いで市だかなんかが買い取る形で立ち退き料を出したんじゃないですかね。

三留　それでさ、元ヤクザが手伝ってるとか、そういう話にはならなかったの？

柳下　そういう面白い話になってるかどうかは知ら

ないです。
三留　じゃあそれ見に行かなきゃ駄目だよね。これは去年から公開中みたいな感じ？　これからも行けば見ることができる？
柳下　たぶんずっとやってるんじゃないかな。一日一回くらいは回す感じで。
三留　じゃあなんかのついでに行けるといいよね。
柳下　それが丹波市って地図で調べてもらうとわかるんですけど、なかなか大変なんですよ、東京から行くのは。丹波市の中心部なんですけど、駅自体がけっこう遠いうえに、その駅降りてから、さらにバス。
三留　え、駅前とかにあるんじゃないんだ？　あっ、日帰りは無理な感じ？
柳下　絶対無理。
三留　じゃあ心して行かないとね。でもそれだけの甲斐のある映画かもしれんよ。ご報告を待ちます。

●今年もあった宝田明の遺作『日光物語』

柳下　そして次がこれ、『日光物語』。
三留　これ日光ですか？
柳下　舞台は日光です。日光ってどこだっけ、ええと、栃木県。
三留　栃木県。東武日光線で日光みたいな。
柳下　ＡＫＢの人が出てるんですが、それよりすごいのは、なんと宝田明の遺作だってこと。
三留　これに出てたんだ。これでもなんかすごく昭和感溢れてるんだけれど。ああ、渾身の遺作。
柳下　予告映像で後ろに人が立ってるのがちょっと不安ですよね。支えているんじゃないかっていう。
三留　なんでいるんだろう。不安になる。「日の光る処の中にそれはある」。え、もう昭和じゃん、これ。
柳下　何が恐ろしいって、宝田明の遺作って去年もあったんですよ。去年も宝田明の遺作と名乗る映画が公開されてるんです。『世の中にたえて桜のなかりせば』という。
三留　遺作だっていってた。覚えてる。じゃあ遺作が何本もあるんですか？
柳下　そうそう。そっちはしかも乃木坂の女の子が出てる。こっちはＡＫＢ。乃木坂とＡＫＢというなんですかこれ。で、実はまだ他にもドキュメンタリーがありまして。

三留　他にも？

柳下　宝田明遺作伝説って、どんどん出てくる。恐ろしいんですよ。

三留　遺作一、二、三みたいな感じで？

柳下　地方映画の恐ろしさってこういうところにもありますね。

三留　すごいな。でももうキープみたいな感じで、どの段階かわからないけども、すごいよね。

柳下　エド・ウッドのベラ・ルゴシの遺作みたいなもんで、とりあえず撮ってあるフッテージがあればそれでみたいなね。

三留　深いね、地方映画はね。

●ビーグル犬が主人公？　石岡市の忠犬映画『石岡タロー』

柳下　そしてこれ。『石岡タロー』。これは石岡市です。どこだかわからない、すいません。ともかくそこらへんで「石岡市の忠犬ハチ公」として有名な話だという……

三留　これタロー？　ビーグルじゃん。

柳下　有名な伝説だというんですけど、知らないよそんなの。これも実話だそうです。

三留　「二キロの道のりを毎朝十七年間毎日通い続けた一匹の犬の物語」。ふうん。

柳下　撮影は終わってるようですが、まだ鋭意制作中です。そろそろ公開となりそうなんで、そうしたら石岡市まで行って見てきます。こういうの、定期的に調べておかないと、気がついたらもう上映終わってたというのがけっこうあるんですよね。

三留　それってもうなんか追いかけられなかったりするもんね。

柳下　ずっと探してるんですけど、わからない映画もけっこうあるんですよ。普通、映画一本作ったら、人に見せようとすると思うんです。でも、こういうのって本当にそこでしか上映していない。今一本すごく今気になっている映画があって、大阪のなんとか男塾というホストクラブがつくった映画があるの。

三留　あ、もうそれだけで見たい（笑）。

柳下　それがね、公開されるのかな？と思ってたら、気がついたら上映会が終わってる。一月にホールかどこかで一回上映会があっただけ。

三留　一回だけ？

柳下　その後ずっと定期的に、月一くらいで思い出して検索してるんだけど、それだと間に合わない可能性がけっこうあって。

三留　そっか。昨日までやってましたとかそんな感じで？

柳下　そうそう。だからこういう映画は作ってるほうもちゃんと告知とかしてくれるわけじゃないんで、さぼってると追いかけてる映画は定期的に検索してやるようにして。だから、追いかけるのが大変になっちゃう。だ

三留　すごいね。本当にフィールドワークだね(笑)。

●伴明、本気だしてんじゃん！『夜明けまでバス停で』

柳下　ということで、去年の話。いかがでしたか、というか、三留さんの方で去年すごかった映画とかある？

三留　ベストテンもつくってきたけども、いやあ。ちょっとくるくるって頭のほうに戻ると、『Revolution+1』はこれからの映画で、たしかにさっきもちょっと楽屋で話したけども、若松さんだったら絶対間に合わせて、絶対映画館でという。だから、興行師と映画作家の違いだねというのはすごくよくわかった。それと、『夜明けまでバス停で』が並べて出てきたあたりは鋭いと思いました。だって高橋伴明監督はやっぱり場数は踏んでるから。

柳下　三留さんのベスト一が『夜明けまでバス停で』なんですよね。

三留　そう。私たちは試写で見ることができるんですが、『夜明けまでバス停で』って、板谷由夏がこうやってるビジュアルの試写状が来てだよ。あの幡ヶ谷のって。で、高橋伴明。『光の雨』とかさ、終わってから「それはちょっと」思ったし。でも、いやあ、それをさ、高橋伴明がなぜ映画化するのかって。で、なかなか気が重いわけよ、見に行くのに。でも見に行ったら、まったくその期待を裏切るというか、とんでもない映画で。このとんでもなさをどう伝えたらいいんだろうっていう、「伴明、本気出してんじゃん」って。失礼なことを言ってますかね(笑)。でも本当そう思った。

柳下　あれはDOMMUNEで三留さんがやるというから見なきゃって出かけたんだけど、見てみたらめちゃくちゃ良かったんだよね。ぼくもけっこう辛気くさい映画かなと思って、敬遠してたんだけど、まさかまさかの。

三留　まさかまさかで、これこそ映画だと思ったし。あと、やっぱりDOMMUNEでも言ったんだけども、これは高橋伴明監督から長谷川和彦監督への「ゴジ映画撮れ！」のメッセージだと思う、あれこそはね。ドッカン。でも予告編に入ってるんだよね。駄目じゃん。予告編で国会爆発しちゃったらさ、駄目ですよね、そんなのね。とっておかなきゃだよね。でも、やっぱり柄本もそうだけどさ、お年寄り連中がすごいのなんのっていう。で、あれが公開になったときに、私の周りの連中は、『腹腹時計』うちにあるのはあのサイズじゃないとか文句を言ってた（笑）。このくらいのね。まあコピーのコピーなので、いろんなサイズがたぶんあると思うんだけれども、映画の中で柄本おやじが、出してきた爆弾の教本です。

柳下　東アジア反日武装戦線がつくった都市ゲリラ教本ですね。

三留　で、爆弾のつくり方が書いてあって、なんかこのへんから出してくるんですよね。で、あれを見て、うちにあるのはあのサイズじゃないとか、ちょっと違うとかっていう話よね。でも、本当にあんな展開になるとは思わない、本当に驚きの。

柳下　面白かった。

三留　いやあ、面白かった。やられたって思ったもん。でも、私の一位ですけどね。で、脚本を二人で書いている。

柳下　若い子ですよね。

三留　そうそう。梶原阿貴さんという、彼女は元女優さんで、ここに名前が出てるでしょう。『櫻の園』とかも出てた方で、だからすごく興味があるのは、伴明監督とどんなふうにしてつくっていったのかという。もっともっともっとみたいな感じでこう重ねていったみたい。梶原阿貴、いやあ、すごいわ。

柳下　面白かったです。

三留　ね。まあいろいろ、タランティーノ映画であるとかさ、見た人はいろんなことを言ってたけれども、でもやっぱりあのビジュアルではやっぱり損してるかなというのはありましたね。とにかく映画館に行けという。で、もうここに行っちゃっていいの？

●CGは想像力を超えることはない『愛国女子』

柳下　それ以外に何か言っておきたい映画があれば。

三留　『シン・ウルトラマン』とか？　いやいや、『大怪獣』については柳下くんがもう言ったとおりで。それと、「三木聡はそうじゃん」っていうことをやっぱりわかっていかなきゃだよね。

柳下　わかっていかなきゃって（笑）。

三留　わかっていかなきゃ駄目だよ。いくら予告編が面白そうでもさ、三木聡なんだからさ。そこで怒ってどうする。

柳下　そういうもんですよね（笑）。

三留　ねえ？　うん。そう思いました。あと『愛国女子』。これもDOMMUNEでやって、柳下くんおすすめで、慌てて見て。ああ、もうヤマタノオロチ、キングギドラ、下半身どうなってるのって。つくってないよね、あれね。

柳下　つくってないですね。

三留　ここしかないの。ちょっと確かめてください、本当に。ちゃんとやれよって感じなんだけども。でも、毎年さ、二本とかってつくってるのすごいよね。

柳下　映画は本当好きなんですよ、あの人は。

三留　映画好きなんだけど。

柳下　でも最近さすがにネタ切れっぽくて、オカルトの話もさ、なんか時々ムー民らしさを発揮するんですよ。するんだけど、それもちょっと最近ネタ切れというか、もうムーネタもやり尽くしたのかな。

三留　やり尽くしちゃった感じ？　でもほら、毎回思うんだけど、大川隆法総裁の頭の中って、このくらいのビジュアルで成り立ってるのかなというのはね。

柳下　それは本当に毎回思いますね。要はCGはなんでもつくれる。なんでもつくれるけど、けして想像力を超えることはない。

●河瀬直美監督が歌うオリンピック映画『SIDE:B』

三留　そう。だから、「ええ？」みたいにならなくて、ほどほどな感じ。そのほどほどもかなり後ろ向きなほどほどで、ちょっと懐かしいものがあったりとか。そのへんはそれこそ期待を裏切らないですね。あとは『オリンピック』ですか。『東京2020オリンピック』もDOMMUNEでやったね。

柳下 そうですね。そこらへんは大体やっているんですよ。

三留 そう。でもさ、SIDE:Bは劇場に行ったよ。

柳下 そうなんですか。

三留 で、流れてきちゃったよ、あの曲。で、クレジットないんですよ。クレジットないのに、誰が歌ってるかすぐにわかるのね……。

柳下 あれはてっきり差し替えたりしてるかな、と思ったんですけど、やっぱりそのままなんですよね。そこまで自分の歌を聴かせたかったのか。

三留 まんまですね。まあやりたかったのかなと思うけどね。でもどうよって。

柳下 ジャイアンリサイタルって感じで。

三留 もうこの際、SIDE:C・Dをつくってほしいよね。撮りためたものもあるし、それこそいつ逮捕みたいなのって、そんな、バッチリの素材もまだまだあるわけじゃん。見たいなと思ったのは『東京流氷』です。『COOL IT DOWN』?

●東京を冷やす! SDGs映画『東京流氷 COOL IT DOWN』

柳下 あれそもそもさ、熱効率ということを考えるとね、氷を持ってきている時点でどれだけエネルギーを使ってるんだって話。

三留 そうだよ。それ運んで、それで、倉庫で冷やして。

柳下 SDGsとかいって。SDGsの真逆だろうって。どれだけエネルギーの無駄遣いしてるんだ。

三留 運んで、冷やして、キープしてみたいな?

柳下 それで最後は。

三留 高輪ゲートウェイですか。へえ。大阪の体育館だっけ、むかし大相撲の夏場所に行くと氷の柱が立ってたって話をちょっと思いだした(※大阪ではなく名古屋の金山体育館でした)。新宿文化って映画館があったの覚えてる? 伊勢丹の向かいっかわ。あそこね、スクリーンの下にね、溝が切ってあったんだって。で、そこに、氷の塊を置いて、風を送ると、冷気がこう。「冷房完備」の映画館だったたって

LA HISTORIA
ES NUESTRA

聞いた。昭和の初めの頃の話。

柳下　それ冷房っていうの？（笑）

三留　「冷房」というんです。あ、新宿文化じゃない、新宿ロマンだ。

柳下　そういう話があれば良かったんですよね。

三留　なんかいいじゃん。映画館冷やしましたとかさ。

柳下　いいよね。

三留　でもすごいなって。誰も知らないし、誰も見てない気はするけどな。あと八潮秘宝館は行きたいと思いました。

柳下　ぜひぜひ。

三留　柳下くんさ、ベルリンの秘宝館に行ったじゃん？

柳下　ああ、はいはい。蠟人形館ね。

三留　蠟人形館か。あれアダルトなんとかみたいなんじゃなかった？　街中にあったじゃん。

柳下　繁華街のど真ん中で駅の真ん前みたいなところにあるんだけど、やたら性病の蠟人形が並んでて、なんなのこれって感じの。やたらと殺人鬼と変な病気の蠟人形しかなくて、さすがドイツ人は！という感じの。

●とにかくすごいトヨエツのヘンテコ映画『弟とアンドロイドと僕』

三留　ドイツ人な感じ（笑）。その話はなんかまたあらためてしてもらいたいなと思います。それで、『弟とアンドロイドと僕』は好きな映画なんです。

柳下　あれすごいですよね。

三留　あれは私もトヨエツ好きだけど、どういう話し合いがあってああいう役づくりをしたのかなって。

柳下　なんかパンフとかを読むと、トヨエツは、完全にもう僕は阪本（順治）さんにお任せですからみたいな感じで、たぶん二人ともお互い相手にお任せ。阿吽の呼吸っていう。

三留　あうんの呼吸。こう来ればこう来るはずみたいな？　でもさ、あんなヘンテコな映画なのに、撮影とか美術とかすごいしっかりしてるじゃん。

柳下　お金かかってて。

三留　お金かかって、時間もかかってると思う。あのロケーションにしても素晴らしいと思うし。

柳下　トヨエツの家ね。

三留　お医者さまの家（開業医）でね。トヨエツ、大学教授なんですよ。天才学者だといわれてて、引き抜かれたんだよね。で、まだ赴任してそんなに経ってないんだけど。で、上司が本田博太郎って駄目じゃんって感じじゃないですか？

柳下　本田博太郎も最近よく映画で顔見ますよね。それこそ『レジェンド&バタフライ』にも出てなかった？

三留　ああ、そうかそうか。でもなんかほら、私たちにとってはさ、たとえば『北京原人』の博太郎だろうじゃん？　なのにさ、なんか最近けっこう渋い、なんか重鎮な役とか。

柳下　年を取って、格がだんだん繰り上がった。

三留　たしかに。でも私たちの博太郎は違うって。あとは？

●高城剛のキューバロケ映画『ガヨとカルマンテスの日々』

柳下　高城の映画とかは見ました？

三留　どれ？

柳下　『ガヨとカルマンテスの日々』。

三留　あ、見てない。どれどれ？　ああ、これ見てないです。
柳下　試写やらなかったからね。
三留　『ガヨとカルマンテスの日々』。ええ、高城くんなの？
柳下　そう、高城剛。
三留　高城と『ファンキートマト』という番組で仕事してたよ、昔。
柳下　彼がいろいろ有名になる前。
三留　そうそう。でもあの格好で。
柳下　短パンで。
三留　そう。だけど、MCとしては最高。パパッ、チャチャッとやって、んじゃあ！みたいな感じで。で、高城くんの？　でも彼はほら、ずっと映像はね。
柳下　でもこれが初劇場用映画なんです。
三留　で、どうですか？　これ見られる？　今でも。
柳下　なかなか難しいかも。
三留　どんな形で公開したの？
柳下　キューバ映画なんですよ。
三留　あっ。キューバでというの、聞いてた聞いてた。なんか聞いた、それ。
柳下　キューバでロケして。ともかくカメラを大量に用意して、十台くらい同時に回して、ワンテイクで、ぜんぶ。で、終わりだという。あとは編集するだけ。だから、二週間くらいで撮っちゃったらしい。
三留　で、面白いんですか？
柳下　そのさ、わかると思うんですけど、そういう仕掛けでつくられて、で、高城じゃん？
三留　高城じゃん？
柳下　で、高城じゃん？っていうのは、つまりあの人は辛抱することができない。せっかち。せっかちというか、落ち着きがない人なので。だからワンテイクなんですよね、たぶん。同じこと二回やるとかもう飽きちゃう。だから追い込むべき所でちゃんと追い込めてないんじゃないか、というのがある。
三留　ああ、できないからね。飽きちゃうからね。もうこんだけみたいな感じで。ええ。これ長いですか？
柳下　いや、そんなに長くはなかったです。そんなに長い映画はつくれないから。飽きちゃうから。
三留　そうだね。気が短いからね。ああ、いかにも高城らしい仕上げぶりだが、中身については

「……」とここにありますが。

柳下　高城を知ってる人に見てほしい。今の若い人たちって、昔の高城のこと知らないでしょう。

三留　昔のね。

●高城映画はカタログ映画でもある

柳下　今はさ、高城はメルマガというか会員向けブログみたいなのをやってるんでしょう。

三留　それは動画とかも載っけてるのかな？

柳下　動画もやってるかもしれないけど、このへんがすごくて、この映画で使ってるもの、撮影に使った機材とか、全部そこの会員制の通販サイト？

三留　えっ、売ってるんですか？

柳下　売ってる。そのためのカタログ映画なんです。だから、映画を見に行くとね、本を一冊くれるの。

三留　え、それは買うじゃなくて、もれなくついてくるの？

柳下　そうそう。で、それがそのカタログなのよ。

三留　こんなもの買えますよみたいな感じの？

柳下　あそこで誰それが使っているリュックはこれこれなんとかでって。それが本当に商売になるのか、っていうのが疑問で。

三留　いやあ、それならないと思う。

柳下　一体あのリュックいくらで売ったらこの映画もと取れるの。キューバだから意外と安かったんですかね、いろいろ。

三留　ああ、そうか。仕入れの値段がそんなじゃないかも？　いやいや、でも絶対回収できない。

柳下　謎が多いので、これぜひみんなに見てほしい。誰かに調べてほしい。

●昭和のパワハラおやじまで出てくるなんでつくったのか映画『耳をすませば』

三留　ぜひぜひ。これすごい興味あります。あと何？『耳をすませば』。どうですか？『耳をすませば』。

柳下　あれは本当わかんない。

三留　あれさ、なんであんな映画になっちゃったの？

柳下　というか、なんであんな映画つくったの？

三留　なんでつくりたかったんだろうね。だってその後って別に見たくないし。でも行ったんだ。

柳下 ジブリに関係してるけどジブリのリメイクじゃなくてつくれる映画シリーズというのがあって、『魔女の宅急便』。『魔女宅』の次がこれなのかなと思って。

三留 そう。私もだから『魔女宅』を思いだしたし、なぜ実写で『魔女宅』？ なぜ清水くん？って。まあ、うれしそうな感じでつくってたけどね。でもなんで？って。

柳下 たまにはああいうことがやりたいと。

三留 やりたいんだと思う。だけど、いやあ、この『耳をすませば』は困ったよ。何？ プラトニックラブなんですか？ あれ。

柳下 そうそう。で、最後帰ってきちゃうじゃん。なんだったのあの話。結局だって彼女さ、編集者としても全然駄目じゃん。

三留 みんななんか中途半端なまんまで、私なんかこんなだしとかって言ってて、こんなだしのまんまで終わっちゃって。で、彼も帰ってきちゃう。

柳下 そうそう。帰ってきちゃう。彼もイタリアに修行に行って、なんかそれなりに成功してるようなんですけど。

三留　音楽の勉強に行って。

柳下　なんとなく帰ってきちゃう。彼女も編集者になって、児童文学を書きたいんだか、つくりたいんだか知らないんですけど、なにかしらやってるんですけど。彼女だけじゃ出てくる編集者自体全然なにもできそうになくて、ただ編集長がパワハラなだけ、みたいな。すごいパワハラな編集長なんですよね。なんでこんな昭和なパワハラおやじなんてわざわざ今出してるんだという。

三留　いねえよ、そんなのっていう感じだったけど。

柳下　いくらなんでもあんな編集者はいないと。

三留　ね。元編集者として。

柳下　この間『グッドバイ、バッドマガジンズ』の話をしましたけど、あっちは、身に覚えのあることしか出てこない。

三留　今まだ公開中です。テアトル新宿で、あとシネマ・ロサでやったのかな。『グッドバイ、バッドマガジンズ』という、エロ雑誌の終わりの始まりとでも言ったら、いや終わりの終わりかな。新卒の女の子が総合出版社に就職するんだけども、配属されたというか、もう最初からそこに決まりの成人雑誌という。もう本当に風前の灯火の編集部でという話で、柳下くんと昔の話やらなんやらをしたんですよ。でもこれは本当にリアルな。

柳下　リアルすぎて、見て全然楽しくない映画なんですけど。『耳をすませば』は、こんなやつは世界中どこにもいないという人しか出てこない。

三留　それは編集者だけじゃ、女子だけじゃなくてね。

柳下　ヴァイオリンじゃないや、ビオラ。ビオラも、ビオラ弾きもあんなやついねえだろうっていう。いろいろあんなやついねえだろうしかないものを、なぜつくったかよくわからない。

三留　なぜつくった。ケネス・ブラナーの『フランケンシュタイン』のコピーが、「なぜ造った」という、それ多いよね、最近ね。

柳下　『耳をすませば』は、誰が見に来ると思って作ったのかっていうことまで含めて、よくわからない。

●『月の満ち欠け』に出てくる一九八八年の早稲田松竹

三留　なぜつくった映画ですね、本当にね。『月の満ち欠け』。

柳下　あれは面白かったです。

三留　いや、しっかりしてるよ。高田馬場映画、早稲田松竹。

柳下　今度早稲田松竹でかかるんですよね。

三留　あ、本当？

柳下　しかも『東京暮色』または『アンナ・カレーニナ』と『月の満ち欠け』。二本立ての意味は映画を見ればわかります。だけどねえ、あれ本当に昔かけてたのかな？

三留　かけてないよ。だって私たちの知ってる頃のさ、とかって言っちゃうけども、昔の早稲田松竹には、私は少なくとも『アンナ・カレーニナ』がかかったというのはまったく覚えてないよ。『東京暮色』もかからないと思うし。

柳下　あの頃はまだ並木座全盛期だからね。

三留　そう。だから、邦画は並木座とか。

柳下　なんでこんなことにこだわってるのかというと、『月の満ち欠け』の中で早稲田松竹が出てきて、一九八八年の早稲田松竹で、『アンナ・カレーニナ』がかかってるんです。『アンナ・カレーニナ』を見てきた女性と出会ってという話なんですけど。それで、もう一度、その後、彼女と会うために、早稲田松竹に日参して、ちょうど『東京暮色』がかかっているときに会うというんですけど、どっちもありそうもないよねっていう（笑）。でもわざわざやってるんだから、番組を調べて、そういう場面があったのかなと思って。

三留　いや、でも記憶にはないな。でもその頃はまだちゃんと名画座もチェックしてるし、名画座がまだ東京には残っていた頃だし。あと全然あれだけども、早稲田松竹きれいすぎという。

柳下　それはだって改装した後だから（笑）。

三留　だから、別にあそこで早稲田松竹の中借りなくても。だってまだ昭和でしょう。昭和の終わりだよね。そんな名画座、ないか、そんなの。でも地方に行ってさ。

柳下　あの頃は一番汚かった頃ですよね。

三留　そう。だから、地方に行ってさ。ミニシアターみたいな、あの座り心地の良さそうな椅子はあり得ないよね。でもほら、高田馬場の駅前とかつくり込んでるじゃない。セットつくって。だったら映画館もあのくらいにしなきゃとかって。

柳下　それこそよく使われるキネマ旬報シアターとか。あそことか昔の名画座みたいな感じするし。

三留　感じだよね。だから、そういうところに逆にこだわってほしいなと言いつつ、ストーリーだよ、やっぱり。あんなキテレツなさ。

●スピルバーグの八ミリ映画『フェイブルマンズ』

柳下　あと八ミリ。あの八ミリどうでしょう？

三留　八ミリ撮ってた者として言いますけどね、違うよ。やりたいことはわかるんだ。だけど。

柳下　これもここでする話ではないとは思うんですが、元八ミリ少女として『フェイブルマンズ』はどうです？

三留　『フェイブルマンズ』は……。ああ、もうこれ一晩くらいしゃべっちゃうから駄目。それでさ、『フェイブルマンズ』ちょっと置いといて、まだこれからなんですが、しあさって、あさって、火曜日に小中和哉くんの『SINGLE8』を見に行きます。これは一九七八年の映画、物語で。

柳下　今年公開ですか？

三留　そう。三月の公開なので。ちょっと内々の試写になるみたいなので、同窓会的な感じに。今チラシとかも出ているんだけれども、そこに手塚眞くんとか樋口さんとか犬童くんとか、みんな、八ミリ少年たちが寄せている言葉を読んだだけでドーンみたいな。でも、『フェイブルマンズ』は、ちょっとスピルバーグは上の世代なので。

柳下 しかも機材がかなりいいしね。

三留 機材はだって十六で撮ってたりとか。八ミリで撮ってるんだけども。

柳下 ちょっと我々日本人には手が届かないような技術を使ってる。

三留 だから、そのへんと、見ている映画の時間がちょっと違う。ただ、スピルバーグについては、それこそ『激突!』とか、『続・激突!／カージャック』から入った世代なので、柳下くんもそれくらいだと思う。だから、自分たちのスピルバーグなのね。そのスピルバーグが七十いくつになって、やっと自分の物語をつくったという。でも、今まで知っていたお父さんの話違うとかさ、いろいろあるんだけれど。でも、お母さん、だから、この人本当にマザコンなんだねっていう、もうそれに尽きる。男の子うれしい映画でしょう？　どうですか？

柳下 別にそういうことはない。

三留 ないですか？

柳下 いや、あのお母さんけっこう困った人じゃないですか。

三留 困った人だからこそあの息子なんだよ。

柳下 そうなんですね。

三留 もう絶対愛。

柳下 すごいですよね。すごいというのは、本当にあれ、スピルバーグのママっ子で、お父さんが小さい頃に、『E.T.』とか見ても、この家を捨てて出ていっちゃったというイメージだったんだけど、全然そうじゃないという。

三留 そう。違うの。けっこういいおやじじゃんっていう。

柳下 そうそう。お父さんかわいそう、そんな扱いでずっとされてたの？っていう。

三留 ええ？って、知らなかったの？みたいな。

柳下 あれがどこまで事実かわからないですけど。でも別にそんなひどい人じゃないよね、というか。スピルバーグのやってることって半分くらいお父さんの血じゃないですか、明らかに。

三留 そうなんだよ。そのへんも、今まで聞いてたことと違うというのと、お母さんの壊れかけというか、あっぱれな感じの愛すべきお母さんでというのとか。長い映画なんだけどね。でも一気だったな。

柳下　八ミリ映画として。

三留　うん。八ミリ映画として、それは本当にですよ。

柳下　でも八ミリ映画というのが今の人にどこまで通じるのかよくわからないんですよね。我々は八ミリで、シングルだとかスーパーだとか言ってるわけですが。

三留　だからフィルムとかっていうのがわからないかもしれないからね。

邦画洋画とりまぜた秘宝ベスト一〇のスタイル

●三留まゆみの二〇二二年ベスト一〇

柳下　シネカリとか。まあそこらへんの話はやりだすときりがないので、そろそろ、三留さんのベスト一〇をやりますか。

三留　日本映画も洋画も全部ごっちゃな感じで。

柳下　映画秘宝スタイルで。

三留　そう。秘宝スタイルで。でもこれ、また明日考えると違うと思うし、違うものも。

柳下　『NOPE』は素晴らしい傑作だと思いますけど。

三留　『NOPE』ね。やっぱり映画館で『NOPE』でしょう。

柳下　これはそうですね。あと、やっぱりホイテマがすごかったな。最初、撮影がホイテマさんだって聞いたときには、そんなホイテマ引っ張りだすような映画なの?と思ったけど、あっと仰天する撮影がありましたね。真っ暗なんだけど映ってるという。

三留　真っ暗なんだけど見えてるというね。真っ暗なんだけどいるんだよね。

柳下　あれいろいろすごい。たいへん面白かったです。ほかにもいろいろ面白い、八ミリじゃないんですけど、手回しIMAXという、なんだそれはという感じの手回しIMAXカメラとか出てきて、けっこう笑わせてもらいました。

三留まゆみのベスト10

●1. 夜明けまでバス停で
●2. NOPE／ノープ
●3. リコリス・ピザ
●4. 愛なのに
●5. パラレル・マザーズ
●6. 激怒
●7. ザリガニの鳴くところ
●8. RRR
●9. X エックス
●10. モガディシュ脱出までの14日間

番外篇
◎理大囲城
◎ワン・セカンド永遠の24フレーム

●コロナ以降、試写の状況が変わったので完璧な映画を見ていない

三留　これは最近というか、コロナ以降、映画会社がけっこう試写状の発送リストの整理とかはじめていて。もちろん私たち、映画ライターでも、それまでも全ての映画を試写で見ることができるわけではなかったんだけれども、最近は最初から送らないみたいなものとかもけっこうあって。『NOPE』については、もう媒体を持っていて必ず書いてくれる人にしか案内を送っていませんって話だったって聞いたよ。で、劇場に行ったんだけれども。二〇二〇年にはコロナで試写室も一時期クローズしちゃったじゃない。今メジャーな映画はもちろんスクリーンでしか見られないんだけれども、小さな映画はオンラインで見ることができる（※コロナ以降はオンライン試写が増えた）。でも、オンラインでも、どんな環境で見るかでも全然違うし、スクリーンとも違うでしょう。このへんにサンプルって文字が入ってたりとか、ものによってはですよ。ここに私の名前が出てくるんですよ。三留まゆみ、三留まゆみ、三留

三留まゆみのベスト10
1. 夜明けまでバス停で
2. NOPE／ノープ
3. リコリス・ピザ
4. 愛なのに
5. パラレル・マザーズ
6. 激怒
7. ザリガニの鳴くところ
8. RRR
9. X エックス
10. モガディシュ 脱出までの14日間
番外篇
・理大囲城
・ワン・セカンド 永遠の24フレーム

まゆみって。そっちを追いかけちゃって、これは海賊版が流れないようにということなんだけれども、もう全然集中なんかできない。しかも自分の名前ですよ。嫌がらせ?みたいな。つまり完璧な映画を私たちも見てないし、映画会社も、配給会社も見せていないということを認識したうえでしか語れないと思うんだよね。でもだから、本当にDOMMUNEとかはじめて、あ、その映画もうはじまっちゃってたみたいなのとかけっこうあるよ。劇場行かなきゃみたいな、知らないうちに。

柳下 〈キネ旬〉のベスト一〇号が、総決算号ということになってますけど、残念ながら〈キネ旬〉も映画の全体像をまとめられなくなってる、というのはありますよね。今雑誌を見ても、映画が何公開されてるって全然わからない。ぼくは〈ぴあ〉のアプリ版とか使ってますけど、あれも自主上映はわからないし。

三留 でも〈キネ旬〉も、後ろのほうに昔は映画紹介と映画批評が必ずあったのが、もう一〇年以上前になくなっちゃって、秘宝でやるしかないじゃんみたいなことを田野辺くんが言ってたけれども。〈キネ旬〉が今というか、その後何をしたかというと、星取表のページが延々増えていったという。きっと「小さな映画まで網羅してます」ってことなのかもしれないけど、それは違うと思う。でもその星取表を見ながら、「ええ、こんな映画あるの?」っていうのが。ここにね、出てくるような。なんかね、コロナだけではないんだけれども、いろいろなことが変わってきたと思う。だから、映画評論家、ここで評というか、ベスト一〇をやっている人たちも、かなり試写で見る映画の本数というのはセーブされてると思う。だから、それはたくさん仕事してる方だったらばたくさん見ることはできるけれども、最終的には落としちゃって劇場を追いかけて、でも今スクリーンにかかる時間も短くてみたいなこともあるしというので、コロナ以降のベスト一〇は、ちょっと要注意な気がする。

●『ワン・セカンド 永遠の24フレーム』は本当に愛おしいチャン・イーモウ映画

柳下 これはどうですか? このベスト一〇は。

三留 これ? 私の?

柳下　『NOPE』、『リコリス・ピザ』、『愛なのに』。

三留　『愛なのに』は柳下くんに教えてもらって、いやあ、面白かったね。

柳下　と、『パラレル・マザーズ』。これはアルモドバルね。

三留　アルモドバル。で、ヨシキくんの『激怒』。

柳下　『ザリガニの鳴くところ』。これはDOMMUNEでもやりましたよね。

三留　うん。やりました。『RRR』ね。

柳下　『X エックス』、『モガディッシュ』。けっこう最近の映画が多い。『ワン・セカンド 永遠の24フレーム』というのは？

三留　これは『初恋のきた道』とか。

柳下　チャン・イーモウ？

三留　チャン・イーモウの映画で、24フレーム、一秒ですよね。そのフィルムをめぐる話。

柳下　去年？

三留　去年ね、小さく公開されて。

柳下　全然知らなかった。チャン・イーモウ、戦争映画撮ってなかったっけ？

三留　そうそう。『狙撃手』

柳下　もうああいうのしか撮らないのかなって思ってたんだけど。

三留　で、これはチャン・イーモウならではの少女映画ですよ。

柳下　ああ、ロリコン映画。

三留　もう中国のすごい辺境の地というか、砂漠なの、ちょっと行くと。そこで、中年の男と女の子。その女の子も、男の子か女の子かわからないくらいな感じ、こんな感じの。が、フィルムを奪い合うって。なんの話かわからないですよね、これじゃあね。

柳下　それはサスペンスなの？

三留　サスペンスではないんだけれども、これは『ニュー・シネマ・パラダイス』ではないし、この間DOMMUNEでもやった『エンドロールのつづき』みたいな映画でもないんだけれども、映画についての映画で。そのむさい男がフィルムを盗もうとするわけ。町の講堂でかかるフィルムを盗んでというう。映画館じゃなくて講堂。スクリーンは布。上映されるのは『英雄子女』というプロパガンダ映画で、文革の時代。村中の人間が全員で映画を見るはずのその映画のフィルムをフィルム缶ごと盗もうとするわけ。で、なぜかという。その争奪戦の話なんだけれども（泥まみれになってしまったフィルムをめぐっての人海戦術もある）、この24フレームに何が映っているか。

柳下　なるほど。ちょっと気になりますね。

三留　これは女の子もかわいいしね、チャン・イーモウ、これでいいよっていう。これね、本当に愛おしい映画ですよ。見てみて。

柳下　そうですか。じゃあぜひこれは見ます。

三留　もう『ワン・セカンド 永遠の24フレーム』って、泣くじゃん、タイトルだけで。伝わってないですかね。見てください。これはでもあれこれ言っちゃいけない映画のような気もする。私たちの好きなチャン・イーモウの映画。

柳下　それはけっこう微妙だよね（笑）。あざとさも込みでっていうね。

三留　そう。あざとさも込みです。それはもうチャン・イーモウのあざとさ全開の映画。だけど、メフィラス星人が言うように、私の好きなチャン・イーモウですよ。柳下くんも私の好きなだよ、絶対。見てね。

2022年ベスト10

●1『ダーマーモンスター：ジェフリー・ダーマーの物語』（2022 ジェニファー・リンチ他）
●2『焼け跡クロニクル』（2022 原將人、原まおり）
●3『リコリス・ピザ』（2021 ポール・トーマス・アンダーソン）
●4『アネット』（2020 レオス・カラックス）
●5『スパイダーマン：ノー・ウェイ・ホーム』（2021 ジョン・ワッツ）
●6『夜、鳥たちが啼く』（2022 城定秀夫）
●7『アライブフーン』（2022 下山天）
●8『オフィサー・アンド・スパイ』（2019 ロマン・ポランスキー）
●9『七人楽隊』（2021 ジョニー・トー他）
●10『サイコマニア』（1972 ドン・シャープ）
●11〈六邦映画６つの桃色秘宝〉@ラピュタ阿佐ヶ谷

柳下 はい。じゃあ見ます。

柳下毅一郎二〇二二年のベスト一〇

●一〇位はバイカー＋オカルト＋ゾンビ　一度しか死なない映画『サイコマニア』

三留 で、柳下くんのそろそろ行く？

柳下 一〇位からいきましょう。一〇位、これ。いきなりこれです。

三留 『サイコマニア』。

柳下 これはドン・シャープ監督。ドン・シャープというと日本人はドン・シャーププロ、東方と合作で『緯度０大作戦』を作ったドン・シャーププロを思い出すでしょうけど、これはその社長の監督作品で、バイカー＋オカルト＋ゾンビという映画。

三留 え、『事件記者コルチャック』の「闇に舞う暴走首なしライダー」みたいな感じ？

柳下 暴走族集団が出てくるんだけど、そのリーダーのお母さんが黒魔術師なの。で、お母さんに、「ママ、ちょっと死なない方法ある？」とか聞いた

ら、「死んでも絶対に生き延びるんだという強い意志を持てば死なないのよ」って言われて、「そっか」と。暴走族だから、馬鹿だから。

三留　信じちゃったわけね（笑）。

柳下　そういうふうに信じちゃうわけ。で、「絶対に俺は生き残るんだ」みたいな、そういう無駄に強い意志だけはある。

三留　一度しか死なない。

柳下　「一度死んだらあとはなんでもやり放題なんだぜ」と。みんな馬鹿だから、信じる心だけはあって、「よーし、じゃあ俺も死ぬぞーー！」って我先にガンガン死んで、ガンガンみんな甦ってくる。

三留　これなんか私『ヘドラ』のワンシーンを思い出してるんですけど、今。

柳下　みんな馬鹿だから勢いよく死んで、ゾンビ暴走族になって、何をするかといったら暴走するみたいな。

三留　ゾンビになってもやることは同じ。

柳下　やることは一緒、全然。

三留　今ぐるぐる回ってるのはもうゾンビなの？

柳下　そうそう。こうやって悪の限りを尽くすんですけどという話。これはシネマートで去年夏にやっていた特集で、昔ビデオとか出ている映画なんですけど、見た中で一番素晴らしかった。

三留　これ当時は公開してない映画?

柳下　たぶんビデオスルーだと思います。でもDVDも出ているんじゃないかな。

三留　ゾンビになってもやることは同じ。でもオカルティックな感じではあるのね。

柳下　そうそう。一応ね。素晴らしい映画です。「一度しか死なないからやってみろよ」なんて。

三留　「死なないわ!」みたいな感じのシーンですか。

柳下　という映画でした。

三留　七〇年代っぽいね。

●九位は在りし日の香港をしのぶオムニバス映画『七人樂隊』

柳下　第九位。

三留　私もこれだから番外編に入れた。大好き。

柳下　これ大好きですね。これもDOMMUNEで話しました。これはジョニー・トー、サモ・ハン、アン・ホイ、リンゴ・ラム、ツイ・ハーク、パトリック・タム、ユエン・ウーピンの七人の監督が短編で思い出の香港をテーマにつくったオムニバス映画。

三留　プレス持ってきたのよ。これね。

柳下　どれが一番良かったですか?

三留　頭(サモ・ハンの「稽古」)のも好きだし、いやあ、どれって。アン・ホイの「校長先生」なんかも、本当にアン・ホイ節なんだけど、くるんだよね。この順番がまたね。

柳下　一応昔から、一九五〇年代から現代まで。ツイ・ハークが未来かな。

三留　このツイ・ハークは人を食った感じの、でもとてもツイ・ハークらしい。

柳下　このメンツと映画を撮ることに関して、中国当局の問題とかがたぶんあるんですよね。だから、そこらへんはあえて本気は出してないのかなと。

三留　そうね。そうだよね。きっとね。だから、あの最後の話というのはちょっと違うでしょう。他の監督たちは、在りし日の、もう戻ってこない香港を描いてて。でもやっぱりこれを見て、DOMMUNEでも話したんだけど、柳下くんたちと。二〇二一年で、撮ってるのはもっと前なわけじゃん。で、今の香港を思うとさ、さらに。

柳下　なんかさらに辛くなっちゃうよねえ。

三留　ね。『七人樂隊』というタイトルもまた素晴らしい。で、三五で撮ってるんだよね。フィルムで撮っていて。

柳下　リンゴ・ラムが泣けましたね。死んじゃったし。

三留　ね。

柳下　ジョニー・トーは相変わらず素晴らしい。

三留　ジョニー・トーはもうね、トーさん節で。リンゴ・ラムは本当に香港を探すというね。

柳下　あの人はアメリカ行って長かったですからね。

三留　年を取った夫婦、夫妻が。

柳下　自分の知ってる香港はどこにあるんだと。

三留　帰ってきて、息子たちと、自分の知っている香港が、あそこには映画館があったとか、あそこに何があったって、もうそこだけで泣くよね。

柳下　こないだ、昔香港行ったときに買った地図が出てきたんで見てたんですけど、映画館の名前と場所が全部記録されてて懐かしかったなあ。

三留　本当に映画館がたくさんあったんだよね。

●八位はお前の話ポランスキー『オフィサー・アンド・スパイ』

柳下　そして第八位。これ。ポランスキー。

三留　面白かった。

柳下　面白かったでしょう?

三留　面白かった、これも。

柳下　これは本当に人間性と映画の才能は別だというのを如実に教えてくれましたね(笑)。どんなに最低な人間でも映画の演出力というのは違うんだよね。面白いんですよ、めちゃくちゃ。

三留　ポランスキーはすごいって知ってたけどすごいっていう。

柳下　面白かったですね、これは。過去の話じゃなくて、お前の話だろうっていうね。

三留　お前の話だよ。そうなぜそうなったのかっていうね。

●七位は大絶賛余計なものは何もなし！『ALIVEHOON アライブフーン』

柳下　これはぜひ見てほしい。そして第七位、『ALIVEHOON アライブフーン』。これは皆殺しで見いだした映画なんです。

三留　あ、これ、今関さんが、今関あきよし監督が――さっきまでそこいたよ。なんか打ち合わせしてた――大好きだって言ってた映画。

柳下　今関さん！　思わぬところから来ましたね。こんなところで心が通じるとは。

三留　「これ大好き」ってずっと言ってる。

柳下　グランツーリスモの日本チャンピオンの、ゲームしかやったことがないやつが、実車のチームにスカウトされて、本物のレーシングカーに乗ってドリフト選手権に出るという、『ラスト・スターファイター』みたいな話です。映画は完全にレースシーンだけで出来てて、カースタントは全部、本物のトップレーサーがやってる。余計なものは何ひとつない。

三留　もうそれだけ、走る。

柳下　ひたすらカースタントだけ、ストイックな映画なんです。すでにカルト映画化して一部のファンの間では大人気になってる。今は三沢基地とかで上映している。三沢基地で上映した日本映画は初めてらしいですよ。
三留　もうこういう感じだね。
柳下　そもそもドリフト選手権というのがよくわからない。スピードを競うんじゃなくて、いかにかっこよく車を滑らすかというレースなのよ。
三留　キュキュッみたいな？
柳下　こういうふうにガーッと煙を立てながら、ググッと曲がる。
三留　タイヤボロボロじゃん。
柳下　タイヤがボロボロになるし、スピードも別に速くない。本当に早くカーブを曲がりたかったら、スローイン、ファーストアウトをちゃんとやるほうが速いわけです。だから、単にかっこいいだけ。そのかっこよさを競う。
三留　『あなたの知らない世界』だね。
柳下　そうそう。面白かったんですよ。
三留　柳下くんも知らない世界だったんでしょう？
柳下　知らないよ。初めて見ましたよ、そんなの。だって、これも本当にこんな映画あるの？と思って見に行ったら、面白いじゃん、これって。予想外。
三留　これ見るわ。皆さん見てますか？　ほら、みんな見てないって。見なきゃですよ。これ見られるね？　なんらかの形で見られますね？
柳下　今まだ劇場回ってるから、ソフト化はされてないんじゃないかな。まさか下山天の映画を絶賛することになろうとは。
三留　やっぱり長いことやることですよね。大事ですね。

●六位城定映画はどれもいいが今回はあえてこれ『夜、鳥たちが啼く』

柳下　六位はこれ。これは城定さんの映画で、城定さんは去年。
三留　何本もあったね。『愛なのに』があって。
柳下　『ビリーバーズ』があって。もう一本あったよね。『愛なのに』もすごい良かったんですけど。
三留　そう。『愛なのに』は大好き。
柳下　敢えてこれを挙げていきたい。これは佐藤泰

夏の終わり、
ふたつ屋根の下。
歩きだせない二人。
夜、鳥たちが啼く
山田裕貴　松本まりか
原作:佐藤泰志 & 脚本:高田亮 × 監督:城定秀夫 が描く、ささやかな希望の物語。

志の原作の。

三留　純文学ですね。

柳下　城定さん、実はこういうのが好きなんですね。元々は日本近代文学好きというのがあるんで、ここらへんの純文学もお好きでしょう。これ、ロケセットがすごく良いんですよね、この家のね。

三留　プレハブのね、家がこうあって、敷地の中にプレハブがあってという。

柳下　そこで暮らしてるんですけどね。

三留　で、そこに子連れの昔の彼女が転がり込んでくる。母屋を彼女に、親子に貸して、自分はプレハブに引きこもって小説を書く。

柳下　九十度の角度で斜めになっている。このセットがいいというのがひとつ。もうひとつはだるまさんがころんだ。これは城定節としか言いようがない爆笑のシーンがあって、そこはなんとも良かった。城定さんはどれもいいので、どれか一本ということでこれにしただけです。『愛なのに』でも良かった。

三留　『愛なのに』と二本立てで見るとさ、全然なんか違ってて、いい感じで。でもどっちも城定節みたいな。

柳下　城定さん、今年もすでに二本くらいある。

三留　この間映画館の映画あったじゃん。

柳下　それともう一本なんかあって、どっちも見てないんですけど。

三留　見ましたよ。なんだっけ。

柳下　いまおかしんじさんが脚本書いてるやつ。

三留　そうそう。『銀平町シネマブルース』

柳下　どうでした？　面白かった？

三留　私はでも『愛なのに』のほうが好きだな。

柳下　セックスがないと！

三留　セックスがないというのと、映画館の話で、映画を上映するには、いろいろな面倒くさいことがあるじゃない。そのへんがけっこうサクッと。

柳下　ネグっちゃってる。

三留　しちゃってるとことか。すごく面白く見たんだよ。ある監督の未完に終わった映画と若い女性監督の映画をかけるということが大きな一つの山場になるんだけれども。映画館で働いている人たちも映画館にくる人たちも面白い。その映画館もなかなか経営が難しい地方の映画館で。でもいちばん気になったのは、映画が終わって、バイトくんたちというか、社員たちが、片づけをするわけ。そうすると、死ぬほどチラシが落ちてる。それを大きなゴミ袋にこう入れていくんだけれど、あ、あの映画のチラシ、あの映画のも、あの映画のも！って、けっこうこれ意図してるんじゃないかなというあたり。なんの映画かはまあ見てチェックしてほしいんだけれども。でもあんなにチラシ捨てないだろうというところは、城定さんにぜひ聞いてみたいことですね。

●五位はキャラクターの救済が描かれる『スパイダーマン：ノー・ウェイ・ホーム』

柳下　五位。これはみんな見てますね。

三留　これ好きだよ。

柳下　これも実は去年なんですね。『ドクター・ストレンジ』ではなくて、こっちかな、僕はというか。

三留　こっち泣かされたでしょう？

柳下　泣きました。わかってたけど。

三留　わかってたけど。

柳下　この前に『スパイダーマン：スパイダーバース』というアニメがありましたよね。多元宇宙からいろいろなスパイダーマンがやってくる話、たしかあの年のベスト一にしてる、そんな大傑作だと思ってるんですけど、その実写版ですよね。あれの実写版を実際にやってしまったのが本当にすごいことだと思って。

三留　実際にやって、実際に出てきた。

柳下　実際にみんな出てきたというね。この映画にはいろいろ批判もあって、ヴィランを「治療」するっていうのはどうなんだとか、あるいは送り返した

先では死刑になっちゃうんじゃないかとか。

三留　そこから先はどうなのとかは。

柳下　そういういろいろな批判があるのはわかるんだけど、とくにコミック映画としてこれが作られてるのは僕にとってはかなり重要なことなんです。ていうのは、コミックって、とくにスパイダーマンくらい長く続いているコミックって、もうめちゃくちゃなんですよ。話の都合でキャラクターが死んだり、蘇ったり、変身させられたり、魂がドクター・オクトパスと入れ替えられたりとか、そういうことがどんどん普通にあって、延々と繰り返されている。物語の作者の、書き手の都合だけで、キャラクターはもう好きなように。

三留　もう翻弄されちゃっているわけですね。

柳下　そういう身勝手さを救済してあげる話として、キャラクターを救ってあげる。彼らには彼らの、キャラクターとしての一生があって、そこを救う話だと僕は思っているんです。どんなキャラクターにもちゃんと魂があるんだという。すごい良かったです。ちょっと感じるものがあったですね。

三留　掟破りなんだけど。でもすごく好きな映画。あのときこうしてればだよね。

柳下　そんなことはないんですけどね。

三留　映画はそういうものです。

●四位は映画が絶体描けないものに手を伸ばす映画『アネット』

柳下　第四位はこれ。

三留　カラックスね。

柳下　映画始まる前に、「息を止めてください」ってカラックスのナレーションがはいる。殺す気かっていう。
三留 殺す気なんだよ（笑）。
柳下 これは良かった。音楽がスパークスのミュージカル。
三留 カラックスはカラックスなんだよ、だから。ね、スパークスでしょう？（笑） スパークスも映画あったしね。
柳下 『スパークス・ブラザーズ』。あれも良かったです。友達も出演してるんですよ。
三留 だって『スパークス・ブラザーズ』で言ってるもんね。
柳下 赤ん坊が人形、怖いんですよ。
三留 映画だよねえ。
柳下 『TOKYO!』ってあったじゃないですか。あそこらへんからずっと好きなんですけど、カラックスは、映画というものはもう絶対につくれないんだみたいなところから始まっている感じがする。普通にものを撮るだけでは映画にならない。そんなんじゃ映画は撮れないんだ、って。まさにこの話も、赤ん坊は撮れないもの、存在しないものなんですよね。あれは描けないいから人形がやってるわけです。映画には絶対描けないものというのがあって、でもそこに手を伸ばすのが映画なんだという。
三留 だから映画なんだというね。
柳下 そうそう。これは映画についての映画ですよね。カラックスはずっとそうで、ずっと映画についての映画を撮っているんですけど、これは本当に良かった。
三留 はい。今第四位まで来てますよ。

●三位は大好きしかない最高映画 クーパー・ホフマン主演『リコリス・ピザ』

柳下 いやいや。上のほうはわりと普通です。第三位『リコリス・ピザ』。もう大好き。
三留 これサントラも最高だしさ。
柳下 クーパー・ホフマン主演って聞いた時点で、もう泣いてますね。
三留 もうだから、パパのことも思い出すしさ。ね。年上のお姉さんなんだよね。
柳下 これ実話なんですよね。ポール・トーマス・アンダーソンの友人の実話だという。あとはブラッ

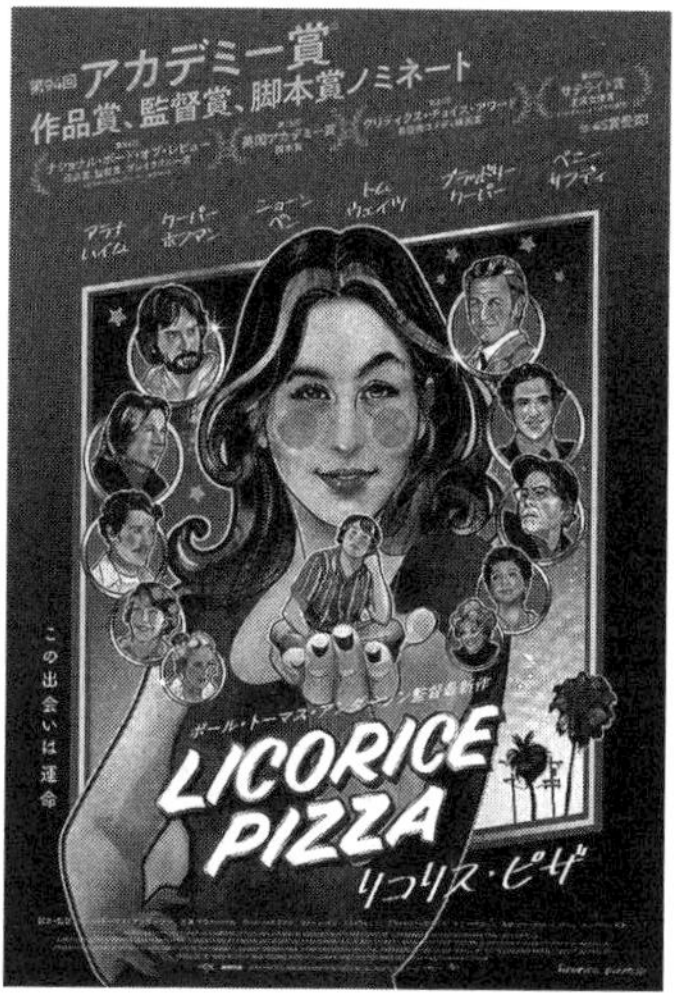

ドリー・クーパーがやってるジョン・ピーターズ。あれが素晴らしい。

三留 ほら。駄目。「See you tomorrow」。これでも八ミリのリズム。私たちにとってというか。もう二人で走ったらそれでOKだよ。ここも大好き。

柳下 三留さんもたしか入れてますよね、『リコリス・ピザ』。

三留 そう。これがたぶん二位くらいかな。

●二位は火事から立ちあがる家族の姿を描く『焼け跡クロニクル』

柳下 そして二位は何かというと、これ。

三留 『焼け跡クロニクル』だ。原さん。

柳下 これは本当に泣きましたね。

三留 火事になってね。フィルムはずいぶん持ちだしたけども、焼けちゃった。

柳下 その焼けたフィルムというのが出てくるんですけど、それがものすごい奇跡的に美しいんですよね。

三留 双子ちゃんがいるんだよね。すごく遅い子どもちゃんでね。

68歳映画監督、ある日突然家が焼けた。
わずかに生き残った8ミリフィルムに刻まれた家族の歴史。
そして、再生の物語。
失くしたもの　出会えたもの
焼け跡クロニクル
監督：原まおり　原將人

柳下　金もなさそうっていうさ、大変なんだよね。

三留　すごく年の離れたパートナーさんと。そうそう。原さんってさ、私たちにとってはもうこのくらいの、大大先輩で。『初国知所之天皇《はつくにしらすめらみこと》』とかね。そうだね。あれ大映の映画だったんだよね。

柳下　焼け残ったフィルムが中に出てくるんですけど、それが本当にうそみたいにきれいなんですよ。

三留　これ八ミリのリール。うん。そうなの。シングルエイトですよ、これ。

柳下　これがシングルエイト。

三留　そう、シングルエイト。厚みが違うんですよ。スーパーエイトのほうが厚い。ううん。駄目だ、もうこれだけで泣く。

柳下　すごいんですよ、これ、本当にね、感動しちゃいましたね。

三留　シネスイッチでやったんだよね、ロードショーね。去年の今頃かな。

柳下　ちょっとまた『初国知所之天皇』、また見たくなりましたね。

三留　見たいね。あれも長い映画。でもこれは原さんじゃなきゃというか、原さんの映画だよね。

柳下　良かったですね。これも八ミリ映画ですね。

三留　そう。生き残った八ミリフィルム。

柳下　劇場で「生き残った八ミリフィルムプレゼント」だったんだ。それは行きたかったな。

三留　八ミリはさ、だって全部ポジだから、私たち、だから映画つくってた頃も、予告編はつくりたいんだけど、本編は使えないじゃん。だから、NGでつなぐの。あとは、デュープしてもらうしかない。でもデュープってすごい高いじゃん。メートルでいくらみたいな感じだから。だから、NGカットをつないで予告編をつくる。

柳下　ジャッキー・チェン映画のクレジットみたいな。

三留　そうそう。あのNG集みたいな感じ。一本なんです、だから。

●一位はNetflixの連続殺人鬼ドラマ『ダーマー モンスター』

柳下　ということで、そして第一位。第一位は、映画じゃない！

三留　え？　何これ？

柳下　『ダーマー モンスター：ジェフリー・ダーマーの物語』という、Netflixのドラマです。全八話かな。

三留　十八話？

柳下　全八話。これが意外と泣けるんですよ。泣ける話って言ったらなんで、と言われそうですけど。あのジェフリー・ダーマーですね。一九八〇年から九一年までに十六人、全部で十七人を殺害して死体を切り刻んで食べた。ミルウォーキー・カニバルとか言われた有名な連続殺人鬼。そのジェフリー・ダーマーの話なんですけど、なんか悲しい話なんですよ。連続殺人鬼なので悪は悪なんですけど、彼もとてつもなく寂しい人間で、孤独のせいで殺人に走るわけで。みんな孤独な人しか出てこない。

三留　ああ、彼だけではなくて、周りも？

柳下　そうそう。お父さんも孤独だし。お父さんって、変なお父さんなんだけど、すごくピント外れた反応ばっかりして、息子が殺人鬼になってもピント外れな反応ばかりしているんですけど、悪い人ではないんです。ダーマーの犠牲者たちも可哀想だし。ダーマーも、悪いんですけど――もちろん悪ですよ。人を殺して食ってるんだから――悪いんだけど、でもなんか悲しいところもあるんですね。一方で怖いところは怖い。めちゃくちゃ怖い。これは隣人に、いつもうるさい、くさいって文句を言ってる隣人のところに、「いつも迷惑をかけてごめんなさい」って謝りに来るんだけど、「お詫びにサンドイッチを持ってきたから食べて」って差しだすところ。このサンドイッチなんの肉が入っているのでしょう。怖い怖い。

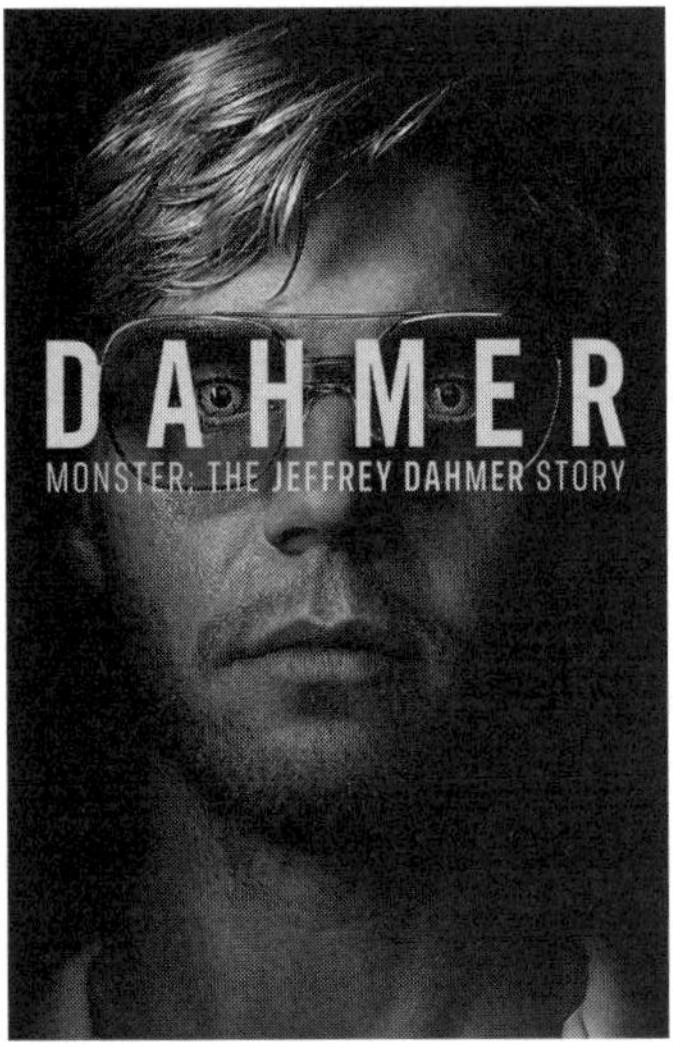

三留　ええ……。楳図かずお（「おろち」）みたいじゃん、それ。肉団子あれから食べられなくなった……。

柳下　主演がエヴァン・ピーターズ。『X-MEN』のクイックシルバーですね。

三留　なんか映像きれいだね。

柳下　そう。つくっているのはライアン・マーフィーという、『glee』とかのクリエイターですけど、監督はジェニファー・リンチがいたり。

三留　ああ、何人かで？

柳下　そうそう。グレッグ・アラキがやったり、けっこう八〇年代の名前があったりとかして。これは今年ベスト一。

三留　これは今もネトフリで見れる？

柳下　見れます。怖いし、けっこうつらい。アメリカではいろいろ問題視されて、実話だから、実際に犠牲者の遺族が出てきて、その遺族とかに対して何もコンタクトなくやっていいのかみたいなことを言われたりとかはしているんですけど、それはしょうがないかなということで。ぜひ皆さん見てほしい。こんな感じでどうですかね。

●十一位はいまはないピンク映画会社映画『六邦映画』の谷ナオミ主演作六本

三留　この一番下にさ、『六邦映画』。これは？

柳下　これはラピュタ阿佐ヶ谷でやってた、六邦映画ってピンク映画の会社があって、そこがつぶれたときに残ってたフィルムを、福島にある本宮映画劇場が保存してたんですが……行ったことあります？

三留　ない。名前しか知らない。

柳下　三留さんは絶対大好きですよ。福島にある劇場の館主が勝手に自分でピンク映画とかを編集して、自分で映画館で上映してかけてたんですよ、何十年も、誰も知らない間に。地獄のニュー・シネマ・パラダイスといわれてるんですけど。

三留　『ニュー・シネマ・パラダイス』だ、まったく（笑）。

柳下　もし機会があったらぜひ行ってほしいです。絶対感動します。本当にすごいんで。これはそこが持っていたフィルムで、その館主が谷ナオミの大ファンだったので、六邦映画の中で谷ナオミの出ているフィルムだけを残してたんですよ。もちろんフィルムはここにしかない。それがちょうど六本あったということで、ラピュタ阿佐ヶ谷で二カ月くらいかけて上映した。どれも本当に良かったんですけど。一番良かったのは、アニメと実写と合わせた、たぶん最初期のピンク映画があって。

三留　え？　アニメと実写を合わせたエロ映画？

柳下　アニメのシーンが入っている。それはまったくなんで入っているかわからない。日本昔ばなしみたいな話。

三留　そのタッチはそういう感じなの？　アニメの部分はエロじゃない？

柳下　違う違う。

三留　違うの？　じゃあ全然違うとこから持ってきてるということ？

柳下　いやいや、それ用につくってる。

三留　それ用につくっているんだけれども。

柳下　でも別にエロじゃない。エロは実写部分なのね。でもとくにアニメの研究者の人がみんな頭を抱

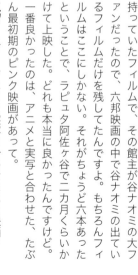

えているという、こんな時期にこんな映画があったんだという。

三留　そんな早い頃なんだね。ラピュタでやったんだ。見たいね。

●そろそろ映画館に行くことを思いだそう

柳下　ぜひ。去年はわりとひきこもりで、あまり劇場に行けてないんですよ。

三留　ひきこもりだったんですか？（笑）

柳下　ネトフリとか。

三留　まあ家で見れるからね。

柳下　忙しくなるとどうしてもそうなっちゃう。そんな感じ。

三留　映画館で、でも映画を見るという行為は好きでしょう？

柳下　もちろん。

三留　この間スラムダンク見に行きましたよ。

柳下　どうです？　良かった？

三留　いやあ、良かったね。でもさ、DOMMUNEという番組で取り上げるためにAmazonからリクエストがあって見に行ったんだけど。劇場に行って、良かったよっていう、本当に。だからそのときも、TOHOシネマズ新宿の、そんなに大きなスクリーンではないんだけど、でもほぼ満杯で、年齢も若い子から、本当にスラムダンク世代までというので。でも始まる前はガヤガヤしてるんだけど、あれだけみんな姿勢を正して映画を見ている、そんな場面って本当に久しぶりだった。すごいんだよ、映画への向き合い方とか。すごいいい時間を過ごした。

柳下　素晴らしい。そろそろ映画館に行くことを思いだしませんとね。

三留　うん。そうね、本当にね。

◉登壇者プロフィール

三留 まゆみ（みとめ・まゆみ）

東京生まれ。イラストライター。自主映画を経て業界入り。描く、書く、話す、その他もろもろの映画よろず屋稼業。柳下毅一郎くんは「宝島」の二代目担当編集者（初代は町山智浩くん）。著書に「いりおもてやまねこなんかこわくない」（マンガ単行本／早坂みけ名義）、「三留まゆみの映画缶」、「ブライアン・デ・パルマ／World is Yours」（監修／柳下くんたちとの共著）など。

皆殺し映画通信
LIVE収録
第三部

皆殺し映画10周年総決算

収録:2022年12月3日　LOFT9 Shibuya

で映画の全体像が把握できなくなった。
で作られる映画
は見ていない。
ら取り落とされている映画を「見る」こと。
プロイテーション
地方映画

皆殺し映画通信 10周年だよ全員集合！

10 years of cinema massacre

『皆殺し映画通信』はエクスプロイテーション映画の探求

●『皆殺し映画通信』は十年間何をやってきたのか

柳下　みなさま遠方からはるばるありがとうございます。十年十年と言っていますけど、最初にはじめたのが二〇一二年になります。本としては『皆殺し映画通信』の単行本が最初に出たのが二〇一四年です。二〇一二年の映画からこの稼業をやっている。今年で二〇二二年ですからちょうど十年になりました。というわけで、十周年ということでいろいろゲストもお呼びして記念イベントをやらせていただくことになりました。

　十年ものあいだに何をやってきたのか？　これ、実は皆殺し映画通信の前に皆殺し前史というのがあったんです。二〇〇七年からバッド・ムービー・アミーゴスという名前で、映画評論家の江戸木純先生とクマちゃんという謎の業界人と三人で、いろいろな、こんなひどい日本映画を見たよ、みたいな話を延々とする座談会を〈映画秘宝〉でやっていたんで

10年の歩み

- 皆殺し前史
  - 「バッド・ムービー・アミーゴス」2007年～
  - 江戸木純、クマちゃん
- 瀬々敬久監督『アントキノイノチ』（2011）
  - 主演　岡田将生、榮倉奈々
- 2013-　皆殺し映画通信シリーズ

す。それは元々江戸木さんが、ぼく以上にいろいろ変なものを見ては、「柳下くん、これ見た？　あれ見た？」とかいって、「いや、見てないです」って、「あれは本当にひどいよ」みたいな話をするのが大好きな人で、いろいろ謎の映画を見つけては教えてくれる。そこらへんからすでに始まっているんですけど。

なんなのかって言うと、映画を見て「こんな映画があったんだよ」という話をしても人に信じてもらえない。「そんな映画あるわけねえだろう」とか言われて、話をつくってるんだろうって全然信じてもらえないことが往々にしてあるわけです。バッド・ムービー・アミーゴスのときは、もう覚えている人もいないかもしれませんが、当時人気だったYoshiという携帯小説作家がいまして、その人が映画も監督してたんですね。最初は『アユの物語』という、彼が書いた女子高生向け小説の映画化だったんですけど、その後に、草刈正雄か誰かが癌で死んじゃう話を映画にしました。そのヒロインがゴミ清掃人なわけです。何言ってるかわからないと思うんですけど、本当にヒロインが、たしか伊東美咲ですね、最初主人公のゴミの捨て方を注意する。「ゴミをちゃんと分別できてない」って草刈正雄が怒られて「なんだあの女は」とムカついてたら、彼女がバッとそのゴミ清掃人の作業着を脱ぐと、下にピシッとしたスーツを来て、バリバリのキャリアウーマン！ そういうオープニングなんですけど、そんなバカな映画があるわきゃない、と誰もが言いだすような代物。

●『アントキノイノチ』は皆殺し映画の原点

で、そのひとつがこれだったんです。今見るとすべてが入っていてびっくりします。モントリオール世界映画祭、なぜか日本映画が常に評価されるので有名な映画祭ですけど、そこでグランプリを取っている。監督は瀬々敬久さんですけど、メジャー映画に関していうとけっこう謎の映画が多くて、なぜこんなのをと言いたくなる映画をつくることも多々あります。実は瀬々監督の場合ははっきりしていて、こういう映画でお金を稼いで、稼いだお金で自分の好きな映画を、撮りたい映画を自主制作で撮るという人なんです。そこは切り分けている。だから別に手を抜いているわけじゃなくても、ストーリー的にいろいろ問題があったりするのをまあしょうがないんじゃないのって撮ってしまう。話はですね、岡田将生が、いじめられた友達が眼の前で自殺してしまったのが心の傷になっている。それに対して、榮倉奈々、ヒロインを演じる女の子はレイプされて、自殺未遂を引き起こし、その後子どもをおろした。二人ともひどいトラウマを抱えているわけです。その二人が特殊清掃人というんですか、要は変死体の現場を掃除するという仕事のアルバイトをやることになって、その中で徐々にトラウマが解かれていく。そもそも死に関してトラウマがある人間が、なんでそんなアルバイトするんだ、というのが謎なんですけど、それはそういう話なのでしょうがない。この映画に問題のシーンがありまして、クライマックスのシーンなんです。

この二人、死にトラウマを抱えた二人が出会って、浜辺で、「あのときの命……アントキノイノチ、アントキノイノチ、アントニオ猪木！ 元気ですかー！」って叫んで元気になるという映画。これまた、こんな映画があるんだよという話を誰にしても信じてもらえないわけです。今はＤＶＤも配信もありま

10周年！

- 10年は続けるつもりだった
  - 10年やれば見えてくることがある
  - 映画状況を知るため
- 誰も本当の意味で見ていない映画がある
  - テレビ局製作、大手俳優事務所出演の大作でも、本当には見ていない。
  - 映画の自由化によって誰も知らないところで作られる映画
  - 「ぴあ」や「キネマ旬報」で映画の全体像が把握できなくなった。
  - →映画批評の文脈から取り落とされている映画を「見る」こと。
  - →現代日本のエクスプロイテーション映画
  - その一例としての地方映画

すから実際に見てもらえばいいんですけど。で、飲み屋とか行って、飲み屋の女の子に、「なんの映画を観た？」って聞かれて、さだまさし原作で、アントキノイノチ、アントキノイノチっていって、言っているうちに、アントニオ猪木になって、元気ですかー！って言って、みんな元気出るんだよ。そしたらそんな映画があるわきゃないと言われてしまう。

●そして、皆殺し映画通信が始まった！

で、バッド・ムービー・アミーゴスが終わったあと飲み屋でそういう話をしていたら、これを飲み屋のバカ話で費やしてしまうのはもったいないから、なんかメールマガジンとかやったほうがいいんじゃないかという話になったわけです。みんな誰一人真面目に見ていない映画を実際に見て、ちゃんと紹介する。そういうのをやったほうがいいんじゃないかという話になりまして。そこでこの『皆殺し映画通信』という名前でWebマガジンを始めることになりました。この話をしたら、タグマ！さんというところがじゃあやりましょう、となって以降十年。

これ、十周年十周年と、今回わざわざ十周年のイベントまでやってしまうくらい盛り上がっているのはなんで、ってことなんですが、そもそもはじめたときに、これは十年はやろうと考えてたからなんですね。こういうことって飽きやすいわけです。とくにバッド・ムービー・アミーゴスのときとか、みんなけっこううんざりしてたんです。こんなことばっかやってられない、毎回同じような文句ばっかり言ってて世の中進歩がないし……みたいな感じになって。ぼくは元々そういうのが好きで、あまり人の見てない映画を見るのが趣味みたいなところがあったんですけど。バッド・ムービー・アミーゴスも、江戸木さんが「こんなことをいつまでも続けていたら自分の頭がおかしくなる」といって辞めることになったんですけど、ぼくはちょっと考えが違って、もうちょっとやってみようと思ったわけです。二、三年でやめるんじゃああまり意味がないと思ったので。

●けなす以上に「今」の映画を知るのが目的

これ、メルマガのタイトルのせいもあって、なんとなくメジャーな映画をけなす連載という感じになっちゃっているんですけど、自分としては少なくともそういうつもりじゃない。それだけじゃなくて、むしろ今の映画の状況がどうなっているかを知るための研究みたいなつもりでやってます。「映画考現学」だとか、いろいろ名前をつけて言っているんですけど、要は、今の映画状況を知るにはこういうのも見なきゃいけないんじゃないかと思うところがあって、そのためには最低でも十年くらい続けていかなければならない。十年もやっていればなんか見えてくるものもあるんじゃないか。最初のときからそう思っていたので、一応十年。十年やったから終わりにするということじゃないんですけど、一応一区切りということで、ここまでどうだったのか、この場を借りて研究発表させていただこう、ということです。

●誰も知らない映画はなぜ生まれるのか？現代日本エクスプロイテーション映画とは

ひとつにはメジャー映画の問題です。今見てもらった『アントキノイノチ』とか典型ですけど、これは主演は岡田将生と榮倉奈々だし、松竹の製作配給

地方映画とは？

- 地方（東京に対する）でつくられた映画
- 地方をプロモーションする映画
- 地方の良さを伝える映画
  - 名産品、名所旧跡の紹介

の大メジャー映画です。メジャー中のメジャー、日本の映画のど真ん中。そういうテレビ局がつくって、大手の俳優事務所の俳優たちが出ているような大作であっても、実はみんなちゃんと見ていないんじゃないの。みんな見ていたらさすがにこれには困惑するんじゃないか？

それに対して、「映画の自由化」ということがある。要は松竹、東宝、東映みたいなメジャー以外で、場合によっては個人でも映画をつくれるようになった。そこにはいろいろな理由があるわけですが、ひとつには映画のデジタル化がある。デジタル化によって、シネマカメラみたいなものが、フィルム時代よりは圧倒的に安い金額でできるようになった。誰でも映画がつくれる時代というのが来たわけです。そうなると当然、誰でも映画をつくれるおかげで誰も知らない映画というのが生まれてきてしまう。〈キネマ旬報〉みたいなところでは紹介されない映画があるってことは、〈キネマ旬報〉を読んでいるだけでは映画界の全体像が把握できない時代がきてしまった。映画批評の文脈から切り落とされてしまっている映画があるんじゃないか。そういう映画を

地方映画の誕生

- 大林宣彦の尾道三部作
  - 『転校生』（1982）
  - 『時をかける少女』（1983）
  - 『さびしんぼう』（1985）
  - 尾道市のプロモーション（巧みなフレーミングで美しい風景を切り取る）
  - ロケ地巡礼、ロケ地マップ
    - 聖地巡礼のはじまり
    - →もちろん行った！

見る中で、そこから現代日本のエクスプロイテーション映画というものが見えてくるんじゃないか。そういうことを考えるようになったわけです。

●地方映画のはじまりは大林宣彦監督

そのひとつに地方映画というものがあります。たぶん地方映画というくくりで話をしている人はぼく以外にはあまりいないと思います。地方映画とはなんなのか？　ひとつは、東京（中央）対地方という対立構造を設定して、その「地方」映画ですね。地方をプロモーションするための、地方の良さを伝える映画としての地方映画というものが作られます。たとえば名産品だったり、名所旧跡の紹介。それは地方の良さを東京に対してプロモーションするプロモーション映画なわけです。観光推進から地域の誇り、コミュニティ意識を高めるための映画まで、さまざまなものが渾然一体としています。

こうした映画のはじまりということになると、それははっきりしていまして、大林宣彦監督の尾道三部作というのがあります。もちろんそれまでも地方を舞台にした映画で、地方ロケに行くというのはたくさんありました。それこそ寅さんみたいに日本中を回って、今度はどこに行く。大河ドラマを誘致するみたいな話で、自分たちのお国柄、土地の良さを伝えるために映画を誘致する。あるいはNHKの大河ドラマを呼ぶ。そういう誘致活動もありました。

ただ、映画そのものがひとつの都市、土地のプロモーションとして機能するんだということが認識されたのは大林宣彦の尾道三部作ですね。『転校生』『時をかける少女』『さびしんぼう』。『転校生』が一九八二年、ぼくが大学に入った年ですから、まあこの世代ですね。もちろん映画は尾道のプロモーションとしてつくられたわけでもなんでもないんですけど、大変なインパクトがありました。これは実際に尾道に行ってみたことがある人はわかりますけれど、現実には大林宣彦の撮っているような風景はないんです。あれはものすごく巧みなフレーミングのたまもので、そこかしこにある余計なものを外してここを撮る、ここだけ撮る、ということをやっているから出来上がっているわけで、あんな美しい風景は一九八二年でもなかった。今はもっとないでしょう。

●そしてロケ地巡礼も始まった

で、尾道三部作のおかげでたぶん最初にはじまったのがロケ地巡礼というものだったわけです。すごいのは、聖地巡礼が自然発生的だったことで、尾道三部作を見て、尾道にはまった人たちが勝手にやってきて、勝手にロケ地めぐりをするので、それをわかりやすくしてあげようと手助けのために地元の人が巡礼マップをつくった。大林映画のスタッフなんかがつくったわけですけど、今はよく映画公開時にロケ地案内をつくってここ来てくださいってアピールしたりするのがありますが、このときは本当にみんな自発的に巡礼に来たわけです。そうすると道聞かれることとかがあって、じゃあマップをつくって紹介したほうがいいんじゃないかということになった。もちろんぼくも行きました。このあとも新尾道三部作としてまた三本つくられたりとかありまして、いまだに大林監督といえば尾道、尾道といえば大林宣彦で、尾道の観光地化にはものすごく貢献しているわけです。経済効果がいくらみたいな話になったのもここからでしょう。決して小津の『東京物語』

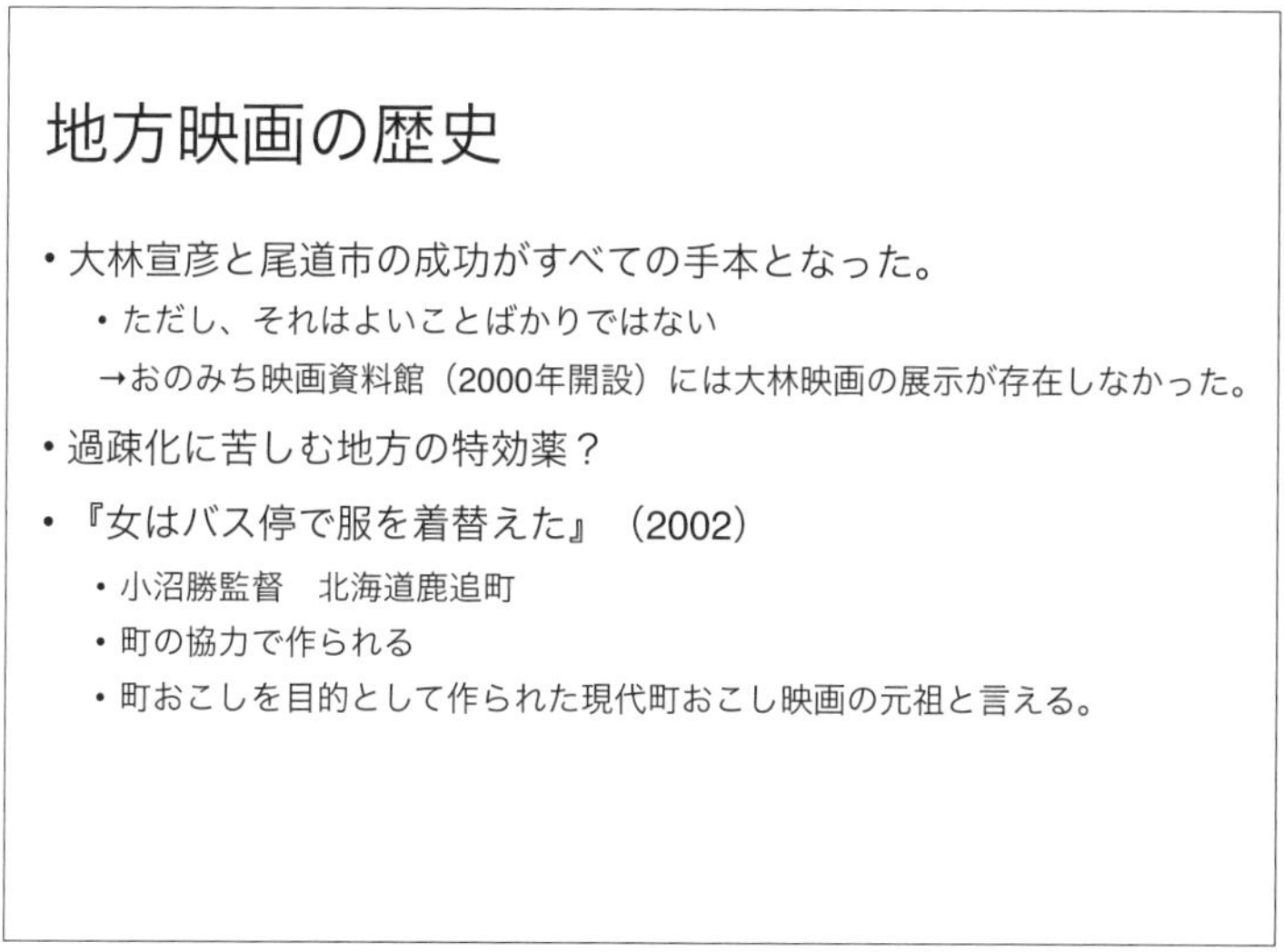
地方映画の歴史
• 大林宣彦と尾道市の成功がすべての手本となった。
• ただし、それはよいことばかりではない
→おのみち映画資料館（2000年開設）には大林映画の展示が存在しなかった。
• 過疎化に苦しむ地方の特効薬？
• 『女はバス停で服を着替えた』（2002）
• 小沼勝監督　北海道鹿追町
• 町の協力で作られる
• 町おこしを目的として作られた現代町おこし映画の元祖と言える。

ではないということですね。

地方映画の歴史はここからはじまるわけです。大林宣彦と尾道市の成功というのがすべての手本となったという。これはいいことばかりではなくて、実はけっこういろいろ面倒くさい問題があったりします。以前、市の肝煎りで映画資料館という場所がつくられたら、そこに大林映画の展示が存在しないという謎があったことがあります。要は、尾道市の中に大林監督のことをよろしく思わない勢力があったということです。あまり成功しちゃうと政治絡みの変な動きが出てきちゃうということですね。大林さんですらそうなんです。ただ、そうは言っても、バブル以降、地方が過疎化と人口減に苦しめられて閉塞して……という話が次々に出てきますので、その特効薬として、こういう地方映画みたいなものが求められてくるようになります。

●町おこし映画の元祖『女はバス停で服を着替えた』

たぶん現代の町おこし映画、町おこしを目的としてつくられた映画の元祖じゃないかと思われるのが、

小沼勝監督の『女はバス停で服を着替えた』です。

　小沼勝監督だと言っても別にセックス映画ではなくて、ワケアリの女が北海道の田舎町に流れてくるって感じの話なんですけど、これ、実は北海道の鹿追町って町がお金を出してつくった映画なんです。あまり知られていないんですけど。その町がお金を出して、要は町のプロモーション映画としてつくった映画です。ただ、小沼監督は別に鹿追町に関係がはなく、雇われ監督として関わったんだと思いますが、本来の意味で、町おこしとして成功したかどうかは微妙ですね。その後、町おこしをテーマにした映画というのが何本もつくられることになります。とくに二十一世紀に入ってからけっこうつくられているんじゃないかという。ぼくももちろん全部を見ているわけじゃないですし、そもそも町おこし映画というものについて考えるようになったのも、皆殺し稼業をはじめてからなんですが。もちろんこの隆盛の裏には政府の地方振興策や、平成の大合併といったさまざまなことがあります。

皆殺し映画通信
ＬＩＶＥ収録
第四部

まち映画放談 ２０２２

収録：2022年12月3日　LOFT9 Shibuya

柳下毅一郎×藤橋誠

（映画評論家）　（映画監督・まち映画制作事務所代表）

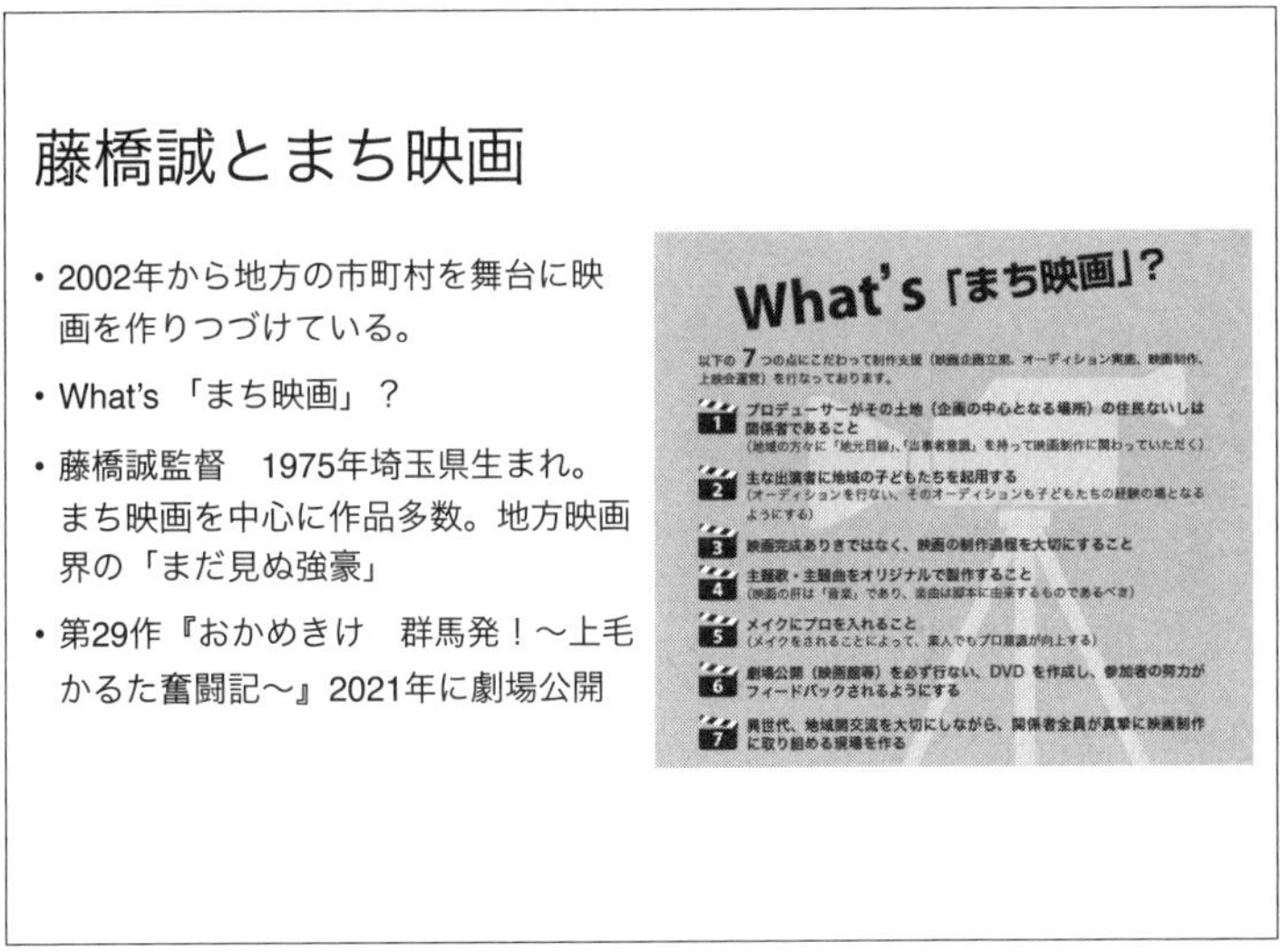
藤橋誠とまち映画
・2002年から地方の市町村を舞台に映画を作りつづけている。
・What's 「まち映画」？
・藤橋誠監督　1975年埼玉県生まれ。まち映画を中心に作品多数。地方映画界の「まだ見ぬ強豪」
・第29作『おかめきけ　群馬発！〜上毛かるた奮闘記〜』2021年に劇場公開
What's「まち映画」?
以下の7つの点にこだわって制作支援（映画企画立案、オーディション実施、映画制作、上映会運営）を行なっております。
1 プロデューサーがその土地（企画の中心となる場所）の住民ないしは関係者であること
（地域の方々に「地元目線」、「当事者意識」を持って映画制作に関わっていただく）
2 主な出演者に地域の子どもたちを起用する
（オーディションを行ない、そのオーディションも子どもたちの経験の場となるようにする）
3 映画完成ありきではなく、映画の制作過程を大切にすること
4 主題歌・主題曲をオリジナルで製作すること
（映画の肝は「音楽」であり、楽曲は脚本に由来するものであるべき）
5 メイクにプロを入れること
（メイクをされることによって、素人でもプロ意識が向上する）
6 劇場公開（映画館等）を必ず行ない、DVD を作成し、参加者の努力がフィードバックされるようにする
7 異世代、地域間交流を大切にしながら、関係者全員が真摯に映画制作に取り組める現場を作る

地方の町おこし映画、現場の現在とリアル

●地方の町おこし映画をつくる藤橋監督

柳下　さて、今日は十周年なので、せっかくなので、本当に町おこし映画をつくられている方をお呼びしてお話をお伺いしようと考えまして。今日はまち映画の監督として有名な、藤橋誠監督をお呼びして、来ていただいています。ご登壇願ってもよろしいですか。遠路はるばるありがとうございます。

藤橋　今日はさいたま市から。

柳下　最初に一本、予告編なんですけど、『コウとチョウゴロウの夏』という、三年前くらい。二〇一九年におつくりになった映画の予告編がありますので、それを紹介させていただきます。

柳下　これは群馬県の藤岡市を舞台にした「まち映画」ということになります。まずは最初に藤橋さんからお話をおねがいします。

藤橋　藤橋といいます。あらためまして、今日はよろしくお願いいたします。先ほど柳下さんのお話をお伺いしていると、ますますここにいるのがかなり

場違いじゃないかと思いまして、ちょっとザワザワ胸がしているんですけども、もしかしたら、たぶん地方映画というものと、私がやっているこのまち映画というのは、言葉はあんまり変わらないのでちょっとわかりづらいかもしれないんですけど、実は全然違うものでして。この後スライドで説明させていただければと思うんですけれども、たぶん大林監督とか、先ほどおっしゃっていたような、地元を思いっきり前面にPRする映画みたいなところではあまりやっていないんです。視力が後ろの方だと二．〇じゃないと見えないような（スライドの）文字サイズですけども、ちょうど二〇〇二年から、先ほど小沼監督でしたっけ。北海道のほうでつくられた映画と奇しくも同じというか、ちょうど二〇〇二年に群馬県の太田市というところがあるんですけど、そこで始めまして、だーっと二〇二一年まで三〇作つくらせていただいています。群馬、栃木、埼玉、茨城、長野県というところでやらせていただいてはいます。群馬県の安中市というところでつくった『ライズ&シャトル』という映画は、国際映画祭のほうにも呼んでいただいて上映したりもして、そんなものもあ

これまでの「まち映画」30作品〈2002年～2022年〉

01.「home」(2002年・33分・映画・社団法人太田青年会議所製作)

02.「舟の上」(2004年・77分・千代田町映画制作委員会製作)

03.「ウソつき番長」(2006年・50分・群馬県観光局地域創造課協力)

04.「サドル184ペダル∞」(2008年・92分・ファイト映画制作実行委員会製作)

05.「ソースが恋。」(2009年・58分・太田商工会議所青年部製作)

06.「虹の街」(2010年・71分・わたしがつくるわたしの舞台実行委員会製作)

07.「タイムマシンカー」(2010年・92分・太田商工会議所青年部製作)

08.「あおとんぼ」(2011年・23分・千代田町映画製作委員会製作)

09.「しゃんしゃんしゃんしゃしゃしゃんしゃん」(2011年・83分・藤岡市鬼石地区映画製作委員会製作)

10.「北中発、恋六十年」(2012年・59分・太田市立北中学校創立60周年記念製作)

11.「トランスミッション」(2013年・45分・千代田町町制30周年施行記念製作)

12.「グラス☆ホッパー」(2013年・66分・財団法人日本ラグビーフットボール協会後援)

13.「漂泊」(2014年・86分・玉村町/群馬県/群馬県立女子大学連携事業)

14.「神様、仏様、オヤジ様。」(2014年・45分・平成25年足利市民活動支援事業)

15.「スイッチバック!!」(2014年・74分・公益社団法人上越青年会議所創立50周年記念事業製作)

16.「サンゴーヨン★サッカー」(2015年・64分・大泉町連携製作事業)

17.「グリモン~DREAMOFFLYINGCAR~」(2015年・98分・学校法人小倉学園群馬自動車大学校主催製作)

18.「あの夏、いつかの生姜焼き~劇場版たかさき看板メニュー選手権~」(2016年・63分・高崎市内飲食店有志製作)

19.「DOUMONIKAN~同聞異感~」(2016年・29分・埼玉大学准教授菊原伸郎氏プロデュース)

20.「クラッチヒッターみなみ」(2016年・74分・法務省企画協力作品)

21.「夢色の川」(2017年・99分・足利市映像のまち構想応援事業製作作品)

22.「百年池~100yearsPond~」(2017年・42分・太田市1%まちづくり事業認定作品)

23.「いしつちみずと、だいちのこえ」(2017年・35分・筑波山地域ジオパーク推進協議会製作)

24.「祭りのあと、記憶のさき」(2018年・97分・平成29年度群馬県桐生市地域力向上事業)

25.「ライズ&シャトル」(2019年・93分・平成31年度群馬県安中市地域力向上事業)

26.「さかみちラプソディ」(2019年・63分・平成31年度長野県元気づくり支援金事業)

27.「コウとチョウゴロウの夏～高山社小さな記憶の物語～」(2019年・83分・平成31年度群馬県地域力向上事業)

28.「ユメシズ～とねに咲く笑顔の花～」(2020年・40分・利根沼田夢大学令和2年度主催事業)

29.「泣いて笑って豚ホルモン~LegendofHormoninGunma~」(2022年・70分・群馬県食肉事業協同組合連合会協力)

30.「おかめきけ～群馬発!上毛かるた奮闘記～」(2021年・77分・文化庁「文化芸術活動の継続支援事業」)

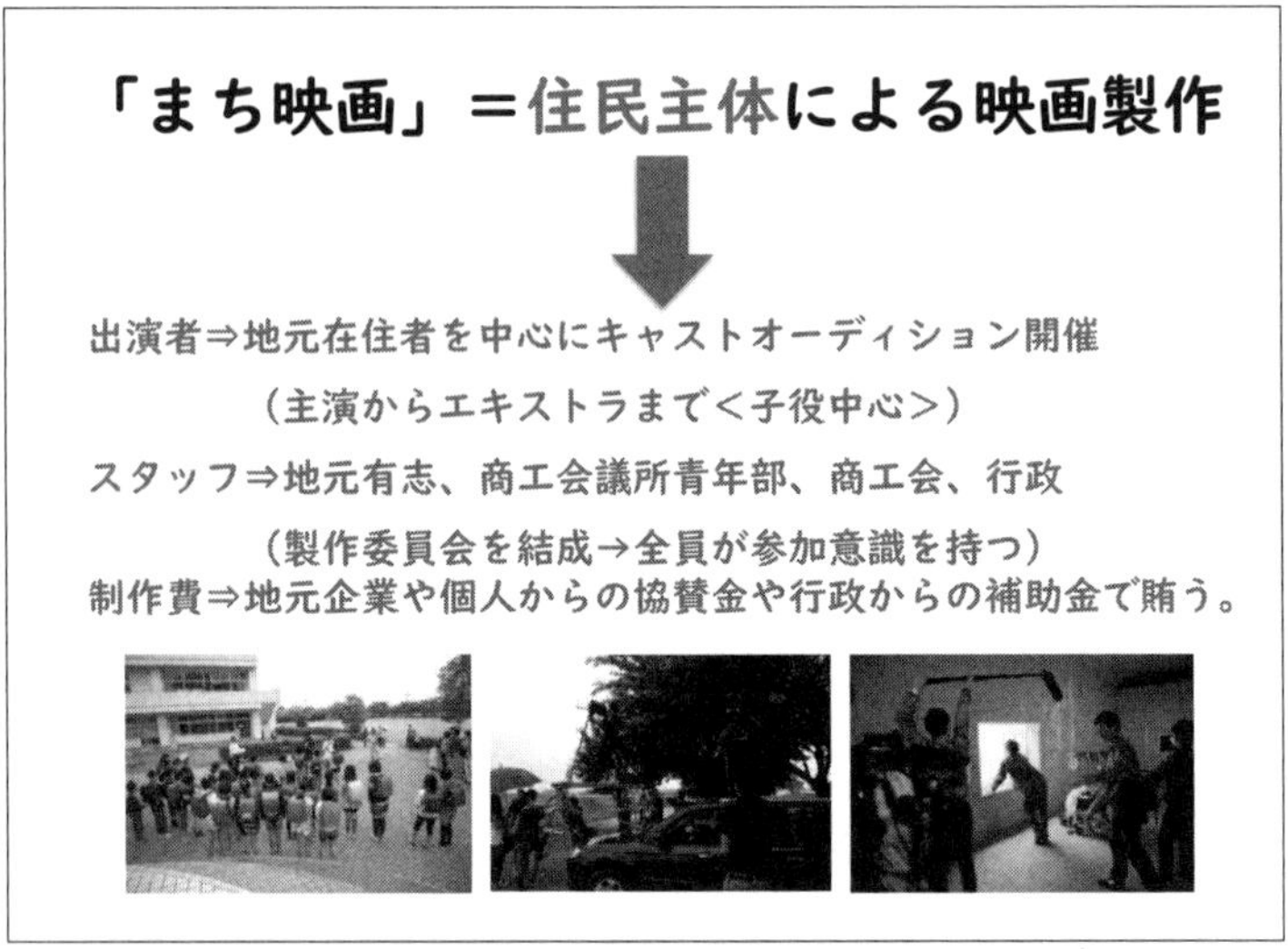

© 藤橋誠

ったりもします。この映画、まち映画は、地方映画とちょっと違って、あくまで映画をつくることが目的ではなくて、手段として映画づくりというのをやっているというのが、たぶん今日ここにこういった映画好きの皆さんがこぞって集まる中で、いていいんでしょうかというような状況に今なっている。手段であって、目的ではないというところでやっています。私は、あくまでたしかに地元をPRする、そういったものも要素としては入れているんですけれども、まちづくりイコール人づくりということで、出演者の皆さん、主演から脇役、端役まで、全て基本的には地元の人をオーディションして、演技指導を行って、出演してもらっているというようなことをしています。つくり方なのですが、出演者もスタッフも制作費なんかも全てオールインワンというか、制作費もスタッフなんかもすべて地元で集め、大体一本少ないものだと本当一〇〇万円くらいの予算で短いものは制作していて、最近だと五〇〇とか六〇〇万くらいが平均的な金額なのかなと思うんですけども、特に撮影部とか録音部に関してはいい加減学生スタッフなどではしんどいなというところもあったので、プロの方を入れたりとかしていて。ですので、そういった費用がかかっていますが、大きなお金でやっているわけではありません。

●まち映画のメインの目的は人づくり

じゃあなんでこんなことをしているのかと、こんなことというか、こういった地方で映画をつくり続けているのかというと、胸がすごくざわざわしてたんですが、もしかしてこれは、柳下さんほどすごく高い位置でやっていらっしゃるわけではなくて、私は本当に雑多なところでやっているんですけれども、ちょっと天邪鬼的な気持ちがありまして、元々東京で大学を出た後に映像の制作会社で働いていまして、二年くらい働いたら心身ともに疲れまして、このままだと死ぬなと思ったので、ADを辞め、何か他の仕事をしながら映画のシナリオを書いたりしてつくれたらいいなと。自主制作で構わないので、映画をつくることは学生のときから好きだったので、そういうことをやれたらいいなと思って、仕事をしながら自主製作映画をつくっていたんです。そうしたら、ちょうど二〇〇〇年くらいに、皆さんも耳にしたことが多いと思うのですが、フィルムコミッションというのが地方にバンバンつくられてきたわけです。

たまたまその当時の勤め先が群馬県の学習塾でした。そこでフィルムコミッションが群馬県もそのとき四か五くらいありまして、そういったフィルムコミッションで、東京の映像制作の、さっきの大林監督のような、そういう大きい撮影隊が来たりとか、有名な俳優さんが来て、地方で映画をつくるということが増えてきた時期なんです、二〇〇〇年が。その中で、いろいろ経済効果とか、先ほどの話もありましたけども、地域へのアピールということでやっているための、その制作会社がいきなり地方に来たってよくいろいろわからないわけなので、その仲立ちとしてある組織がフィルムコミッションですけれども、そのフィルムコミッションの方からため息しか聞こえてこないんです。映像制作は朝早いし、夜遅いし、ゴミも持って帰らない撮影隊もいる、どうしたもんだと。で、そんな話が一般市民のほうにも響いてくるわけなので、映像制作をする人たちってもうひどいよねみたいな。私はそのとき映像以外の仕事をしてたんですけれども、やっぱり映画をつく

安中まち映画「ライズ＆シャトル」の1シーン。　© 藤橋誠

ることが好きですし、色々な思いを持ってやっていたわけなので、このままだと地方で映像制作とか映画製作とか、そういう仕事をしている人が鬼みたいに思われてしまうのも嫌だなと思ったので、じゃあどうやったら地元でそういったことが、映像づくりとか、映画づくりというのが、一つの仕事としてというか、面白く思ってもらえるのかなと思って始めたのが「まち映画」なんです。地域の方もプロの俳優さんを東京から呼ぶわけではなくて、あくまで地元に住んでいらっしゃる方と一緒につくることで、映画とか映像制作ってそういうことなんだみたいなことをわかってくるみたいな感じの流れでやっていたら、早二十年近くこんなにつくっていたという流れです。

いろいろな映画が、『アントキノイノチ』もさっきありましたけれども、あれはたぶん一〇〇万人以上の人が泣いている映画だと思うのですが、そういったものではなくて、出演者の方一人でも、関わっていただいた方が一人でも一生記憶に残る映画が、映画のプロジェクトができたらいいかなと思ってやっています。つまり、まとめますと「人づくり」が

地域が受け身ではなく、「主体」となる方法
↓
地域の方が「主役＝主演として出演」する映画づくり
↓
「まち映画」の誕生へ

太田青年会議所主催製作
まち映画「home」

千代田町映画製作委員会主催製作
まち映画「舟の上」

メインの目的として映画をつくり続けているということですね。

●まち映画監督になったきっかけは青年会議所の募集チラシ

柳下　ありがとうございます。そもそも二〇〇二年の太田青年会議所でつくられた『home』が最初のまち映画ですね。

藤橋　はい、そうですね。

柳下　フィルムコミッションの話はなかなか面白いですね。それはそれでまたいろいろ取材してみたいような。そこでじゃあつくろうと、『home』を自分たちで直接やろうと考えたということなんですか？

藤橋　これは実はそういう企画が太田青年会議所のほうで動いていまして、キャストやスタッフの募集チラシみたいなのがあったんですけども、それを妻が近くの図書館から持ってきて、たぶん私そのときはサラリーマンで、塾の仕事をしながら、心身ともに疲れ切ってまして、このままじゃやばいなと妻が思ってそのチラシを持ってきてくれたんだと思うんですけど。そのチラシに、監督とか脚本とか出演とかやりたいものに丸つけてくださいみたいな、そういうチラシがあって、監督と脚本ちょっとやってみたいですと丸つけて応募した。そうしたら採用された。

柳下　つまり青年会議所が太田市のプロモーションの映画をつくりたいと考えて、ただ、つくりたいけどどこからやったらいいかまったくわからない、というところで始まった

藤橋　おっしゃるとおりだと思います。

柳下　フェイスブックのページだったかで拝見した「まち映画」の七箇条みたいなものがあるんですが、これを拝見してすごく面白いなと思ったんですね。その中にプロデューサーがその土地、企画の中心となる場所の住民ないしは関係者であること、という条件があるんですよね。これはつまり、そもそも最初に青年会議所というところでおつくりになって、それがいろいろ便利というか、そのおかげでこういう映画がつくりやすくなるという部分があったということなんですね。

●まち映画のひろがりとおらがまちアピール

藤橋　そうですね。結局この三〇作までは、たとえば一作目で今ご紹介いただいた、太田でつくった映画を見たという、太田市の隣の人口一万人くらいの小さい町で千代田町というところがあるんですけど、そこのおじさんが上映会で『home』を見て、なんか面白そうな取り組みなのでうちの町でもやってくれないかみたいな話になって、それで新しいまち映画をつくっていったんです。そのつながりの連鎖でしかないです。また、その千代田町でつくった映画を、群馬県庁の職員の方が見て、県が応援するからまち映画をやってくれみたいな感じで。

柳下　さきほどまち映画はプロモーションを目的にしないんだとおっしゃってらっしゃいましたが……

藤橋　そうですね。先ほどご覧いただいた藤岡市のまち映画に関してもそうしました。

柳下　藤岡の三偉人？

藤橋　そうです、三偉人です。偉人をテーマにした映画なんてそんなのつまらなくて、誰も見やしない

じゃないですか。だから、それは無理ですって最初言ったんですけど、三大偉人、関孝和、堀越二郎、高山長五郎ということで、そんな偉人の映画を描いたところでとくにじゃあ誰にそれを見せたいんですかと尋ねたら、小学生に向けて見せたいと。そんな、偉人を扱った映画なんて小学生まず見ないですよという流れもあって、いろいろな要素をつくっていったという感じなんです。

柳下　とくに県や市みたいなところがお金を出すとなると、当然おらがまちのいいところをちゃんと映画にしてくれよというか、お金を出すからにはこれを出してくれ、と。そういう要求はあるわけですね。

藤橋　そうですね。ありますね。

柳下　それに対して、それだけでは映画にならないので、どういうふうにそういう要素を落としこんで映画をつくるかっていうのがポイントになる?

藤橋　そうですね。

●青年会議所の協力と生CMの感動

柳下　とくに青年会議所というのが面白いなと思いました。というのは、青年会議所、JCというのはその土地、その町、市でもいいですけど、そこの中小企業というか、地場企業の社長だったり、その息子だったりみたいな人たちがつくっているわけですよね。ですから、そういうところの協力を得られると、撮影での便宜ですとか、あるいは寄付を募るとか、そういうことがやりやすいのかなと。

藤橋　おっしゃる通り、すごくやりやすいです。そういった経営者、地元の企業の方が参加してもらえると、やりやすくもあり、その反面、ちょっとうちのこの工場なんでもいいからワンカット撮ってよという、そういったリクエストも増えてくるので、そことのせめぎ合いにはなってきますけども。

柳下　そういうのはどうするんですか?

藤橋　一応柳下さんも書いていただいていましたけども、コウとチョウゴロウの映画に関しては、途中でいわゆるVPみたいな感じで、企業の宣伝とかが入ってくるじゃないですか。

柳下　生CMが入るんですよね。

藤橋　あり得ないですよね、そんなん。冗談じゃないよみたいなところなんですけど。ですけど、形としては、枠としてはあるんですけれども、でもそれはそれとしてやって、でも結果それで参加した人たちがハッピーになれたらいいかなと思って。

柳下　あれは本当にすごいと思いました。別に馬鹿にしているわけでもなんでもなくて、本当にすごいことだなと思うんです。たとえばテレビの始まりのころ、まだVTRというものがなかった時代に生CMというものをやってたわけですよね。出演者がテレビの中で、ドラマの合間に「この商品は～」みたいなことをやったりする。映画でもそういうことがあったろうと思うんですが、それが、今まさにそれをやっている。一種、映画の誕生を目撃しているみたいなすごい感動があったんですよね。

●地域の子ども参加がまち映画ルール

柳下　もうひとつ、まち映画には子役がよく使われていますよね。『コウとチョウゴロウ～』もそうでしたし、例の七箇条の中にも、二番目のところで、出演者に地域の子どもを起用するというルールがあります。それは、子どもに見せたいということもあるんですか？

藤橋　いくつか理由としてはあるんですけども、その子どもが参加すると、そのお子さんが通っている学校だったり、そのご家庭だったりとか、そういったところをまず巻き込めるというのがあります。かつ、その地方の子たち。まあ当時ですけど、今はもうだいぶ変わってますけれども、映画というとすごい有名な俳優さんが出ているものが映画、という概念みたいなのがどうしてもあるんですよ。それがすごく嫌でして。なので、そういう誰だかわからない、むしろ皆さんが出ているようなものでも、映画というふうにはなれるんだよということを伝えたくて、そういった子供たちをメインとした若い人を起用しているというのはあります。

柳下　これ、実際に出来上がった映画というのは、地元での上映がどうしても中心になっちゃうということなんですか？

藤橋　そうですね。最近は映倫申請とかもだいぶ厳しくなってきたので、それを取っていないと流せないということになってましたけど、二〇〇七、八年くらいまでは映倫がついていなくてもシネコンで流してもらえていたので、地元の映画館に相談をして、ミニシアターとかも含みますが、ちゃんとした映画

「まち映画」＝住民主体による映画製作
出演者⇒地元在住者を中心にキャストオーディション開催
（主演からエキストラまで＜子役中心＞）
スタッフ⇒地元有志、商工会議所青年部、商工会、行政
（製作委員会を結成→全員が参加意識を持つ）
制作費⇒地元企業や個人からの協賛金や行政からの補助金で賄う。

館で流すということをやってほしいと思ってましたので、お願いをして上映してもらっていました。

柳下　上映自体は公民館でやるというよりは、ちゃんと映画館で上映したほうが、出ている人にも、あるいは出ている子どもたちの同級生とかにも、ちゃんとした映画館で、誰それさんが出ている映画がかかっているんだということを経験として。

藤橋　もそうですし、岡田将生と榮倉奈々が出ている映画と同じスクリーンで流れてるんだよ、みんなはということで、ある意味自己肯定感というか、そういったものを感じてほしいなと思って。

柳下　それはとてもいいことですね。その頃からシネコンもだいぶ増えてきて、映画館状況も変わってきたというのもあるんでしょうか？

藤橋　そうですね。今東京はもう何年か前からですけども、地方ではそういったミニシアターがだいぶ大変な状況になってきていて、シネコンが増えてきた時期と、フィルムコミッションが増えてきた時期と、本当に大体同じくらいのタイミングだったので。

柳下　それは、フィルムコミッションは、さっきもおっしゃっていましたけど、要は基本的にはメジャーに地方ロケを誘致することで経済効果を得るわけですよね。それと、いってみれば、中央の映画を地方に持ってくる装置としてのシネマコンプレックスというのが、ほぼ同じような形で存在している。それに対して、あくまでも地産地消というんですかね。地元で映画をつくって、それを地元で見ることでも十分面白いじゃないかと。そういう発想で。

藤橋　そうですね。

●まち映画は地産地消で形に残して手渡されていけば報われる

柳下　子役を使ううえでの苦労というのはいかがでしょう？　子役が一番難しい、とよく言われますよね。

藤橋　まあそうですね。最初は本当に大変だなと思っていたんですよ。オーディションで選んで、演技のトレーニングをして出てもらっても、たとえば撮影日に、本番の日に、今日ちょっとお母さんとイオンに行ってくるから休みますとか、そういうこと言うんじゃないかなと思っていたんです。撮影スケジュールを軽くブッチするんじゃないかなと疑ってたんですけど、そんなことなくて。皆さん本当に一生懸命トライしてもらって、ご家族も一生懸命応援してくれているので、とても安心して制作しています。

柳下　ちなみにそのスタッフとか、どのくらいの人数で？

藤橋　制作部というメンバーのほうが多いかもしれないです。大体二十人くらいですかね。カメラマンとか、メイクさんとかも入れると二十人ちょっとくらいです。

柳下　とりわけ素人さんの俳優を使うとなると、スケジューリングだとか、助監督のやる仕事が大変そうな気がするんですけど。

藤橋　全部私がやっていますね。香盤表を作るのも私がやっていますが、最近はプロデューサーの方から直接連絡してもらっているんですけれども、始めたときから大体十年間くらいは、自分で主演とか脇役のお母さんに電話をして、「明日撮影なので、服はワンピースの青いほうでお願いします」とか。監督が直接電話することで、出演者のお母さん方にも、なんか怪しい人じゃなさそうだ、ということをわかってもらえるので。

柳下　けっこうそれはじゃあ全然別にお金はもうからないですね、どんなに大ヒットしても。人件費というか、手間を考えたら、なかなか。

藤橋　そうですね。興行収入があるわけでも当然ないので、もちろん映画館でやるときには一〇〇〇円とか入場料をいただいていますけども、上映館とこちらの製作委員会で折半だとしても五〇〇円くらいになっちゃうので、その上がりはまったく期待せずに、あくまで先ほどおっしゃっていただいた、地産地消で、地元の子たちが一種の打ち上げ花火的な企画という考えでやれればいいですよね、とプロデューサーにもご理解していただいて制作しています。

柳下　ＤＶＤをつくったり？

藤橋　そうですね。それも制作費の中に入って。先ほどの、最後にくさいせりふを書いていましたけど、参加者の一人でもみたいなことがあったんですけど、それは本当の気持ちとしてありまして、ＤＶＤを、今後規格が変わっちゃうかもしれないですけど、たとえばその当時のまち映画に出た子どもが親になって、子どもができたときに、「お母さん昔こういうのに出てたのよ」みたいな話をしながら、ＤＶＤが子どもに手渡される瞬間を想像できれば、それで「まち映画」の目的は十分かなと思っています。

柳下　それで報われた、ということですね。

藤橋　そうですね。なので、DVDとか形に残すということは必ずやってもらっています。

●コロナ禍＋上毛かるた映画『おかめきけ』

柳下　「まち映画」も三〇作、群馬で一七年まで、こうやって群馬じゅうあちこち埋めているというか。

藤橋　群馬だけではないんですけど、信長の野望みたいな感じで（笑）。

柳下　次どこいこうとか、そういうのはありますか？

藤橋　それはなくて、作品を見ていただいた方々が、長野だったり、茨城だったり、そういった人がお声がけいただき、続いていくという感じですかね。

柳下　三〇作目かな。この『おかめきけ』というのが去年できて。

藤橋　そうですね。

柳下　これは上毛かるたという、群馬県民は誰でも知っている上毛かるたを扱った映画なので、これは舞台はいってみれば全群馬の話じゃないですか。ということは、それはまち映画といいつつ、群馬全県向けにやろうと。

藤橋　そうですね。これ実際三〇作目なんですけど、三〇作という節目というか、一つの区切りになったので、そういった群馬県内中を巡るようなものをやれたらいいよねというのはあって。そういったプロデューサーの方が、コウとチョウゴロウをつくった、同じ人ですけども、その人が、じゃあそういった上毛かるたをテーマにやってみましょうみたいな感じで。

柳下　藤橋さんは群馬出身ではないんですよね？

藤橋　ないです。さいたま市出身です。

柳下　たまたま勤め先が群馬。

藤橋　そうです。一作品目を制作した当時は太田でした。

柳下　太田市で、それで、じゃあ群馬の。上毛かるたとかも別にご存じだったわけではない？

藤橋　まったくないです。

柳下　上毛かるたの話はすごい面白いんですよね。群馬出身者に会うと必ず「上毛かるたってあるでしょう？」と聞くんですけど、そうすると本当に嫌な顔で教えてくれるんです（笑）。それで、ついに上毛かるたが来たんだな、と思って。反応はいかがですか？

藤橋　ちょうどコロナの真っ最中で撮影したりとか、上映だったので、いろいろ大変なところはあったのですが、やっぱり本当に群馬の方って、三〇分の二十二、三本が群馬県でつくられているということで、やっぱり自分たちの町のことが、表向きは「うちの町はなんもないし、どうしようもないよ」みたいなことを言うんですけれども、でも本当に好きな人が多くて。上毛かるたもやっぱり郷土愛の結晶みたいなところにもあるので、そういった意味ではすごく楽しんでいただけたんじゃないかなと思います。

●子役の募集は教育委員会を巻き込む

柳下　拝見させていただいたんですけど、いきなりコロナ禍の話なんですよね。コロナでリモートワークだから群馬に引っ越そうとかいって、いきなり新宿から群馬に引っ越してしまう。その強引さが味ですよね。この映画も子役が中心なんですが、これはみんなオーディションとかで集めてくるんですか？劇団に話をするとか、そういうこと？

藤橋　一切しないです。最初企画するときに、必ず行政とか、産学官じゃないですけど、巻き込んでやるようにしているんです。そのときに教育委員会も巻き込んでやっているので、今ちょっとコロナなので難しくなっていますけど、コロナがないときは、いろいろな小学校でチラシを納品して。大体募集をかけるのは小学五年生以上にしてますけども、五年、六年生向けに、たとえばなんとか小学校は五〇人ねといったら、募集チラシを五〇枚納品して、全員に配ってくださいというのを必ず内諾を取ってからスタートしているんです。なので、みんながチラシ見て、別にこんなの興味ないよといったら別にそれはいいんですけど、興味ある子がそれに応募して、シートを書いて応募するという。

柳下　基本的には脚本ができてから？

藤橋　いえ、当て書きです。

柳下　アイデアというか、こういうことでこの町の映画をつくりますよという形の募集をかける？

藤橋　そうですね。ある程度のプロットというか、あらすじは一応つくっておくんですけども、たとえば極端な話、男の子を主人公に今回映画を撮りたいとなって、出演者を募集したら全部女の子だったら、全てチャラになるじゃないですか。そのリスクもあるので、脚本は最初につくりません。あとやっぱりオーディションを受けてくる子は面白い子が多いので、じゃあこの子もう二重跳びが一〇〇〇回できるんだったら、それを映画の中に入れようとか、そういうふうに、やりながらオーディションしていますので、基本的には脚本は書かないでスタートします。

柳下　当て書きであり、さらにいえば、アドリブでその場でつくるくらいの勢いですか？

藤橋　そうですね。

●まち映画にチャレンジして面白いことを発見してほしい

柳下　先日『泣いて笑って豚ほるもん』という映画を拝見しました。舞台は高崎のまち映画。これが最新作ですか？

藤橋　順番的にはそうですね。

柳下　なんとタイムスリップSFなんですね。すごく面白かったんですけど。何より驚いたのが子役の子。目の覚めるような美少女なんですよ。将来、本当に普通に彼女が俳優をやる気があるのかないのか知りませんけど、全然普通にメジャーになりそうな気がして驚きましたね。

藤橋　実はオーディションを受けて、まち映画に出てもらっている子で、特に女の子が多いんですけど、実際に俳優になった方もいるんですね。手島実優さんとか、ついひじ杏奈さんとか、いろいろな人がいる中で、豚ほるもんに出演した女の子も実は映画に出た後にスターダストプロモーションに所属してやっています。ただ、俳優の登竜門的に映画制作を行っているわけではないです。オーディションに応募してくる子って将来俳優さんとか女優さんになりたいという子は半分くらいで、残りの半分くらいは、部活とか運動とか勉強とか、いまいち学校であんまりぱっとしないなあみたいな、自分で得意なもの何かないのかなという子が多いんです。なので、そう

いった子たちがキャストにチャレンジして、わけのわからない人がいっぱいいる映画制作を楽しんでもらって、自分に合う人生を見つけるということも多々あります。

柳下　そういう子のほうが実は面白かったり。

藤橋　そうなんですよね。そういう子がむしろ、救われるというとちょっとかっこよすぎますけど、その子たちが面白いことを発見してもらえる場にしてもらえればいいかなと思っています。

●まち映画は目的ではなく面白がる場をつくる手段

柳下　素人ならではの面白さだったり、宝石の原石を見るみたいな驚きだったりとかいうことはあるんでしょうけど、同時に、演技にできないというか、まるで演技ではないというようなことも往々にしてあるじゃないですか。そこに関してはどういうふうに折り合いをつけていますか？

藤橋　それを追求し続けると、たぶんまち映画の大事な部分から外れていっちゃうと思うんです。映画、いわゆる『アントキノイノチ』的な、そういう方向

を目指しているわけではないので。それは他の、いわゆる地方映画をつくりにきましたという商業的な人たちにやってもらえればいいと思っています。私はあくまで映画制作を手段として使い、地域の人たちが面白がってもらえる場をつくっているに過ぎませんので。

柳下　大林監督にしても、別に映画を持ってくるみたいな意識ではなく、単に自分の生まれ故郷であるところの尾道の良さを映画に記録していただけで、それが結果として経済効果を生むようなことになってしまっただけなんじゃないでしょうか。その意味で、地産地消はいいんですけど、ちょっともったいないなと思うところもあります。ぼく自身も藤橋さんが群馬で映画を撮られているというのを知ったのがけっこう最近というか、数年前なんですね。最初に見たのが『コウとチョウゴロウ～』なんですが、その何年か前に群馬でずっと撮っている人がいるよ、と聞いて、それはぜひ見てみたいなと思っていたんですが、たまたまあった東京上映会で拝見させていただきました。そこですごいものを見た、と思ったのが最初だったので。他にもたぶん見たい人が多いと思うんですよ。ぜひ、DVDでもいいですけど、地元以外にも見るチャンスをいただけますと。

藤橋　ありがとうございます。今、サブスクで三作くらいは上がっていますので、もしご興味がある方がいらっしゃったら、Amazonプライムとかで『ライズ&シャトル』とか、『グラス☆ホッパー』と、名前で検索していただければ出てくるかと思います。

柳下　この後のご予定というのはあるんですか?

藤橋　今は大学で教員の仕事をしておりまして、今後は地元の若いクリエイターの人たちが「まち映画」をやってみたいというときにサポートしていくことを行っていきたいなとは思っています。

柳下　次の映画のご予定は?

藤橋　映画は今のところないですね。

●映画製作でのトラブルは謎の力が働くことも

柳下　あと、これも聞いていいのかどうかわからないんですけど、映画製作上で大きなトラブルってありましたか?

藤橋　先ほど、予定をブッチしちゃう子がいないと

「100万人が泣いた」と言われるような大ヒット映画ではなく、
関わっていただいた一人ひとりが、「一生記憶に残る」映画づくりを。
「映画」を「目的」ではなく、「手段」として活用。

© 藤橋誠

言ったんですけど、そのようなことに近いことが起こったこともありました。キャストとして選ばれた子が、やっぱり降板したいと相談があったりとか。

柳下　途中で来なくなっちゃうんですね？

藤橋　それも何回かありましたが、何とか解決しました。あと、お祭りが出てくるシーンで、地元の長老たちから今日は撮影中止だみたいなことを撮影当日に言われたことがありました。

柳下　権利関係とは別な力関係で。

藤橋　そうですね。謎の力が働く場合がありますよね。

柳下　とくに小さな町とかだとそういうことがありそう。

藤橋　なかなかそうですね。撮影するなんて俺たちは聞いてねえよみたいな。こちらとしては、これだけ動いてきたのに聞いてないなんてあるのかな～と思いながら。

柳下　そういう場合はどうするんですか？

藤橋　そういう場合、その日は引きました。でもお祭りって何日もやっているわけじゃないので、明日なんとか撮れるようにプロデューサーに先方に相談してください、とお願いします。実際、その日は違うシーンを撮って、次の日にお祭りを撮れるようにしましたけど。

柳下　そこはギリギリでやっている。

藤橋　まあそうですね。究極駄目なら駄目で、もうじゃあ違うことを考えるかなとは思っていました。私は基本的にネガティブ思考なので、駄目になる前提でいつも考えています。明日絶対雨降るよなと思いながらやっているので、そしたら晴れちゃった、じゃあやるかみたいな、そういう感じです。

●メイクにプロをいれると子役の気持ちが上がる

柳下　なるほど。あとまち映画のルールで面白かったのが、メイクにプロを入れるという項目ですね。これは実際に今もやってらっしゃるんですか？

藤橋　そうですね。特に子役とか、女の子とかは、メイクされるとやっぱり上がるというか、気持ちが変わるみたいなんですね。私は男なのでわからないですけど、それだけで気持ちが乗ってもらえるのであれば、そういったプロのメイクが入るのも良いことかなと。

柳下　それはやっている途中で気づいたことなんですか？

藤橋　そうですね。最初の作品のほうはメイクさんとか入れてなかったんです。別に入れる必要もないかなと思ってたんですけど、あるときに、キャラクターによってはヘアメイクとかがそれなりに必要だなと思ったので、プロの方に入ってもらったら、キャストの気持ちがとても上がった感じだったので、そういうことかと。

柳下　カメラもあえてでかいのを使うとか。

藤橋　そういうのもあるかもしれないですけど(笑)。でもカメラも、あんまり今みんなそんなに関係ないみたいですね。

柳下　とりあえず次の作品の予定はなしでということなのですが、ぜひ新作もお願いしたいところで。

藤橋　ありがとうございます。柳下さんと今日初めてお会いさせていただいたのですが、どれだけ公開処刑されるんだろうとか、ボロクソ言われることを覚悟してました。

柳下　いや、来ていただけて本当にありがたいです。

大体いろいろな人に嫌われてるので。

藤橋　いえいえ。

●プロより初出演の人のほうがおもしろかったりするのが映画

柳下　呼んでも来てもらえないことが多いんですけど、来ていただいたのももちろんありがたいですし。藤橋監督は、いろいろ、いわゆる一般的な地方映画とは違うんじゃないかとおっしゃってるんですけど、一種反面教師として現在の地方映画を照らす存在だったりするわけです。ぼくがよく見る地方映画ですと、よくあるのはメインにアラサーの女優さんを置くやつですね。東京での仕事が微妙になっている女優さんがそういうところで主演するというパターンがあって、たぶんそういうほうが映画がつくりやすかったりする現象があるんだと思います。お金の集め方として。まち映画とそれとは、手法はまったく違うけれど、状況としては似たものがあるんじゃないか、そんなことを思わされました。映画の作り方についてもろもろ具体的に教えていただけたのは本当に面白かったです。実際まち映画をつくってきた中で、自分たちでもつくりたいといってつくられている映画とかもあるわけですよね。

藤橋　そうですね。そういう人たちもいますね。

柳下　プロデュースなさっている？

藤橋　プロデュースはしていないですけど、どうやってつくったんですか？ということを聞いてきて、かくかくしかじか、オーディションをこうやっていますというようなことをお伝えしたら、そこの町の人がやったりすることはありました。

柳下　それはちゃんと完成したんですか？

藤橋　したんじゃないですか。とくに連絡はないですけど。もめて終わってるかもしれない（笑）。

柳下　いろいろもめたりとかはないんですか？

藤橋　そうですね。ある程度、いろいろな、商業のベースのものももちろんそうだと思うんですけど、妥協点をどこに設けるかとか、妥協できるかどうかわからないですけど、そこのさじ加減というのが、たぶん一番こういう内容をやるときに難しくもあり、楽しいところでもあるのかもしれないですね。

柳下　本当に素人の、一般のそういう人が映画に出る喜びというのがあるので、恥ずかしがってるなという人、いるじゃないですか、明らかに。一方で恥ずかしがらないでやっている人、映画に出ることの喜びに目覚める人を見ていると、プロにはないみずみずしさなり楽しさがあるんだと思うんです。僕はいろいろ悪口を言ってるって思われがちなんですけど、やっぱり映画を見ていくとそのうちに何がおもしろいのか、というのがわからなくなってくるところがある。別にプロがうまい演技を見せたからって感動するわけでもない。逆に初めて映画に出る人が、見たことないような振る舞いをしてくれることが面白かったりすることもある。藤橋さんの映画もそういう驚きと楽しみを与えてくれて、すごく面白いと思っています。今日はありがとうございました。

◉登壇者プロフィール

藤橋 誠（ふじはし まこと）

尚美学園大学芸術情報学部情報表現学科准教授、まち映画制作事務所代表／合同会社エフブリッジディレクター。

「まち映画」を中心に商業映画、CM、ミュージックビデオ、企業紹介映像等あらゆる映像制作を行なう。群馬県邑楽郡千代田町を舞台にした自主制作映画『舟の上』は文部科学省選定作品となる。現在、「豚ほるもん」をテーマにしたまち映画二十九作品目となる『泣いて笑って豚ほるもん ~Legend of Hormon in Gunma~』、三〇作品目となる群馬県の郷土かるた「上毛かるた」をテーマにしたまち映画『おかめきけ～群馬発！上毛かるた奮闘記～』が公開中。また、学生を対象にした「映像制作ワークショップ」の企画・運営や総務省関東総合通信局後援事業アマチュアCMコンテスト「わがまちCMコンテスト」の企画運営等、「映画・映像」をツールとしたまちづくり講演などを関東各地で行なっている。二〇一七年六月一日の電波の日記念式典にて総務省関東総合通信局長から表彰を受けた。

皆殺し映画通信
LIVE収録
第五部

皆殺し映画10年間のベスト10映画+1

収録：2022年12月3日　LOFT9 Shibuya

10th ANNIVERSARY

皆殺し映画通信 10周年だよ全員集合！

10 years of cinema massacre

ベスト10&思い出の傑作

- ●1.『未来シャッター』(2015)
- ●2.『やまない雨はない』(2017)
- ●3.『カーラヌカン』(2018)
- ●4.『美味しいごはん』(2018)
- ●5.『赤の女王牛る馬猪ふ』(2014)
- ●6.『傷だらけの悪魔』(2017)
- ●7.『満州の紅い陽』(2015)
- ●8.『ワンネス〜運命引き寄せの黄金律』(2014)
- ●9.『麻てらす〜よりひめ岩戸開き物語』(2018)
- ●10.『桜、ふたたびの加奈子』(2013)
- ●11.『奇跡のリンゴ』『いのちの林檎』(2013)

皆殺し映画通信十年間のベスト一〇

●柳下毅一郎による皆殺し映画傑作選!

この十年のベスト一〇ということですが、どうしても選びきれなくて十本プラス一になりました。忘れがたい傑作を紹介します。順番に行きますね。

●木村秋則さんの劇映画『奇跡のリンゴ』とドキュメンタリー『いのちの林檎』

これはドキュメンタリーの『いのちの林檎』がすごかった。青森の木村秋則さんという人が無農薬でのリンゴ栽培を実現したんです。リンゴってものすごく虫がつきやすいので、無農薬栽培は大変難しいんですけど、たいへんな努力で成功させたので奇跡のリンゴと言われています。そこらへんの話を劇映画にしたのが『奇跡のリンゴ』。これはこれでスゴイんですが、『いのちの林檎』はそれとは関係なく、化学物質過敏症の女性が出てくるんです。で、この人がその奇跡のリンゴを食えば化学物質過敏症が治るんじゃないかという話になるんですが、この人よ

りによって川崎に住んでるんですね。川崎に住んで化学物質過敏症って……家を新築したらシックハウス症候群になっちゃう、ってところがはじまりなんです。

　新築で川崎に家を建てるんだけどシックハウス症候群で住めなくなって、安住の地を求めて、お母さんが、本人とあと犬を乗っけて車で日本中旅することになるんですよ。なんせオーガニックな自然食品しか食べないんで、家中味噌だらけなんです。市販の商品は化学物質が入ってるからって、自分たちで化学物質が入ってない味噌を作ってる。それと玄米で炊いたおにぎりを持って、犬と一緒に旅してるんです。犬も化学物質を食べると化学物質を放出する、と言って犬にも同じものを食べさせる。有機味噌を。それは虐待じゃないかって言いたくなるんですけどね。

　それで犬も狭い車に載せて、そもそも自動車も化学物質の塊なんじゃないか、とかいろいろ言いたくなるんですけど、狭い車に二人と犬が二匹いて、犬も神経質になってるから、何かあるたびにキャンキャン鳴いて、一匹鳴いたらこっちも鳴いて、もう地獄絵図が延々と続く。昔、トッド・ヘインズが撮った『ケミカル・シンドローム』、原題『SAFE』という映画があって、ジュリアン・ムーアが化学物質過敏症でおかしくなっちゃう女性を演じた、すごい怖い映画だったんですけど、ほぼ実録版という感じです。それで延々日本を旅するんですが、結局最後まで木村さんには会わないままで終わってしまうんですよ！　別に林檎で奇跡は起きない！　なんだったんだというホラー映画です。

●ホラーとしか思えない生まれ変わり映画『桜、ふたたびの加奈子』

この映画は広末涼子さんが主演です。広末がお母さんで、加奈子って娘がいるんですけど、彼女が交通事故に遭って、車に轢かれて死んでしまうんです。旦那は吾郎ちゃんだったかな。で、広末の娘は死ぬんだけど、「あの子は生まれ変わってるに違いない」って、広末が言いだす。ちょっと狂った信念を抱いてる人で。

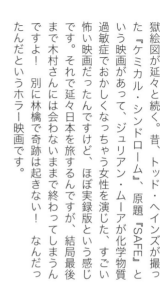

それで、近所の友達というか、知り合いになった年下の女の子の娘に目をつけて、「あの子は私の加奈子の生まれ変わりに違いない」ってストーキングをはじめるという、めちゃくちゃ怖い話です。

そういうヤバい話なんですけど、なぜかそれを感動ものの「いい話」として演出してるんです。年下の友人の側から見たら、娘にロックオンしてくる広末に恐怖しか感じないってのに。いったいどういうつもりだったのか。しかも佐村河内の音楽がすごくて、これがまた神経をかきむしってくる。いや佐村河内じゃなくて新垣さん。そう、新垣さんが音楽を

つくってるんですけど、これがまたやたらと怖くて、もうホラー映画としか思えない。
　さらにまた広末の演じている母親がすごく狡猾なんです。相手に近寄っていくやり方が巧みで。今はたぶん見られると思いますけど、音楽のせいでしばらく封印されていて、ソフト化もされてなかったんです。今は解決したみたいです。クレジットは変わらず佐村河内守のままなのかな？　面白いんで、ぜひ見てほしい。

●香炉を手に麻の香りとともに見る映画
『麻てらす～よりひめ岩戸開き物語』

『麻てらす』。これもドキュメンタリーですね。タイトルはたぶん「アマテラス」と読ませたいんでしょう。これは麻、大麻ははるか古代から日本人の生活の中にあったと訴える映画です。ただし、なぜあったかは言わないんです。そこは内緒で。これは自主映画で、映画館ではたぶん上映されてません。日本中のカフェとかで自主上映されてます。

　これは大麻の歴史的な立ち位置を語って、その再生を訴えるんです。大麻農家とかも出てきますけど、それはそういう成分、ＴＨＣとかが入ってない品種なんですね。あくまでも麻を繊維として使って、麻を編んで服をつくる。そういうことをやっている。おかしいのはそもそもなんで大麻が神聖な植物とされていたのか、そこの理由にだけは絶対に触れようとしないところですね。

実は映画を見に行ったら、香炉を渡されて、それで麻の香りを嗅ぎながら見るという。オドラマ上映です。もうひとつ興味深いのは、仙台かどこかの夫婦が出てくるんですが、それが、ちょっと捕まりそうな感じだったこと。映画見ながら、この人はちょっと捕まりそうだな、と。大麻合法化運動のグループごとに、かならずいるんですよね。一人くらい。捕まりそうな感じの人が。そこのところがどうなのか、たいへん気になってます。

●モリケンによるスピリチュアル系映画『ワンネス〜運命引き寄せの黄金律』

これはモリケンさん、森田健不思議研究所というのを主催している生まれ変わり問題の専門家、森田健さんという方がおられまして、その人がいきなりつくった映画なんです。よくわからない声優アイドルみたいな人が主題歌を歌ってます。実は次の映画ではヒロインで主演していたりします。東大生で、アマチュア無線技士ということで、ハムアイドルとしてモリケンに売りだされてたんですが、いまは正業に立ち返ったようですね。

話は幕末に新選組の志士と近藤勇を敵と付け狙う女として出会った二人が、現代の高校生として生まれ変わって四次元の冒険に旅立つという、まあストーリーを説明してもしょうがない映画ですね。スピリチュアル系のオールスター映画なんで、シャーリー・マクレーンの本を翻訳してる山川紘矢・亜希子夫妻なんかも出てたりします。

●愛川欽也監督作品 八作目にして遺作『満州の紅い陽』

『満州の紅い陽』も誰も見ていない映画ですね。キンキンの監督作品、中目黒のキンケロシアターでやっていたキンキンの遺作です。監督・脚本・制作愛川欽也。キンキンの劇団の主演女優というか、ヒロインだった任漢香主演の映画作品です。ポスターを見て何が一番びっくりしたかって、愛川欽也第八作監督作品って書いてある。え？　二から七はなんだよと。一作目は知ってるんですよ。七〇年くらいに撮ってたでしょう、タイトル忘れちゃったけど（一九七四年『さよならモロッコ』）。ところがそれ以降の映画は誰も知らないまま、延々とキンケロシアターでこの任さんがヒロインの映画をつくり続けていたんです。

今となってはもうケロンパが封印しちゃったから誰も見られないですね。いや、封印されてるかどうかわかりませんが。ケロンパ的にはあんまりうれしくないんじゃないかと。ケロンパはキンキンの浮気を容認してたとかって言われてますけど、そうだとしてもじゃあその映画を見せるかって言ったら見せないですよね。

ただし、映画自体は本当にちゃんとしてるんです。なんでかというと、キンキンってやっぱり撮影所の時代の人だから。撮影所の映画の撮り方しか知らないんですよね。だからめちゃめちゃお金かかってます。大泉かどこかのスタジオにセット立てて、エキストラもたくさん使って。まあちゃんとした映画なんですよね。わざわざセットつくってるんですよね。

キンケロシアターで一週間しか上映しないのに。

●第六位は常にアクセスランキング上位の謎映画『傷だらけの悪魔』

これは普通のWebコミック原作映画。普通の……ってほかがあまりに変な自主映画ばかりなんで「普通の映画」とつい言ってしまうんですが、普通の女子高生イジメものです。これはですね、なんでか知らないいんですけど、この『皆殺し映画通信』的には大人気で。サイトにはアクセス数のランキングがあるんですよ。そしたら、この映画が五年くらい前からずっとアクセス数ランキング上位に入ってて。たぶん誰か関係者か彼女か、誰かわからないけど、誰かが延々と毎日一回ずつ見に来てるんです。

ポップで残酷なイジメもの。ポップなイジメってなんだよ（笑）。実は主人公は元々いじめっ子だったんです。いじめっ子が田舎に転校して、しれっと普通の高校生活をおくろうとしたら、そこに以前いじめていた相手がいて、あいつ私をいじめたやつだとバレて、逆に反撃のイジメをくらいまくる。で、彼女のほうもそのイジメに反撃をするという話で、まったくスッキリしない。誰一人、反省も許しもない。攻撃することしか考えてない人たちで、ひたすら嫌なやつしか出てこないんです。

今どきの映画ということなのかもしれませんが、酷い話です。なぜか人気でずっとアクセス数が多いことがいちばん気になってます。

●第五位は天眼大介監督のなまず映画『赤の女王　牛る馬猪ふ』

これは天願大介監督作品。なまず映画といって、これもあんまり知られていないんですが、天願さんは自分で映画を撮って、実は自主上映をして回ってた。今はたぶん忙しくて止まってます。今あの人日本映画大学の学長ですよね？　お父さん（今村昌平）の後を継いで。そのせいで忙しくてできなくなったんだと思われますが、いっとき渡辺文樹みたいなことに目覚めて、映画を撮って、それを持って日本中を回って上映活動してらっしゃいました。

これはね、本当に面白いんで、もしあなたの街の近くに『赤の女王　牛る馬猪ふ』が来たらぜひ見てください。これはシリーズ二作目。二作目のほうが面白かった。村で変な言葉が流行して、みんなハナモゲラ語みたいなことをしゃべるようになってしまう。これは何かの侵略だ、ということをヒーロー的存在の月船さららが快刀乱麻に解決する！というヒーロー・アクションです。

●第四位は光る！握り飯映画『美味しいごはん』

『美味しいごはん』。これはおにぎりが光る映画です。実は大阪府枚方市の食堂、そこのオーナーの「開運料理人」ちこさんという方がおりまして、彼女の炊いたごはんは美しく光るんだそうです。これはいろいろやばいんですけど、同じく枚方のほうに謎の南極老人という人がおりまして、この方がやってる塾ミスターステップアップがあるんです。

そこに通っていた生徒が、南極老人が出していた食事がすごくおいしい、握り飯が光ってる。こういう光るごはんをつくりたい、とその教え子ちこさんが思って、南極老人の指導の元でつくったのが、この食堂なんです。どうも枚方にはこの南極老人グループがいっぱい、食堂とかラーメン屋とか色々あるらしい。枚方を仕切ってるんです。南極老人が。何者なのか知りたいんですけど、今ひとつ情報が出てこないんですね。そういうわけで謎の食堂なんですが、ワンプレートランチで数千円とかたいへんな高級料理店なんです。一見すると高いように見えます

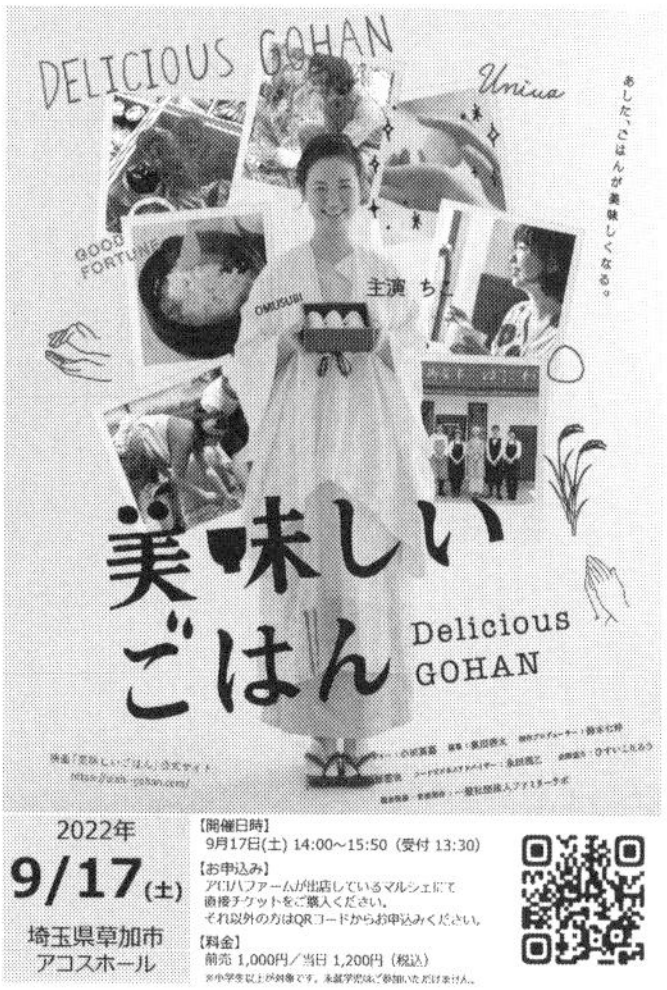

が、なんと米もひと粒ずつハンドピックで厳選されて、光ってますからね。ハンドピックして、ちゃんときれいな米だけ選んで炊いてるんです。見るとお腹が空く映画。

●第三位は美しい男GACKT主演『カーラヌカン』

第三位。『カーラヌカン』。これは東急ハンズの生みの親であるライフスタイルプロデューサー浜野安宏さんが監督です。GACKTさん主演なんですが、監督が「大都市でも大自然にも美しい男はいないか？　いる！　GACKTがいる！」と発見してGACKTを口説き落としたという。GACKTさんは天才売れっ子カメラマンなんですけど、売れっ子生活につかれて、ぶらりと南の島に行く。すると海から人魚のような美しい少女が全裸であがってきて、二人は恋に落ちるというお話です。「功成り名遂げた老人は映画作りがち」「功成り名遂げた老人は少女を脱がしがち」といった知見が得られる映画です。

ちなみに「カーラヌカン」というのは「川の神」の意味だそうで、最後、川の神の怒りを買った

GACKTさんが、少女にとりなしてもらったおかげでこの世に戻ってきて、「なんくる……ないさ……」とハッピーエンドです。このエンディング、ゴダールの『気狂いピエロ』へのオマージュだということなんですが、どこをどうやったらこうなるのか、以来ずっと考えているのですがいまだ答えが出ません。

●第二位は大阪発ヒョウ柄服社長 マダムシンコ一代記『やまない雨はない』

これは大阪府、箕面のケーキ屋マダムシンコ、最近「求人詐欺」だと訴えられたケーキ屋の映画です。ケーキ屋の女社長がヒョウ柄の服を着て広告塔としてメディアに出まくるんで関西方面では有名なんですけどね。駅の売店とかでも大阪土産としてよく扱ってる。そのマダム本人の一代記を描いた、川上麻衣子主演の映画なんですけど、これが箕面のシネコンで一週間だけ先行公開されて、そのあと待ってたんですけど一向に本公開がはじまらない。DVDも出ていない。DVDは発売予定だったんですけど、発売中止になってしまった。なぜこれが封印されたかわからない、全然謎なんですよ。マダムシンコの怒りを買ったのかなんだか。別に彼女を悪く描いてるわけでもなんでもないんですよ。なので、何がいけなかったのかわからない。

話はマダムシンコが銀座のクラブで働いて金をため、やがて大阪に帰って飲食業をはじめて成りあがる過程をじっくり追ってきます。何より謎なのはケーキ屋開業のときに雇った謎のパティシエなんですね。あの人がなんだったのか、映画見てもさっぱりわからない。ぜひみなさんにも確認してほしいところなんですが、残念ながら絶賛封印中だという……。

●第一位は心のシャッターが開く 真のカルト映画『未来シャッター』

さて、そういうわけでこの十年でいちばん考えさせられた一本です。「文太の遺志を継ぐ」と言ってますけど、これ勝手に継いでますからね。

蒲田の商店街にキネマフューチャーセンターというフリースペースがありまして、そこで上映してる自主制作映画なんですが、舞台がそもそもそのキネマフューチャーセンターなんです。高橋さんという人がそこを仕切ってまして、そこを中心にして映画

をつくってる。商店街はつまりシャッター商店街なので、みなそのシャッターを上げたい。シャッターを上げて、かつての繁栄を取り戻したい、と思ってるわけです。キネマフューチャーセンターに集ってる人もみんなそう考えてる。それにはどうしたらいいのか。我々の心の改革だと。

キネマフューチャーセンターというところはセミナーハウスになってて、実際にそこでそういう話を説いてるわけです。で、映画で何をするかというと、主人公の女の子がまさにそういうことを学ぶわけですね。「シャッター商店街をたてなおすにはどうしたらいいんだろう」と考えて、いろんな人に話を聞きにいくわけです。シャッターを開くにはどうしたらいいんだろう、いや、シャッターの前に自分たちの心のシャッターを開かなければならない！「そうだ。わかった」となって、セミナーをやらなきゃ、ということでキネマフューチャーセンターに戻ってセミナーをはじめる。そういう映画なんです。ものすごいメタフィクション。

これは本当にすごいなと思って。つまりですね、心が開けばシャッターは開くと信じてる、これは信

誰の心の中にも境界線がある――
何かを守るために必要以上に線引きをしているのではないか・・・
未来シャッター
宇梶剛士

仰ですね。それを訴えようとするんだけど、それをさらにその場所でやって、そこで実際に心を開かせる。映画が終わったあと、「この映画について考えてみましょう」ってセミナーが始まるんです。この恐ろしさ、終わった瞬間の、ぼくはどうしたらいいの、どうやったらここから逃げられるの?という恐怖、絶望感。これはぜひ皆さんにも味わってほしい。4Dとか目じゃないですから。狭いスペースで映画を見て、そのセミナーというか、トークつきの上映なわけで、逃げようがない。予約のときに名前も押さえられてるし。

『未来シャッター』がすごかったのは、映画そのものが信仰の対象だということです。あの人たちは映画を信じているわけですよ。本当に映画を信じていて、本当の意味で信仰している。つまりですね、あの手の自己啓発セミナーってシャブみたいなもので、やり続けないと駄目なんですよね。やっているときは上がるんだけど、しばらくしたら目が覚めちゃうからまたやらなきゃいけない。それが続かなくなってみんなやめちゃうわけですよ。でもこれは映画だから。映画はやめなくていい。また見ればいいだけなんです。

　そしてその映画をもとにした、キネマフューチャーセンターに集う人たちのサークルがあって、その中でみんなで励ましあってシャッターを開いてる。心のシャッターを。そうかこれが原始宗教の始まりなのかって思ったんですよね。カルト映画なんて言葉がありますけど、これが本当のカルト映画だし、映画による救いなんだって思いましたね。あれは得難い体験でした。みなさんにも味わってほしいですね。

永久保存版特別附録

『皆殺し映画通信』総索引

（2012－2022）

タイトル索引 50音順

作品名（監督名） 掲載書籍名 ページ数 レビュー見出し

あ

さ

『種まく旅人　くにうみの郷』（篠原哲雄）……………………………………………冥府魔道　130
▶栗山千明史上最高に魅力のない千明さま、農水省の後援を受けて第一次産業の素晴らしさを訴える

『種まく旅人～華蓮のかがやき～』（井上昌典）…………………………………あばれ火祭り　50
▶『キル・ビル』で鉄球をふりまわしていたときには世界だって征服できそうだった千明さまだったのに、ぼくらはどこで道を間違ってしまったんだろう……

『種まく旅人　夢のつぎ木』（佐々部清）………………………………………………地獄旅　238
▶農林水産省のコネを持ってる連中が町おこし映画と結びついて、現実から遊離した農政ユートピアを訴える！

『旅猫リポート』（三木康一郎）……………………………………………………お命戴きます　208
▶まちがいなく今年ワーストワンの猫ポルノ映画！　毎度おなじみ難病ものに猫が加わり、さらには原作・脚本に有川浩という万全の布陣

『たまの映像詩集　渚のバイセコー』（蔦哲一朗）……………………………あばれ火祭り　145
▶吉本興業の地域発信型映画が、競輪をがっつりプロモートする地域利権映画になってしまった

『チャイコイ』（伊藤秀裕）…………………………………………………………皆殺し映画通信　364
▶ダブル熟女の性欲、とどまることなし

『CH@TZONE』（今野恭成）………………………………………………………骨までしゃぶれ　102
▶ AKB48のメンバー主演のラブストーリー　それにしてもげにしぶといのがプロデューサーという生き物である

『チャットレディのキセキ』（川口浩史）……………………………………………お命戴きます　154
▶ブラックな香りしかしないチャットレディ映画。おそらくは何も考えていないまま映画は終わった

『中学生円山』（宮藤官九郎）……………………………………………………皆殺し映画通信　147
▶狂気を現実にすることこそが創作なのだ！

『月の満ち欠け』（廣木隆一）……………………………………………………死んで貰います　136
▶なにこのトンデモスピリチュアルストーリー⁉　金の使い方はやたら派手なのにやたら時間が飛んで、大泉洋は30年分くらいそのまんま

『ツナガレラジオ～僕らの雨降 Days ～』（川野浩司）…………………………あばれ火祭り　33
▶またしても2.5次元案件。イケメンが集まってイチャイチャする現代のエクスプロイテーション映画のかたち

『つむぐ』（片山享）……………………………………………………………………地獄へ行くぞ！　62
▶福井県鯖江市とアイドルグループのコラボ映画。起伏もひねりもないストーリーが途中で詰まるとドローンによる空撮がはじまる……鯖江市はこれで良かったのか？

『つやのよる　ある愛に関わった、女たちの物語』（行定勲）…………………皆殺し映画通信　44
▶なんの関連もない短編が続く……

『DCスーパーヒーローズ vs 鷹の爪団』（FROGMAN）………………………骨までしゃぶれ　163
▶うん、おもしろくないということを除けば何も間違ってない　業界的思惑が合致した内輪ノリ利権ビジネス映画

『DEATH NOTE Light up the NEW world』（佐藤信介）…………………………………地獄旅　225
▶とくに必然性もないままに作られる続編映画は、とりあえず話をエスカレートさせとけ

『ナポレオンと私』（頃安祐良）……あばれ火祭り　92
▶ここ最近の武田梨奈の作品選択については本当に一言申し上げたい。アクション映画の主役を張れる年齢は限られているのだ。さっさと海外行ってください！

『ナミヤ雑貨店の奇蹟』（廣木隆一）……骨までしゃぶれ　168
▶東野圭吾のほんわかファンタジー系小説と西田敏行の自己満足系演技とが組み合わさった世にも恐ろしい映画の登場である

『名も無き世界のエンドロール』（佐藤祐市）……あばれ火祭り　18
▶テレビの完結編を映画で！のパターンは見飽きるぐらい見たが、映画の続きはネットで！は新しいかもしれない。過渡期の珍品として記録には残しておきたい

『二重生活』（岸善幸）……地獄旅　135
▶映画一本を費やして得た結論……そのくらい尾行してないオレだって知ってる！

『ニッポニアニッポン　フクシマ狂詩曲』（才谷遼）……御意見無用　64
▶ラピュタ阿佐ヶ谷館主が監督の反原発映画。アニメのレベルも高く、実写も有名キャスト。なかなか見せるシーンもあって、じゃあストーリーはと言うと……

『日本の悲劇』（小林政広）……皆殺し映画通信　255
▶モノクロ、BGM なし、紋切り型悲劇の大芝居

『日本ローカルヒーロー大決戦』（上倉栄治）……冥府魔道　269
▶ご当地ヒーロー版アベンジャーズ！　似たような赤いのが凹られて、似たような仮面のやつが必殺技で倒して……見てるこっちは「おまえ誰だよ！」

『二流小説家』（猪崎宣昭）……皆殺し映画通信　181
▶まさかの20世紀的日本映画

『任侠野郎』（徳永清孝）……地獄旅　126
▶主演：蛭子能収の「正統派任侠映画」。こういうものが「映画」を名乗ってしまうのって、やはり映画コンプレックス？

『人間失格　太宰治と３人の女たち』（蜷川実花）……御意見無用　151
▶蜷川実花にできることといえば色調整でピーキーなギラギラの原色にして画面の上からヒラヒラと花びらを落とす、ただそれだけ

『忍性』（秋原北胤）……骨までしゃぶれ　15
▶だからどうというわけではなく、忍性の人となりも業績もわからないままだけど、それがカエルカフェ映画なのだからしかたない

『繕い裁つ人』（三島有紀子）……冥府魔道　30
▶浮世離れしたファッションで年齢不詳の癒しヒロインを淡々と演じつづける中谷美紀に日本映画の未来が見えた！

『ねこあつめの家』（蔵方政俊）……骨までしゃぶれ　73
▶無料のゲームがどれだけ大ヒットしてようがファンがお金を払うわけじゃない……わかっていてもやめられない猫プロイテーション映画

『猫カフェ』（沖田光）……お命戴きます　257
▶秋葉原の猫カフェを舞台に、主演は「人気声優」。ここまで安易な猫プロイテーションはさすがに見たことがない

ま

『マザー』（楳図かずお）……………………………………………………………………天下御免　197
▶ギャアアアアア！　これぞ楳図マジック！　その謎には先生本人も含め誰一人答えられないだろう

『魔女の宅急便』（清水崇）………………………………………………………………………天下御免　58
▶飛行の快楽抜きのこの映画はスタジオジブリとはなんの関係もありません

『マスカレード・ナイト』（鈴木雅之）…………………………………………………あばれ火祭り　123
▶キムタクのヤマカン推理となんでも知ってる小日向文世のおかげですべてが解決。東野圭吾って日本でいちばん売れてる推理作家じゃなかったのか……

『マスカレード・ホテル』（鈴木雅之）………………………………………………………御意見無用　21
▶キムタクと長澤まちゃみのラブコメ展開は（どうでも）いいとして、問題は肝心の殺人事件……

『マダム・マーマレードと異常な謎［出題編］』（中村義洋・鶴田法男・上田大樹）‥皆殺し映画通信　322
▶短編３本見てクイズを解きましょう！

『マチネの終わりに』（西谷弘）…………………………………………………………………御意見無用　196
▶原作平野啓一郎、芥川賞作家のメロドラマである。え、それってこんな話なんですか？　いったい何をしたいんだ！

『満州の紅い陽』（愛川欽也）……………………………………………………………………冥府魔道　86
▶愛川欽也第八作監督作品にして遺作。キンキン、いい最期だったんじゃないかな

『巫女っちゃけん。』（グ・スーヨン）……………………………………………………お命戴きます　32
▶プロデューサーと名の付く人が全部合わせて18人！　船頭多くして山に登ってしまった映画の典型

『ミスムーンライト』（松本卓也）…………………………………………………………骨までしゃぶれ　145
▶新潟県新発田市発のJKムービー！　全員が「新発田市のために一肌脱ぎます！」と水着になって終わるんだが新発田市はそれでいいのだろうか？

『三十路女はロマンチックな夢を見るか？』（山岸謙太郎）……………………………お命戴きます　61
▶武田梨奈の悲劇は年をとったことじゃなくて、思いつきのストーリーテリングを映画愛でごまかそうとするような連中に引っかかってることじゃないかなあ……

『御手洗薫の愛と死』（両沢和幸）…………………………………………………………………天下御免　32
▶女流ベストセラー作家のアドバイス……ってそういう結論だったのか!?

『MISSION IN B.A.C. The Movie ～幻想と現実の an interval ～』（山口ヒロキ）…………地獄へ行くぞ！　214
▶わからないのはタイトルの意味だけでなくて、映画の説明がそもそも何ひとつわからない！

『みとりし』（白羽弥仁）…………………………………………………………………………御意見無用　159
▶名門有楽町スバル座の最後の封切り作品がこの「看取り映画」というわけで、気がついたら自分が映画看取り士になっていた

『耳をすませば』（平川雄一朗）…………………………………………………………………死んで貰います　113
▶いやほんとなんで実写化なんて企画が通ったのやら……耳をすませば、その理由が聞こえてくるかも……

『未来シャッター』（高橋和勧）……………………………………………………………………冥府魔道　204
▶心のシャッターをひらけ！　商店街のシャッターがあがるかどうかはわからない。だが未来のシャッターはまちがいなく開いた

や

ら

わ

監督索引 50音順

監督名　作品名　掲載書籍名　ページ数

あ

か

さ

た

な

は

ま

永久保存版特別附録『皆殺し映画通信』総索引（2012-2022）

『皆殺し映画通信』10周年を記念し、本書籍シリーズでレビューした全作品の索引データを作成しました。作品名から引く「タイトル索引」、監督名から引く「監督索引」があります。

巻末からあいうえお順で収録されています。『皆殺し映画通信』以外の書籍名は『皆殺し映画通信』を省略しています。

〈収録書籍一覧〉

『皆殺し映画通信』（2014年刊）
『皆殺し映画通信　天下御免』（2015年刊）
『皆殺し映画通信　冥府魔道』（2016年刊）
『皆殺し映画通信　地獄旅』（2017年刊）
『皆殺し映画通信　骨までしゃぶれ』（2018年刊）
『皆殺し映画通信　お命戴きます』（2019年刊）
『皆殺し映画通信　御意見無用』（2020年刊）
『皆殺し映画通信　地獄へ行くぞ！』（2021年刊）
『皆殺し映画通信　あばれ火祭り』（2022年刊）
『皆殺し映画通信　死んで貰います』（2023年刊）

YANASHITA MASSACRE
殺
CINEMA

皆殺し映画リスト 50音順

柳下毅一郎（やなした・きいちろう）

1963年大阪府生まれ。英米文学翻訳家・映画評論家。雑誌『宝島』の編集者を経てフリー。ガース柳下の筆名で『ファビュラス・バーカー・ボーイズの映画欠席裁判』(洋泉社/文春文庫)を町山智浩と共著。著書に『興行師たちの映画史 エクスプロイテーション・フィルム全史』(青土社)など。訳書にアラン・ムーア／ジェイセン・バロウズ〈ネオノミコン〉シリーズ、ジョン・ウォーターズ『ジョン・ウォーターズの地獄のアメリカ横断ヒッチハイク』(共に国書刊行会)、ウィリアム・リンゼイ・グレシャム『ナイトメア・アリー』(早川書房)など。監訳書に〈J・G・バラード短編全集〉(東京創元社)などがある。二〇一二年より日本映画の深淵を探る『皆殺し映画通信』シリーズをライフワークとして続けている。

柳下毅一郎の皆殺し映画通信

http://www.targma.jp/yanashita/

有料WEBマガジンとして、2012年12月1日よりスタート。日本映画を中心として、最新映画評が読める！ 柳下毅一郎の出没情報もあり。

本書はWEBマガジン「皆殺し映画通信」をまとめ、
加筆修正したものです。

ブックデザイン…………山田英春
カバーイラスト…………金子ナンペイ
ロゴイラスト…………三留まゆみ
写真（LIVE 収録 第一部／第二部）…………すずきたけし
DTP…………ライブ
企画協力……清義明（オンザコーナー）
編集協力……向島千絵
編集……幣旗愛子

皆殺し映画通信 死んで貰います

発行日 2023年5月10日 初版

著者…………柳下毅一郎
発行人………坪井義哉
発行所………株式会社カンゼン
〒101-0021 東京都千代田区外神田2-7-1 開花ビル
TEL 03（5295）7723 FAX 03（5295）7725
https://www.kanzen.jp/
郵便振替 00150-7-130339

印刷・製本…株式会社シナノ

 ISBN 978-4-86255-677-6 Printed in Japan
定価はカバーに表示してあります。
本書に関するご意見、ご感想に関しましては、
kanso@kanzen.jp までEメールにてお寄せ下さい。お待ちしております。

あなたの知らな

柳下毅一郎ち

皆殺し映画通信《みなごろしえいがつうしん》 冥府魔道

いったい誰が
こんな映画作ったんだよ!!

Vol.3 2016年発売

〈レビュー収録作品〉

『寄生獣』『さよなら歌舞伎町』『ジョーカー・ゲーム』『セシウムと少女』『イニシエーション・ラブ』『バケモノの子』『図書館戦争 THE LAST MISSION』など **1760円**（税込）

皆殺し映画通信《みなごろしえいがつうしん》 天下御免

馬鹿野郎っ、
こんな映画があるのかよ!?

Vol.2 2015年発売

〈レビュー収録作品〉

『黒執事』『抱きしめたい ―真実の物語―』『劇場版テレクラキャノンボール2013』『渇き。』『ホットロード』『拳銃と目玉焼』『MIRACLE デビクロくんの恋と魔法』など **1650円**（税込）

皆殺し映画通信《みなごろしえいがつうしん》

こんな映画いったい
誰が観に行くんだよ!?

Vol.1 2014年発売

〈レビュー収録作品〉

『映画妖怪人間ベム』『DOCUMENTARY of AKB48』『ユダ』『脳男』『HK 変態仮面』『奇跡のリンゴ』『風立ちぬ』『R100』『ハダカの美奈子』『永遠の0』など **1760円**（税込）